대한민국 미래 교육 트렌드

대한민국 미래 교육 트렌드

초판 1쇄 펴냄 2023년 11월 6일
　　6쇄 펴냄 2024년 12월 16일

지은이 미래 교육 집필팀

펴낸이 고영은 박미숙 | 펴낸곳 뜨인돌출판(주)
출판등록 1994.10.11.(제406-251002011000185호)
주소 10881 경기도 파주시 회동길 337-9
홈페이지 www.ddstone.com | 블로그 blog.naver.com/ddstone1994
페이스북 www.facebook.com/ddstone1994 | 인스타그램 @ddstone_books
대표전화 02-337-5252 | 팩스 031-947-5868

ⓒ 2023 미래 교육 집필팀

ISBN 978-89-5807-980-4 03370

36명의 현장 교육전문가들이 제시하는
미래 교육의 전망과 해법

대한민국 미래 교육 트렌드

미래 교육 집필팀

뜨인돌

차례

1부
대한민국 교육 진단

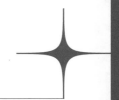

1장. 지금 우리의 교육 현장

2장. 지금 우리의 아이들

2부
대한민국 미래 교육 디자인

1장. 미래 교육을 디자인하다

2장. AI와 함께 수업을 디자인하다

3부
대한민국 미래 교육 전망

1장. 미래 교육의 쟁점과 과제

2장. 미래의 대학, 어떻게 준비해야 할까

특별기고

미래 교육에 대해 논한다는 것은 조심스러운 일일 수 있습니다. 어쩌면 미래 교육을 논하고 있는 당사자 역시 플라톤의 동굴 비유처럼 동굴 속에서 그림자만 보고 있는 것일지도 모릅니다.

독일의 교육자인 베른하르트 부엡은 교육의 균형을 잡는 방법을 생각하면 뱃사공의 이미지를 떠올려야 한다고 했습니다. 작은 배가 왼쪽으로 기울면 몸을 오른쪽으로 기울이면서 배의 균형을 잡는 모습 말입니다.

현재의 교육 상황을 진단하고 어느 쪽으로 배가 기울어져 있는지 알 수 있다면, 신중하게 균형을 잡으며 미래 교육의 올바른 목적지로 갈 수 있다는 믿음에서 이 책은 시작되었습니다.

교육 분야의 현 실태와 동향부터 미래 교육에 대한 전망과 방향까지 교육에 대한 폭넓은 내용을 공교육과 사교육 전문가들이 함께 담았습니다. 책을 읽은 모든 분들이 교육에 대한 작은 통찰을 바탕으로 밝은 대한민국의 미래 교육에 대해 함께 고민해주었으면 좋겠습니다.

연일 들리는 안타까운 소식에 뜨겁고, 외롭고, 가슴 아팠던 2023년을 절대 잊지 않겠습니다. 그리고 끝까지 함께하겠습니다.

(사)교사크리에이터협회 회장 이준권_청양초 교사

대한민국의 미래 교육을 알고 싶다면 여기 모인 대한민국의 유능한 교육자들이 한 방향으로 가리키는 곳을 바라봐 주시길 바랍니다.

2023년은 어느 해보다 뜨거웠고 어느 해보다 아픈 한 해였습니다. 학교 현장에서 열심히 가르치고 싶었던 교사들은 피켓을 들고 종로에서, 국회 앞 여의도에서 외쳤습니다. 그 수가 1만에서 5만, 20만이 되는 동안 우리는 알았습니다. 작열하는 태양에도, 퍼붓는 비에도, 흔들리지 않는 교사들의 외침은 공교육 정상화를 이루고 아이들을 잘 가르쳐 대한민국의 희망을 길러내고 싶다는 열망이라는 것을 말입니다. 월급을 올려달라거나 지위를 개선해달라는 것이 아닙니다. '배운다는 건 꿈을 꾸는 것이고 가르친다는 건 희망을 노래하는 것'이라는 지극히 자연스러운 일을 하고 싶다는 바람이었습니다.

여기 잘 가르쳐보고 싶은 교사들이 모여 고민하고 연구한 대한 민국 미래 교육의 비전이 있습니다. 아프지만 바라봐야 하는 현실이 있고 크게 도약해야 할 미래가 있습니다. 이 책이 "어떻게 가르쳐야 하는가?"에 대한 해답을 찾는 데 도움이 되길 바랍니다.

집필 총괄 윤지선_문산동초 교사

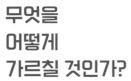

무엇을
어떻게
가르칠 것인가?

하요상 공주교육대학교 교육학과 교수

'무엇을 어떻게 가르칠 것인가.' 이는 시대를 막론하고 교육에 몸담은 모든 이들에게 큰 고민이자 과제였다. 교육(education)의 어원에는 인간에게 내재된 잠재력을 밖으로(e-) 이끌어낸다(duc+ate)라는 뜻이 담겨 있다. 즉 교육의 본질은 학생 개개인의 잠재력을 극대화하고 성장시켜 자아실현을 도와주는 것이다. 이러한 바람직한 성장을 통해 자아실현뿐만 아니라 건강한 공동체를 이루는 순기능적인 사회인으로 살아가도록 돕는 모든 과정이 교육이다.

그러나 사회는 개인의 잠재력 발현보다는 사회가 요구하는 인간상을 주입하는 도구로서 교육을 이용하기도 한다. 언젠가는 스티브 잡스 같은 사람이 필요하다며 영재교육을 강조하다가 어떤 때는 국제화 사회에 영어 교육이 필요하다고 대규모 예산을 투입해서 거의 모든 학교에 원어민 교사를 배치하기도 했다. 그 많던 원어민 교사는 지금 모두 어디로 갔을까?

'교육은 백년지대계(百年之大計)'라는 말이 무색하게 우리나라 교육은 정권이 바뀔 때마다, 혹은 리더가 바뀔 때마다 조령모개(朝令暮改)해왔다. 교육의 본질을 망각하고 시대 변화나 사회의 필요에 따라 개인을 개조하려고 하는 시도에서 비롯된 문제라 할 수 있다.

최근 벌어진 가장 안타까운 일 중 하나는 인성교육진흥법 제정이다. 세상 어느 나라가 인성을 법으로 규정할까? 이 법이 만들어지는 과정은 그러하지 않았겠으나 출발은 매우 단순했다. 학교폭력이 많이 일어나니 학생들 인성에 문제가 있다는 뜻이고, 그러므로 인성교육을 해야겠다는 잘못된 진단으로부터 법이 제정되어 예산이 쏟아졌다. 초·중·고 각 학급 학교는 인성교육을 위해 다양한 행사를 진행해야 했고, 이는 현장 전문가인 교사의 피로도를 높였다. 결국 진짜 본질을 위한 교육을 방해하는 역효과를 낳은 것이다.

당연히 법을 제정한 목적은 달성하지 못하고 있다. 인성교육진흥법은 학생에게 문제가 있어 학교폭력이 일어난다는 전제로 제정되었다. 그런데 그런 법이 꼭 필요한 학교폭력 가해자들이나 비행 청소년들에게는 효과가 거의 없다는 문제가 있다. 많은 학교에서 해당 예산을 사용하기 위해 각종 행사를 진행한다. 꽃밭 가꾸기, 동물 먹이 주기, 주말에 사제 등산하기 같은 프로그램이 그것이다. 물론 이러한 행사에 아무 의미가 없다는 뜻은 아니다. 가정에서 잘 자라고 인성에 문제가 없는 학생들에게는 좋은 영향을 끼칠 수도 있다. 그러나 이 법은 일반적인 학생들 때문에 제정되지 않았다. 이 법은 학교폭력을 일으키는 학생들의 인성을 의심하는 데서 비롯되었다. 그러니 법이 제 기능을 하려면 원인이 되었던 학생들이 비행을 저지르거나 친구들을 괴롭히지 않으면서 스스로 자아실현을 이루며 행복한 삶을 살도록 도와야 한다.

아버지의 상습적인 폭행으로 어머니는 집을 나가고 어린 동생과 매일 두려움에 떨며 지내는 어느 학생이 있다고 치자. 그가 아버지에 대한 분노와 세상을 향한 원망을 못 이겨 잘못된 길로 빠져 학교폭력의 가해자가 되었다면, 그 학생이 꽃밭을 가꾼다고 인성이 나아질까? 부모가 모두 이혼하고 버림받았는데 새로 찾은 가정에서도 또 버림을 받은 아이가 있다 치자. 세상에 대한 무기력감으로 엉뚱하게 타인을 괴롭히게 된 비행청소년이 사제 등산 대회에 참가한다고 해서 상처가 치유될까?

인간의 모든 행동에는 원인이 있다. 이 법을 꼭 만들어야 했다면 법의 본질에 맞게 학생들을 제대로 타깃팅(targeting)해서 그들이 과거의 상처를 치유하고 회복하는 데에 충실해야 했다. 교육의 본질대로 잠재력을 이끌어내어 자아를 실현하는 삶을 살도록 말이다. 그러나 슬프게도 이 법은 그렇게 진행되고 있지 못하는 듯하다. 오히려 개인의 자아실현과 성장보다는 시대가 요구하는 8가지 덕목(예, 효, 정직, 책임, 존중, 배려, 소통, 협동)을 더욱 주입하려고만 한다.

그렇다면 현재 학교로 대표되는 기관 교육에서 교육의 본질을 회복하고 사회적 기능도 놓치지 않기 위해서 가장 먼저 바꾸어야 할 문제는 무엇일까?

대부분의 일차적 교육은 어린이집이나 유치원, 학교 같은 기관에서 이루어진다. 따라서 기관은 교육의 질을 보장하기 위한 시스템을 구축해야 하고, 이를 법으로 보호해야 한다. 교육에는 학생, 학부모의 수만큼이나 다양한 바람이 있다. 이 모든 바람이 현장에 적용될 수도 없고, 그래서도 안 된다. 그러나 최근 불거지는 학부모 갑질과 교권침해는 참담할 지경이다. 교육은 교육전문가인 교사에 의해 이루어진다. 이러한 교사의 수업권이 보장되어야 함께 생활하는 다른 학생들의 학습권과 교사의 인권,

나아가서 학교 구성원 모두의 인권이 지켜질 수 있다. 그러나 우리나라는 개인의 인권을 지나치게 강조하다 보니 공동체 안에서는 개인 인권이 제한되어야 한다는 사실을 망각하고 있는 것처럼 보인다.

한 학생이 다른 학생에 의해 피해를 입고 있다고 치자. 피해 학생이 그 사실을 교사에게 호소해도 교사가 할 수 있는 것이라고는 '그래서는 안 된다' '하지 마'라고 말하는 것밖에 없다. 가해자로 지목된 학생이 교사의 말을 받아들이지 않는다 해도 교사는 더 이상 할 수 있는 게 없다. 그 학생 때문에 다른 학생은 계속 피해를 보게 된다. 만일 교사가 가해자 학생을 제압하기 위해 더 강경한 말을 하거나 신체에 손을 댔다가는 아동학대라는 명목으로 고소까지 이루어질 수 있다. 이런 상황에서 도대체 교사가 무엇을 할 수 있을까? 교육과 훈육을 어떻게 할 수 있을까? 이러한 갈등이 수업 중에 발생하고 오랜 시간 교사와 학생 간의 대치가 지속된다면 교사의 수업권도, 나머지 20여 명의 학습권도 모두 침해당한다.

이렇게 교육이 붕괴되는 것을 막기 위해 다른 나라에서는 시스템으로 교사와 학생 모두를 보호하고 있다. 미국의 경우 수업을 방해하는 학생이 교사의 지시를 따르지 않을 경우, 교실을 떠나 다른 교실로 가게 한다. 이에 응하지 않으면 학교 경찰이나 가드(guard) 직원이 강제로 이행하기도 한다. 수업을 방해하는 학생들은 특정 교실로 모이는데 여기에는 다른 교사가 상주한다. 학생은 이 교사와 학업을 계속할 수 있으므로 학습권 침해로 이어지지는 않는다. 아주 어린 시절부터 이러한 상황을 겪게 되면 해당 학생이나 간접적으로 지켜본 학생이나 모두 타인의 권리를 침해하는 것이 잘못임을 깨닫게 된다. 결국 대부분의 학생들은 교사의 수업권과 타인의 학습권을 존중하기 위해 노력하게 될 것이다. 이것이 바로 교육이다.

아동인권 의식이 뛰어난 미국에서 어떻게 이런 일이 가능할까? 그것은 공동체 안에서 서로의 권리가 충돌할 때 누군가의 권리는 제한되어야 한다는 사실에 온 사회가 동의하기 때문이다. 성숙한 시민의식이 아닐 수 없다. 이러한 시스템이 가장 중요한 이유는 수업을 방해하거나 타인을 괴롭혔던 학생의 변화에서 찾을 수 있다. 이런 시스템 안에서 문제 학생은 행동을 수정하여 교사와 타인을 존중하는 사람으로 변화될 가능성이 매우 크다. 그러나 그런 학생이 현재 우리나라의 교육 시스템 안에 있다면 어떻게 성장할지 아찔하다. 본인이 아무리 제멋대로 행동해도 훈육이나 제재를 받지 않는다. 본인이 강하게 저항해도 교사는 아무것도 할 수 없다는 것을 경험했으니 규정과 규칙을 지키려는 준법정신이나 타인과 더불어 살아가는 데 필요한 존중과 배려는 배울 수 없다. 결국 반사회적인 성인으로 자라날 가능성이 높다. 인권을 보호하려다 개인의 삶을 망치는 결과를 불러올 수 있는 매우 위험한 일이 아닐 수 없다.

이제는 학교와 교사에게서 권한은 뺏고 책임만 묻는 행정을 고쳐야 한다. 교사와 학교 구성원을 보호하기 위한 시스템을 구축할 수 있도록 법적 근거와 규정이 시급히 마련되어야 한다.

우리나라 교육계가 당면한 문제들은 이 외에도 수없이 많다. 다문화 사회에서의 교육, 디지털 역량, AI 시대 인성교육, 학교 붕괴…. 모두 미래 교육에서 큰 화두가 될 문제들이다. 교육계 안팎으로 모두가 고민하고 다양한 해결책을 제시하지만 해법을 찾기란 쉽지 않다. 그럴수록 우리는 더 치열하게 고민하고 외쳐야 할 것이다.

이 책은 교육의 본질, 즉 무엇을 어떻게 가르칠 것인가 하는 문제를 단단히 붙잡고 조금이나마 해법에 다가가고자 한 노력의 결실이다. 다양한 분야의 교육전문가들이 미래 사회에서의 교육을 준비하기 위해 필요한 변화는 무엇인지, 우리는 각자의 자리에서 무엇을 해야 하는지 견해를 모았다.

'미래'를 떠올리면 사람들은 지금과 다른 세상을 상상한다. 그리고 변화에 어떻게 적응할 것인지를 생각한다. 그것이 불안이나 두려움보다는 희망이 될 수 있도록 이 책을 구성했다. 우선 학교 현장을 생생하게 살펴봄으로써 우리나라 교육의 현재를 진단해보았다. 이어서 미래 교육이 중점을 두는 가치, 새로운 이슈들을 파악하였다. 미래 사회의 변화에 따르되 교육의 본질을 놓치지 않는 교육이 무엇인지, 이를 통해 밑그림을 그릴 수 있도록 했다. 우리는 각자 자신이 서 있는 자리에서 교육의 건강한 주체가 될 수 있다.

1부

대한민국
교육 진단

1장

지금 우리의
교육 현장

학생 인권과
교권은 함께 간다

이준권 (사)교사크리에이터협회 회장
충청남도교원단체총연합회 대변인

매 맞고 자란 세대가 교사와 학부모가 되다

학생, 교사, 학부모. 이 셋은 교육활동의 주체이자 동시에 상보 관계이다. 그런데 최근 학생 인권과 교권에 관한 견해 차이로 우리 사회는 갈등을 겪고 있다. 누군가는 학생 인권을 강화해야 한다고 하고, 어떤 이는 학생 인권이 지나치게 강화되었기 때문에 교권이 추락했다고 하며, 어떤 이는 학생 인권과 교권은 별개라고 한다. 한편 이 시대의 교사들은 아무것도 할 수 없는 교실 안에서 무력감을 느끼며, 오늘도 스스로를 지킬 줄 아는 '현명한' 교사가 되어야 한다고 다짐한다. 얼마 전 '참교사는 단명한다'라는 말이 이슈가 되었다. 이런 비극이 없도록, 밝은 미래 교육을 위해 제언하고자 한다.

지금의 학교는 개도국 시대의 구인류와 선진국 시대의 신인류가 소통하고 교감하며 배우는 장소라 할 수 있다. 여기에서 해결해야 할 당장의 중요한 과제 중 하나는 바로 '학생 인권 대 교권' 문제다.

매 맞고 자란 세대가 교사와 학부모가 되었다. 가슴 아프지만 사실이다. 이 글을 읽는 교사나 학부모 대부분은 학창 시절 직·간접적으로 체벌을 경험하였을 것이다. 체벌이 시야에서나마 사라진 것은 얼마 되지 않는다. 2011년 3월 초중등교육법 시행령 제31조 8항에 체벌 금지 조항이 신설되면서 대한민국에서는 체벌이 금지되었다. (1998년 시행된 초중등교육법 시행령 제31조 7항은 "교육상 불가피한 경우를 제외하고"라는 단서가 있었기에 제한적이었다.) 민법 제915조 규정에 의거하여 인정했던 가정 내 체벌 역시 2021년 1월에 금지되었다. 그러나 학부모와 교사는 여전히 상처를 가진 채로, 같은 세대이면서도 서로 공감하고 위로하기보다 대립하고 갈등하게 되었다. 교육에 대한 불신과 불만을 같은 세대인 교사들이 원죄처럼 지고 가게 된 형국이다.

그사이 교사, 학부모, 학생의 지위 체제에도 많은 변화가 있었다. 건국부터 1991년까지 학교는 교원의 독점적 지위 체제였다. 이후 김영삼·김대중·노무현 정부를 거치면서 이런 체제가 흔들리고 교원과 학부모를 중심으로 한 이중적 지위 체제로 전환되었다. 이는 자의 반, 타의 반으로 교육 개혁을 강도 높게 추진하였기 때문이다. 이후 이명박 정부에서 윤석열 정부에 이르기까지는 교원과 학부모, 학생에 의한 다원적 지위 체제로 크게 변동되었다.[1] 그리고 학부모의 학교 참여가 활발해지고 학생 인권, 교권침해 문제 등이 활발하게 논의되었다.

이제 교사(원), 학부모, 학생은 모두 교육활동의 주체이다. 만약 여전히 교사 독점적 지위 체제에 있다고 인식하는 교사가 있다면, 혹은 '교권 강화는 곧 체벌 부활'이라고 생각하는 학부모가 있다면, 이는 잘못된 인식이다. 교육 주체들은 다원적 지위 체제 속에서 동등한 교육 참여자라는 지위를 인지하고, 이에 걸맞은 위상과 품위를 지켜야 한다. 이러한 인식이 바탕이 될 때 학생 인권과 교권에 대한 진중한 논의가 가능하다.

세 가지 사건으로 살펴보는 '학생 인권 대 교권' 논란

2022년, 교육계를 뒤집어놓은 세 가지 사건이 연이어 터졌다.

첫째는 충남 홍성의 한 중학교에서 일어난 사건이다. 3학년 학생이 담임교사가 수업을 진행 중인데도 교단에 드러누운 채 휴대전화를 들고 있었다. 교사는 특별한 제지 없이 수업을 계속하고 있었고, 학생들의 웃음소리가 들리기도 했다. 한 학생이 이 모습을 촬영해서 세상에 알려졌다. 같은 학교에서 상의를 탈의한 상태로 수업을 받고 있는 남학생 영상도 있었다. 현재의 교실 모습이 적나라하게 세상에 공개되어 학부모들에게 충격을 주었다.

둘째는 교사에게 욕하고 동급생을 폭행한 초등학생 사건이다. 전북 익산의 5학년 학생이 강제 전학 온 지 닷새 만에 같은 반 학생을 발로 차고, 이를 제지하는 담임교사에게 욕설을 했다. 이 학생은 수업 중 노래를 크게 틀고 이를 말리던 교장에게도 욕설을 퍼부었다. 자신을 쳐다봤다는 이유로 다른 학생을 공격하고, 급식실에서 흉기를 가져와 교사를 협박하는 등 모두를 공포에 떨게 했다. 이 학생은 스스로를 보호하기 위해 경찰에 신고하였으나, 출동한 경찰관마저 자신을 제지하자 아동학대로 경찰관을 신고하기도 했다. 결국 등교 중지 처분을 당했는데 그 와중에도 학교에 찾아와 반 아이들에게 폭력을 휘둘렀다. 이러한 상황이 반복되어도 교사가 어찌할 수 없다는 사실에 모두가 경악을 금치 못하였다.

셋째는 교사를 톱으로 위협한 초등학생 사건이다. 경기 수원의 한 초등학교에서 6학년 동급생 간에 싸움이 일어났다. 이를 말리자 학생은 목공용 양날톱을 휘두르며 동급생과 교사에게 "둘 다 죽이겠다"라면서 욕설을 퍼부었다. 교사는 다른 학생의 안전을 걱정하여 문제 학생을 회의실로 데려갔는데 회의실에서도 책상 유리를 손으로 내리쳐 깨는 등 난동을 부렸다. 이 사건으로 충격을 받은 교사는 병가를 신청하였지만, 병가가 끝나고 나면 다시 이 학생을 만나 수업을 해야 한다는 사실에 망연자실했다.

이런 사건들을 지켜본 교사들은 '나에게도 일어날 수 있는 일'이라는 생각에 두려움에 떨고, 학부모들은 적나라하게 공개된 학교 붕괴 모습에 충격을 받았다. 이후 '학생 인권 대 교권'이라는 대결 구도가 형성되었다. 언론은 교권 추락에 관한 기사를 쏟아냈고 학생인권조례에까지 불똥이 튀어 '학생인권조례 폐지 운동'에 불을 지폈다. 학생인권조례를 찬성하는 쪽과 반대하는 쪽의 갈등은 더욱 심화되었다. 과연 학생 인권과 교권은 동전의 양면인 것일까?

다시 살펴보는 학생인권조례

학생인권조례는 학교 교육과정에서 학생의 존엄과 가치, 인권이 보장될 수 있도록 제정한 조례다. 학생 인권이라는 개념이 학생인권조례에서 비롯되었다고 생각하는 경우도 있는데 이는 오해다. 학생 인권은 국제인권조약과 헌법의 가치를 교육 영역에서 실현하고자 하는 교육기본법과 초중등교육법에 명시된 법률적 개념이다.

내용은 시도교육청별로 조금씩 차이가 있다. 그러나 일반적으로 차별받지 않을 권리, 표현의 자유, 교육복지에 관한 권리, 양심과 종교의 자유 등을 주요 내용으로 담고 있다. 이는 헌법, 교육기본법, 초중등교육법, 유엔아동권리협약에 근거하고 있으며 모든 학생이 인간으로서 존엄과 가치를 실현할 수 있도록 하는 것을 목적으로 한다.

이 중 '유엔아동권리협약(Convention on the Rights of the Child)'은 학생 인권과 학생인권조례의 뿌리라고 볼 수 있다. 이는 유엔총회에서 채택한 국제적인 인권 조약으로 18세 미만 아동의 생존, 보호, 발달, 참여의 권리 등 어린이 인권과 관련된 모든 권리를 규정하였다. 우리나라는 1991년 협약을 비준하여 국내에 적용하였다. 협약에 가입한 나라는 아동의 권리 실현을 위해 입법·사법·행정 등의 조치를 취할 의무가 있다. 서울시의회는 이런 학생인권조례 폐지를 입법 예고한 바 있다. 이에 서울시교육청은 2023년 1월 유엔에 서한을 보내 조례안 폐지와 관련된 국가기관인 교육부, 국가인권위원회, 서울시의회의 전반적 상황을 조사하고 평가해달라고 요청하기도 했다.[2]

간혹 교직원이나 학부모 중에 학생인권조례는 규범적 성격을 갖고 있다고 생각하는 경우가 있다. 그러니 이에 반하는 내용도 학교 규칙으로 제정·개정할 수 있지 않느냐고 묻는다. 사실은 그렇지 않다. 조례는 '법령의 범위 안에서' 지방자치단체가 제정한 법규범이기 때문이다. 2021년 6월 29일 법제처가 내놓은 법령 해석에 따르면 "학교의 장은 학교에 의무를 부과하는 학생인권조례의 규정에 반하는 내용으로 학교 규칙을 제정·개정할 수 없음"을 분명히 하고 있다.

다시 살펴보는 교권

교사는 한 인간인 동시에 교육하는 사람이다. 그래서 교권에는 교사의 인권, 권리, 권한이라는 세 가지 의미가 담겨 있다.

첫째는 인권 측면에서의 교권이다. 교사 역시 한 인간으로서 인권을 갖고 있다. 헌법과 국제인권규범에 의해 인격권, 평등권, 휴식권 같은 기본적인 인권이 보장된다. 만약 교사가 교육 현장에서 정신적·물리적인 피해를 입는다면 이는 인권을 침해당한 것으로 보고 교권침해라 할 수 있는 것이다.

둘째는 지위 권리 측면에서의 교권이다. 교육공무원법 제43조는 "교권(教權)은 존중되어야 하며, 교원은 그 전문적 지위나 신분에 영향을 미치는 부당한 간섭을 받지 아니한다"라고 명시했다. 또 교육기본법 제14조는 "학교 교육에서 교원(教員)의 전문성은 존중되며, 교원의 경제적·사회적 지위는 우대되고 그 신분은 보장된다"라고 밝힌다. 이를 통해 교권이란 전문성을 존중받아 '무엇을 어떻게' 가르칠 것인가에 대해 부당한 간섭을 받지 않을 권리임을 알 수 있다.

셋째는 교사 권한으로서의 교권이다. 초중등교육법 제20조에는 "교사는 법령에서 정하는 바에 따라 학생을 교육한다."라고 명시되어 있다. 이는 수업권, 평가권, 지도권 등 일반적으로 교육권을 일컫는 교권을 말한다. 하지만 "법령에서 정하는 바"라는 대목이 구체적이지 않아서 그 경계가 모호하고 이를 행사하기 위한 방법은 온전히 교사의 재량에 맡겨져 있다.

이 중 교사에게 가장 중요한 수업권에 주목해보자. 헌법재판소와 대법원은 교사의 수업권이 학생의 학습권 실현을 위한 수단이라고 판단한다. 대법원의 2007년 판결문엔 이렇게 쓰여 있다. "학교 교육에 있어서 교원의 가르치는 권리를 수업권이라고 한다면… 어디까지나 학생의 학습권 실현을 위하여 인정되는 것이므로, 학생의 학습권은 교원의 수업권에 대하여 우월한 지위에 있다." 1992년 헌법재판소는 교사의 수업권이 헌법상 보장되는 기본권이 아니므로, 교사의 수업권보다 학생의 수학권이 우선된다는 판결을 내린 바 있다.

요약하면 이러하다. 학교 교육에서 교원의 가르치는 권한을 수업권이라고 한다면, 이것은 교원의 지위에서 비롯한 교육상의 직무권한이고 헌법으로 보장된 학생 학습권 실현을 위하여 인정되는 것이다. 수업권과 학습권이 충돌한다면 학습권이 우선하며 수업권은 일정 범위 내에서 제약받을 수 있다. 흔히 '교사는 학생을 위해 존재한다'라고들 하는데 법적으로도 근거가 있는 말인 셈이다.

만약 어떤 학생이 수업을 방해한다면 다른 학생들의 헌법상 권리인 학습권을 침해하는 것으로, 학습권 실현을 위한 교원의 교권을 침해했다고 할 수 있다. 이렇게 몇 단계의 해석을 거치지 않으려면 학생 학습권 보호를 위해 '교원지위법(교원지위향상을 위한 특별법)'에 수업 방해와 관련된 교권침해에 대한 구체적 명문화가 필요하다.

결론적으로 교권은 인간으로서 기본권이며, 전문적 지위를 보장하는 권리이고, 헌법에서 보장하는 학생의 학습권을 위해 가르칠 수 있는 권한이다.

누가 학생 인권 보장을 반대하는가

학생이 독립된 개인으로서 천부의 인권을 누려야 한다는 데에 반대할 교사가 있을까? 자기 방어에 취약한 학생들의 인권을 어른이 보호하는 것은 당연하다. 특히 교사는 학생 인권을 지키는 옹호자가 되어야 한다.

앞서 살펴본 것처럼 학생 인권과 교권은 법으로 보호를 받고 있다. 이는 학교 현장에서 균형과 조화를 이룰 필요가 있다. 한 발 더 나아가 헌법상 교육받을 권리를 실현하는 데에 있어 공생과 상보 관계라 할 수 있다. 그런데 우리는 어쩌다가 학생 인권과 교권을 대립하는 개념으로 생각하게 되었을까?

학생인권조례는 말 그대로 학생의 인권을 보호하기 위한 조례이다. 대한민국 국민 대다수가 학생 인권 보장은 찬성한다. 그렇지만 학생인권조례에는 반감을 갖는 사람이 많다. 학생인권조례를 폐지해달라는 서명 운동에 서울에서 6만 4,376명,[3] 충남에서 2만 141명[4]이 동조했을 정도다. 이는 권리에는 한계가 있고, 반드시 책임이 따른다는 당연한 사회 법칙이 조례에 포함되지 않았기 때문이다. 현 조례에서 학생 인권만을 서술한 덕분에 교사는 즉각적인 생활지도권을 박탈당했고, 교육적 조치를 할 수 있는 운신의 폭이 매우 좁아졌다.

경기도교육청이 최초 학생인권조례를 제정할 때 참고했다는 미국 뉴욕시의 학생권리장전(Student Bill of Right)에는 학생의 권리와 자유뿐 아니라 학교에서 지켜야 할 의무와 책임이 구체적으로 명시돼 있다. '학생, 교사 및 교직원에게 예의 바르고 진술하며 협조적으로 행동할 책임' '연령과 인종, 종교, 출신 국가, 성적 성향, 정치적 신념에 관계없이 예의 바르고 정중하게 타인을 대할 의무' '학교 규정을 숙지하고, 학교 규칙과 규범을 준수할 책임' '말이나 글, 기타 표현 방식에 있어 저속하고 부적절한 표현을 삼갈 책임' '교직원으로부터 받은 연락 사항을 반드시 부모에게 전해야 할 책임' 등이 그것이다.

버지니아주 페어팩스 학구의 학생권리의무장전(Student Rights & Responsibilities, 2017)의 조항에도 '유치원부터 12학년까지 교육 환경에 적합한 복장을 할 의무' '음란, 폭력, 방해 또는 무례한 언어, 형상, 몸짓을 삼가야 할 의무' '교직원의 권한을 존중할 의무' 등이 담겨 있다. 의무를 다하지 않으면 권리도 없는 것이다. 우리나라처럼 '휴대전화 소지'나 '복장의 자유'를 일일이 열거하지도 않고 인권에 관한 교육을 해야 한다는 강제 규정도 없다.

현 학생인권조례인 '충청남도 학생인권조례(충청남도조례 제4780호)' 내용을 잠시 들여다보자.

제8조(표현과 집회의 자유) ② 학생은 집회의 자유를 가지며, 방법은 비폭력·평화적이어야 하고, 학교의 장은 이를 존중해야 한다.

제9조(개성을 실현할 권리) ① 학생은 두발 등 용모와 복장에 있어서 자신의 개성을 실현할 권리를 가진다.

제10조(사생활과 개인정보를 보호받을 권리) ② 교직원은 학생의 동의 없이 학생의 소지품을 검사해서는 안 된다. 다만, 안전 확보와 건강 보호 등 필요한 경우에 한하여 해당 학생에게 목적과 이유를 밝힌 후 학생의 사생활이 보호되는 곳에서 소지품을 검사할 수 있다.

제11조(정보접근권) ③ 학교의 장은 학생의 휴대전화 등 전자기기 소지를 금지해서는 안 된다. 다만, 학교의 장은 교육활동의 원활한 운영 및 학습권 침해의 방지를 위하여 학칙으로 전자기기의 소지 및 사용범위

를 정할 수 있다.

제44조(학생 인권교육) ⑤ 학교의 장은 학생들에게 학생 인권에 관한 교육을 학기당 2시간 이상 실시해야 한다. (교직원에 대하여 연 2시간 이상)

가벼운 마음으로 읽으면 문제가 될 만한 조항은 보이지 않는다. 하지만 학생들과 등교부터 하교할 때까지 온종일 함께 생활해야 하는 교사라면 어떨까? 교육활동 중에 조금이라도 위 조항에 위배될 만한 것이 있다면 애초에 시작하려 하지 않을 것이다. 학생의 흡연이 의심돼 소지품 검사를 하려는 교사는 자신의 권리와 학생인권조례에 따른 적법 절차 준수를 요구하며 따지는 학생과 부딪치느니 피하는 쪽을 택하게 된다.

이런 분위기 속에 교육부가 발표한 통계에 따르면 2017년부터 2021년까지 5년간 교육활동 침해 사례는 총 1만 1,148건에 이르렀다. 이 중 교사 상해·폭행 사건은 888건이다. 한국교총에서는 전국 유초중고 교사들 8,655명을 대상으로 설문조사를 했는데 학생의 문제행동 이후 겪는 어려움 1위로 "마땅한 제재 등 조치 방법이 없다"라고 답하며 무력한 모습을 한탄했다.

2023년 5월 교사노조가 조합원 1만 1,377명을 대상으로 실시한 설문조사 결과에 따르면, 최근 1년간 이직 또는 사직을 고민한 적이 있다고 답한 교사가 87%(거의 매일 25.9%, 종종 33.5%, 가끔 27.6%)로 나타났다. 최근 5년 동안 교권침해로 정신과 치료나 상담을 받은 적이 있다는 교사는 26.6%, 아동학대로 신고를 당한 경험이 있는 교사도 5.7%였다. 많은 교사가 정신적인 상처와 병을 안고 교단에 서 있는 것이다.

학생인권조례에 의거하여 학생 인권에 대한 의무교육이 학생 및 교직원을 대상으로 실시되었다. 이후 학생들과 교직원마저 '학생(본인)의 인권이 다른 권리에 우선한다'라는 잘못된 인식을 갖게 된 듯하다. 생활지도를 하면 "선생님, 이건 학생 인권 침해예요!"라는 말을 듣는 것이 다반사다. 수업 중 스마트폰을 사용하며 수업 분위기를 깨는 학생이 학생 인권 침해와 아동학대 운운하며 방해 행동을 계속한다면, 이를 저지할 수 있는 교사가 몇이나 될까?

교권도 강화해야

2023년 5월 '훈육 포기'를 선언한 초등교사의 글이 온라인 커뮤니티에서 화제가 되었다. 글쓴이는 "애가 다른 애를 괴롭히며 욕을 하든, 책상을 뒤집으며 난동을 부리든, 온 학교를 뛰어다니며 소리를 지르든, 그냥 웃는 얼굴로 '하지 말자' 한마디 작게 하고 끝낸다. 훈육한답시고 목소리 높이거나 반성문 쓰게 했다가 정서적 아동학대로 고소당하고 자칫 일자리도 잃어 내 삶만 피폐해질 뿐이다. 학생인권조례 등이 교권을 박살내고 훈육할 권리조차 없앴는데 무엇을 바라느냐?"라고 썼다. 교사들의 '학교 현장에서 할 수 있는 게 아무것도 없다'라는 말이 핑계가 되는 날이 와야 온전한 교육이 이루어질 수 있다. 그런 미래 교육을 위해 몇 가지 제언을 남긴다.

첫째, 지금 교육 현장은 '다원적 지위 체제'임을 염두에 두어야 한다. 디지털 시대의 사회·기술 변화 흐름을 볼 때, 앞으로 미래 교육 사회에서 교원의 지위 체제는 더욱 다변화될 것이다.[5] 교원은 다원적 지위 체제를 인지하고, 학부모와 학생은 교육 참여자로서 지위를 인지하고 그에 맞는 위상과 품위를 지켜야 한다.

둘째, 학생 인권과 교권은 대립 관계가 아님을 깊이 새겨야 한다. 학생은 독립된 개인으로 천부의 인권을 누려야 하는 존재이며, 학생 인권은 국제인권조약과 헌법의 가치를 교육 영역에서 실현하고자 하는 법률적 개념이다. 또한 학습권은 헌법이 보장한 권리이고, 이를 잘 수행하기 위한 수단적 권한이 교권이다. '헌법상 교육받을 권리를 포함한 학생 인권 실현'을 위해 교권이 필요하다. 다시 강조하지만 학생 인권과 교권은 대립하는 관계가 아니다.

셋째, 교권은 학생의 학습권 보장을 위해 강화되어야 한다. 교사들은 학생의 학습권 보장을 위해 '학교에서 마음 놓고 생활지도를 할 수 있는 환경'을 만들어달라고 입을 모은다. 생활지도법은 2022년 11만 6,000여 교원의 염원을 담은 청원을 시작으로 2022년 12월에 개정되고 2023년 6월 28일부터 시행되었다. 학생이 교직원 또는 다른 학생의 인권을 침해하는 행위를 금지하고 교원이 교육활동을 위해 필요한 경우 법령·학칙에 따라 학생을 지도할 근거가 마련된 것이다. 앞으로 시행령 개정, 교원지위법 개정, 교육부 장관의 고시 또는 공고 등을 통해 교사에게 교실 질서 유지 권한을 부여함과 동시에, 무고성 아동학대 신고가 있더라도 교사가 법적으로 보호받을 수 있어야 한다.

넷째, 현재 학생 인권과 교권의 대립 관계를 만드는 학생인권조례를 개정해야 한다. 폐지가 아니라 개정이다. 한국교육개발원(KEDI)이 전국 성인 남녀 4,000명을 대상으로 실시한 '2022년 교육여론조사'에 따르면 '교원의 교육활동 침해 행위의 이유'로 조사 대상자의 42.8%가 '학생 인권의 지나친 강조'를 꼽았다. 현재의 학생인권조례는 학생의 책임이나 의무는 빠진 채 학생의 인권만을 세세하게 나열하고 있다. 이는 학생의 인권이 무엇보다 우선한다는 인식으로 이어지게 된 것이다.

우리나라 학생인권조례에는 왜 의무와 책임이 사라졌을까? 교육기본법 제2조에 나와 있는 '민주시민으로서 필요한 자질'을 갖추는 데에 어울리는 조례 명은 '학생 권리와 의무(책임) 조례'일 것이다.

1   "정권별 교권 및 교육활동 보호 정책 어떻게 흘러왔을까", 〈교육플러스〉, 2023.5.24

2   "'권리만 있고 의무는 없다'… 학생인권조례 폐지되나", 〈주간조선〉, 2023.4.12

3   "조희연의 학생인권조례, 11년 만에 폐지?…6만 명 서명했다", 〈중앙일보〉, 2023.1.26
    "'권리만 있고 의무는 없다'… 학생인권조례 폐지되나", 〈주간조선〉, 2023.4.12

4   "충남 학생인권조례·인권 조례 폐지 찬반단체 대립 심화", 〈충청투데이〉, 2023.6.26

5   "수업 선진화를 가져올 교원의 교육활동 보호 8가지 개선 방향", 〈교육플러스〉, 2023.5.24

학교폭력,
어떻게 해결할 것인가

김태훈 강원특별자치도교육청 소속 중등교사
유튜브 채널 '날아라후니쌤TV' 운영, 『학생생활지도와 학부모상담』 외 저자

학교폭력, 무엇이 문제인가

2023학년도는 학교폭력 이슈로 시작했다고 해도 과언이 아니다. 정순신 변호사는 국가수사본부장 후보에 올랐다가 자녀의 학교폭력 문제로 자진 사퇴했다. 이내 '정순신 방지법'이 마련되어 학교폭력의 가해 학생이 징계조치에 불복하는 소송을 제기할 경우 피해 학생을 법적으로 지원할 수 있게 되었다. 학교폭력 사안이 접수되면 피해 학생의 요청으로 피해 학생과 가해 학생을 분리하는 기간도 3일에서 7일로 늘어났다. 학교장 긴급조치도 기존보다 강화할 수 있게 되었다. 이러한 법 개정은 우리 사회에서 학교폭력에 대한 관심이 높아지고 있음을 방증한다.

그렇다면 학교폭력 사안의 추이는 어떻게 변화하고 있을까. 2022년 1차 학교폭력 실태 조사 결과를 살펴보자. 코로나 팬데믹이 지나면서 사이버폭력은 다소 줄어든 반면 대면 접촉 기회가 늘면서 물리적 폭력의 비중

이 높아지고 있다. 하지만 사이버폭력의 수위는 갈수록 높아지고 있다는 데 주목해야 한다.

사이버폭력의 양상도 변화하고 있다. 단체 대화방에서 한 사람을 초대해 욕하는 행위인 떼카, 단체 대화방에 초대한 후 모두가 퇴장해 온라인상에서 왕따를 시키는 행위인 방폭, 여러 학생이 한 학생을 단체 대화방에 지속적으로 초대해 나가지 못하게 가두고 괴롭히는 행위인 카톡감옥 같은 신조어가 등장했고, 공유 전동킥보드 결제를 강요하기도 한다. 거의 모든 학교급에서 언어폭력 비중이 가장 높다는 사실에도 주목할 필요가 있다.

대부분의 폭력 사안의 발단은 언어다. 코로나 팬데믹으로 학생들 간의 관계에 관한 교육이 미흡했던 것도 한 가지 원인일 수 있다. 디지털 유목민인 학생들이 관계를 형성하고 유지, 발전시키는 방법에 관하여 모르는 경우가 많다. 심지어 얼굴을 마주 보고 앉아 있어도 카톡으로 대화하는 학생들도 있다. 직접 대화를 나누기보다는 SNS로 소통하는 걸 더 자연스럽게 느끼는 것이다. 이러한 경향은 결국 우정보다는 필요에 의한 관계 맺기로 이어진다.

현재 대부분의 시도교육청에서는 회복적 생활교육 또는 관계 중심 생활교육을 진행하고 있다. 미래를 준비하기 위해서는 사람 사이의 관계에 대해 배울 필요가 있음을 학생들에게 강조하고 있는 것이다.

학교폭력 처리 절차

학교폭력 사안은 2020학년도부터 교육지원청에서 학교폭력대책심의

위원회(이하 '학폭위')를 개최하여 처리하고 있다. 기존에 학교에서 처리하던 방식을 변경하여 전문성을 높이기 위해서다. 절차를 살펴보면 이렇다. 사안이 접수되면 48시간 이내에 소속된 지역교육청에 보고를 한다. 접수와 동시에 분리 제도를 이용할 것인지도 확인한다. 필요한 경우 학교장 긴급조치가 피해(관련) 학생과 가해(관련) 학생을 대상으로 이루어지기도 한다. 그리고 학교에 설치된 학교폭력 전담기구에서 학교폭력 사안을 확인하여 학교장 종결 여부를 확인한다.

학교장 종결은 피해 학생과 그 보호자의 동의가 있을 때 가능하다. 학교장 종결에 동의하지 않거나 종결 요건의 4가지 항목에 해당하지 않는 경우 교육지원청에 설치된 학폭위 개최를 요청한다. 처리 기간은 학교에서 최대 3주(2주+1주), 교육지원청에서 최대 4주(3주+1주) 정도다. 소요 시간이 너무 길다는 문제점이 제기되는 부분이다.

이러한 절차가 시행된 지 3년여가 지났다. 이 시점에 교육지원청으로 이관된 학폭위 처리 방식에는 어떤 문제가 있는지 확인해볼 필요가 있다. 학폭위의 조치는 교육적인지, 학폭위원들의 행정적 접근으로 교육적 조치는 사라진 것이 아닌지 등이 점검 대상이 될 것이다.

2020년 이전에는 길어야 3주(2주 원칙, 필요한 경우 1주 연장)면 학폭위의 모든 절차가 끝났다. 담당교사는 사안이 접수됨과 동시에 학폭위를 소집하고 회의를 진행하고 결과를 통보했다. 지금은 앞서도 말했다시피 학교에서 최대 3주, 교육지원청에서 최대 4주 정도가 소요된다. 사안의 중대성이 높아 빠르게 처리해야 하는 사안이라고 해도 최소 한 달여가 걸린다. 현재 학교폭력 담당교사는 작성해야 할 문서의 양도 늘어나 업무에 과부하가 걸린 상태다. 학폭위원들의 전문성이 2020학년도 이전에 비해 향상되었다 하더라도 교사보다 학교 현장에 전문성을 갖고 있다고 보긴 어렵다. 그래서 현장의 교사들이 교육적 조치를 취해야 함에도 불구하고 행정 업무에 매몰되고 있는 상황이다.

한편 학교폭력 책임교사나 학생부장에게 주어지는 제한적인 권한도 문제다. 심지어 학교폭력에 해당하는지 아닌지 여부조차 학폭위에서만 판단하고 있다. 학교폭력 여부는 접수 초기 단계에서 판단해야 할 텐데, 사실 확인 단계에서 학생들은 '이게 어째서 학교폭력인가' 하는 불만을 드러내기도 하고, 이 과정에서 학생이 조금이라도 불편함을 호소하면 교사가 아동학대로 신고당하기도 한다.

온라인상에서 이루어지는 사이버폭력이 늘어나고 있지만, 온라인상에서 벌어진 일에 관하여 교사는 조사할 권한이 없다는 점도 문제다. 상황 파악이 필요하면 경찰에 협조 요청을 해야 하는데, 경찰은 개인정보 보호를 이유로 수사 내용을 교사에게 알려주지 않는다. 그러면서도 학교폭력 담당교사나 학생부장은 사안과 관련하여 무한 책임을 부여받는다.

이번 학교폭력예방 및 대책에 관한 법률을 개정하면서 고의 또는 중과실에 의한 경우가 아닌 사안에 관하여 면책 조항이 들어간 것은 환영한다. 그러나 법령에 기재하는 것이 전부는 아니다. 담당자가 적극적으로 대처할 수 있도록 구체적인 권한과 자격을 부여해야 한다.

학교폭력, 일어나기 전에 예방해야

학교폭력은 이와 연관된 모든 이들에게 돌이킬 수 없는 상처를 남긴다. 그래서 학교폭력 예방교육이 더욱 강조된다. 현재 학교폭력예방법은 교사, 학생, 학부모를 대상으로 학기별 1회 이상 학교폭력 예방교육을 진행한다고 명시하고 있다. 물론 교육 대상자에 따라 내용은 다르다. 교사 대상 교육은 어떻게 하면 학생들이 관계를 잘 유지하도록 도울 수 있을지에 초점을 맞춘다. 학부모는 자녀를 관찰하고 학교폭력의 징후를 발견하는 즉시 학교에 알리도록 한다. 학생들에게는 타인과 자신의 생각이 다를 수 있음을 인지시킨다.

학교폭력 예방교육을 더욱 효율적으로 실행할 수 있는 세 가지 방안을 아래에 제안한다.

첫째, 학년 초, 학기 초에 진행한다. 사안의 처리보다 예방이 중요하다. 예방 활동은 연중 진행하지만 학년 초나 학기 초, 즉 3월과 9월에 집중하는 편이 낫다. 민주적인 의사 결정은 어떻게 진행되는지, 의사소통을 원활하게 하려면 어떻게 해야 하는지 다양한 프로그램을 진행해보는 것이 좋다. 요즘은 초등학교뿐 아니라 중학교에서도 놀이를 활용한 교육을 진행하는 추세다.

둘째, 학부모 맞춤형 교육을 한다. 학부모는 가정에서 자녀를 관찰하여 학교폭력의 징후를 살필 수 있도록 한다. 또한 학교폭력 사안이 발생할 경우 어떤 방향으로 처리가 진행되는지 전체적인 흐름을 학부모에게 알릴 필요도 있다. 변동된 내용이나 처리 절차에 관해 정확히 안내하고, 객관적인 시각으로 매뉴얼에 따라 진행함을 명확히 알려야 후에 민원을 방지할 수 있다.

셋째, 학교생활과 연계하여 진행한다. 학교에서는 학교폭력예방법에 의하여 학기별로 한 번 이상 예방교육을 한다. 하지만 대개 형식적으로 진행되는 경우가 많으므로 내실 있게 운영할 수 있도록 표준화된 방안을 제시할 필요가 있다. 교사(교직원) 대상 교육은 학교폭력 예방교육 지원센터 홈페이지(stopbullying.re.kr)를 추천한다. 여기에서는 '어울림 프로그램'을 배포하고 있는데, 학교 현장에 쉽게 적용할 수 있도록 모듈을 만들어 활용도가 높다. 수업 지도안, 학생들의 활동지까지 제공하므로 다양하게 활용해볼 수 있다.

학교폭력 예방교육을 형식적으로 진행한다면 이는 행정력 낭비다. 효율을 높이도록 수업 중에 진행하거나 학교생활과 연계해야 한다.

어떻게 학교폭력을 해결할까

2020학년도 이전에는 학폭위가 학교에서 열리다가 교육지원청으로 이관되었다. 전문성을 위한 조치라고 했다. 교육부는 이를 통해 현장 담당자들의 고충을 덜 것이라고 했다. 그러나 현실은 달랐다. 담당자가 처리해야 하는 서류의 양은 2배 이상 늘어나 업무량이 많아졌다. 현장 담당자가 학생의 생활태도, 습관 등의 특징과 사안에 대해 더 빠르고 정확하게 판단할 수 있다는 것은 의심할 여지가 없다. 한데 이런 이들이 교육적 조치에서 멀어지게 된 것이다.

교육지원청에서 구성한 학폭위 심의위원들은 각 분야의 전문가로 구성되어 있다. 그러나 교사에 비해 학교 현장에 대한 대응 능력이 약하다. 서류들만 놓고는 제대로 파악하기 힘들다. 학폭위 결과 통보를 보면 학교에서는 심각하게 인지하는 사안에도 경징계 처분을 내리는 경우도 있다. 민원이나 이의 제기를 의식한 접근이 아닐까 하는 의문이 든다.

교원 양성 과정에서 생활지도를 강조할 필요도 있다. 그런데 현재 제도에서는 이에 대한 사전지식 없이 임용이 된다. 그래서 신규 교사는 이에 대한 준비 없이 학생들과 마주하고 생활지도를 하면서 직접 깨치는 수밖에 없다. 신규 교사나 저경력 교사들이 특히 어려움을 호소하는 이유다. 학부모와 상담을 할 때 어떤 점에 초점을 맞추어야 하는지 알려주는 사람도 없다. 유의해야 할 내용 등 사전지식 없이 직접 몸으로 겪다가 행정소송에 휘말리기도 한다. 이로 인해 교직에 회의를 느끼고 교단을 떠나는 경우도 많다.

학교폭력예방법이 시행되기 시작하면서 학교 현장은 사법기관화되었다. 학교폭력 사안은 절차에 따라 처리하고 이를 어길 경우 교사가 징계와 사법 처리를 받게 된다. 학교는 교정시설이 아니라 교육기관이다. 학교폭력 사안을 대화로 풀었다고 징계를 받기도 하니 교사는 생활지도에서 손을 떼고 절차대로만 진행하는 수밖에 없다. 진정한 관계 개선을 하고 학생이 안전하게 학교생활을 할 수 있는 기반을 마련하기도 쉽지 않다.

선도 처분을 받은 가해 학생과 학부모는 불복 절차를 밟는 것이 당연시되고 있다. 여기에 법률가와 행정사들이 적극 개입한다. 학교가 사법기관화되고 있다는 증거다. 교권은 이미 바닥을 파고들어갔다. 학생들에게 건강하고 안전한 학교를 만들기 위해서는 교사가 생활지도를 할 수 있도록 제도를 개선해야 한다.

학교폭력예방법의 주요 내용 알아보기

해마다 학교폭력예방법 개정이 이루어진다. 개정 내용과 학교폭력예방법에서 더 세심히 살펴야 할 점들은 아래와 같다.

우선 피해 학생의 입장에서 생각해야 한다. 이번 개정에서는 학교장 긴급조치 권한을 확대해서 기존에 가능하지 않았던 학급 교체를 추가했다. 학급 교체를 먼저 진행하는 경우 학폭위에서 추인이 되지 않으면 담당교사 입장에서는 다시 원상태로 복구해야 하는 고충이 있다. 학교장 긴급조치로 출석 정지를 진행하고 학폭위에 보고하도록 하는 것은 이전에도 시행되었던 내용이다. 또한 가해 학생이 불복 절차를 통해 집행 정지를 신청할 때, 피해 학생과 보호자의 의견을 청취하도록 했다. 이전에는 가해 학생이 집행 정지를 신청하더라도 통보할 의무가 없어 피해 학생이 알지 못했다. 다만 업무를 담당하는 입장에서는 또 다른 민원을 받을 가능성이 높아지지 않을지 염려가 된다.

학생들의 관계성 교육을 강화해야 한다. 학교폭력이 발생했을 경우 가해 학생은 자신의 잘못을 확인하고 진정한 사과와 반성을 해야 한다. 물론 재발 방지 약속도 중요하다.

이번 학교폭력예방법 개정에서는 학교폭력 담당자의 수업 시간 조정을 약속했다. 처리 과정에서 고의 또는 중과실이 없는 경우 교원의 책임을 면제하는 조항도 추가되었다. 그러나 특정 교과는 수업을 대신할 인력을 구하기 어렵고, 법안이 현장에서 실현될 수 있을지는 미지수이므로 장기적으로 지켜보아야 한다.

교사 개인의 역량을
마음껏 펼치는 새로운 시대

김환 경기도교육청 소속 중등교사
유튜브 채널 '오마국' 운영, AIEDAP 마스터 교사

포스트 코로나, 뉴노멀 시대의 공교육

코로나 팬데믹은 우리가 그동안 얼마나 밀착된 채 살아왔는가를 확실히 알게 해주었다. 또한 타인과 대면하지 않고도 충분히 살아갈 수 있다는 사실도 깨닫게 해주었다. 이러한 인식의 변화는 학교 교육 현장에서 매우 극적인 변화를 만들어냈다. 바로 미래의 일이라고만 여기던 비대면 온라인 학습이다. 학교는 이번 사태를 통해 언제 어떠한 상황이 닥치더라도 즉시 비대면으로 전환하여 수업 공백을 메울 수 있는 기반과 경험을 갖추게 되었다. 보수적인 교육 풍토를 생각하면 이러한 변화는 코로나가 빚어낸 기적적인 일이라고 할 수 있다. 물론 시스템이 아직 완벽하지는 않다. 하지만 한번 구축된 시스템은 수시로 유지, 보수가 이루어질 수 있기 때문에 쉽게 사라지지는 않을 것이다. 또한 이러한 기반에서 혹자들이 이야기하는 미래 교육의 대전환도 논의될 수 있을 것이다.

에듀테크의 화려한 등장

비대면 온라인 학습이 일상화되자 교사들은 자연스럽게 학습 콘텐츠 제작의 필요성을 느끼게 되었다. 참고할 만한 기존 콘텐츠들도 있었지만, 종류와 양이 빈약했을 뿐만 아니라 저작권 문제 때문에 그대로 사용하기에는 무리가 있었다. 교사들은 저마다 필요한 학습 콘텐츠들을 만들어내기 시작했다. EBS 강의처럼 교사가 칠판 앞에서 설명하는 모습을 녹화하기도 하고, 자료를 올리고 교사의 음성을 덧씌우는 보편적이면서도 원시적인(?) 방법도 쓰였다. 시급한 상황에서 교사들이 취할 수 있었던 최선의 방법이었다.

이러는 사이에 에듀테크(Edutech)라는 새로운 싹이 조금씩 움트고 있었다. 에듀테크란 교육(Education)과 기술(Technology)의 합성어로, 교육에 정보통신기술(ICT)을 적용함으로써 기존 교육활동을 개선하거나 새로운 교육 방법을 제공하는 차세대 교육을 뜻한다. 발 빠른 교사들은 에듀테크 솔루션들을 학습 콘텐츠 제작에 사용하거나 실시간 온라인 수업의 보조 도구로 활용하기 시작했다. 구글 클래스룸같이 애초에 교육적 활용을 목적으로 만들어진 솔루션들뿐만 아니라 태생적으로 교육적 목적이 아니었던 것들도 교사들의 필요와 선택에 따라 에듀테크 도구로 활용되었다. 이처럼 에듀테크가 교육 현장에서 활발하게 사용되기 시작하자 관련 IT 기업들은 재빨리 에듀테크 개발에 뛰어들었다. 정부와 시장의 지원 아래 다양한 에듀테크 박람회가 개최되는 등 에듀테크 붐이 일어나기 시작했고, 시장 규모는 확대되어갔으며, 막대한 자금이 에듀테크 시장으로 투입되었다. 그 결과 베타 테스트 단계에 있던 에듀테크 솔루션들이 하나둘 정식으로 출시되어 상용화되고, 교육 현장의 실제적인 피드백을 통해 점점 정교하게 발전하였다. 이 같은 상황 속에서 에듀테크 도구들을 효과적으로 활용하는 교사 그룹들이 활성화되었다. (사)교사크리에이터협회, 에듀테크미래교육연구회, ATC(초등컴퓨팅교사협회), GEG(구글에듀케이터그룹) 등이 그것이다. 이들은 크게 두 가지 방향으로 자신들의 에듀테크 역량들을 펼쳐나갔다. 하나는 자신이 직접 만든 교과 학습 관련 콘텐츠들을 공유하는 그룹이었고, 다른 하나는 에듀테크에 관한 경험과 노하우들을 공유하는 그룹이었다. 물론 이 둘은 상보적 관계에 있었기에 양쪽 모두에 속하는 교사들도 다수 있었다. 바로 이 지점에서 대한민국 교육사에서 단 한 번도 없었던 새로운 변혁이 일어나게 된 것이다.

에듀테크가 뿌리내릴 수 있었던 토양, 유튜브

유튜브는 한국인이 매우 적극적으로, 가장 많이 사용하는 플랫폼 중의 하나다. 이러한 기반 위에서 교육부는 교사들의 유튜브 활동을 장려하고 교사 유튜버들을 대상으로 한 복무 지침을 마련했다. 나아가 2022년 1월에는 겸직 규정까지 배포하는 등 크리에이터 교사들이 성장할 수 있도록 적극적인 정책을 펼쳐나갔다. 그런데 이 같은 조치가 이듬해에 발생할 코로나 시국에서 엄청난 시너지를 일으킬 줄은 그 누구도 몰랐을 것이다.

코로나 팬데믹 시기의 교사들은 유튜브 플랫폼 활용 기반이 마련되어 있었기에 수업 관련 콘텐츠들을 너무나도 자연스럽게 유튜브를 통해 공유할 수 있었다. 만약 유튜브가 교사들이 접근해서는 안 되는 부정적 이미지였다면 결코 이런 교육적 시너지는 일어나지 못했을 것이다. 교사들에게는 대체로 불확실한 위험성이 조금이라도 도사리고 있으면 회피하는 성향이 있기 때문이다. 그 결과 대한민국의 근현대교육사 100여 년 만에 교사들의 활동 반경은 교실과 학교를 뛰어넘을 수 있었다. 이러한 근원적 변화로 인해 학교 현장이 이전과는 완전히 새로운 모습으로 바뀌게 된 것이다.

사실 그동안 온라인 수업은 특정 플랫폼, 특정 교사에게 한정적으로 부여된 특권이었다. 사교육 시장에서는 오래전부터 인강(인터넷 강의)이라는 이름으로 온라인 수업이 굳게 자리 잡고 있었다. 방학 같은 특정 시기마다 지방 대도시를 순회하며 강의를 하던 소위 일타 강사들도 ICT의 발전으로 더 이상 그런 수고를 할 필요가 없어졌다. 인강 시스템을 통한 온라인 학습이 보편화되었기에 전국의 모든 학생들이 결제 버튼만 누르면 대한민국 최고의 사설 강의를 들을 수 있는 세상이 된 것이다. 이에 반해 공교육 교사들에게 허용된 온라인 수업의 기회는 거의 없다고 봐도 무방했다. 그나마 EBS가 공교육 교사들을 대상으로 해마다 선발 공고를 내지만, 그 문을 어떻게 해야 통과할 수 있는지는 베일에 가려져 있다. 강남구청 인강이라는 플랫폼도 있는데 여기는 공교육 교사들이 사설 학원 강사들과 경쟁을 해야 할 뿐만 아니라 EBS에 비하면 선발 인원도 턱없이 부족하기에 더 치열한 자리다.

온라인 학습 플랫폼을 교육공학적으로 활용할 수 없는 교사들은 소위 '평범한 교사'로서 오로지 소속 학교와 교실에 갇히게 된 것을 당연하게 받아들이고 이를 자연스러운 교사의 삶이라고 여길 수밖에 없었다. 제아무리 능력이 출중하고 열정이 차고 넘칠지라도 교사로서 누릴 수 있는 교육적인 경험과 다양한 역량 개발 기회는 제한되었다. 능력의 하향평준화는 당연한 결과였다. 게다가 '철밥통'이라는 등 모욕적 기사들을 주기적으로 만나야 하는 비루한 처지가 되었다. 그러던 차에 코로나가 닥쳐 비대면 온라인 학습 환경이 활짝 열리며 그야말로 천지개벽이 일어나게 된 것이다.

코로나 팬데믹이라는 시대 상황과 유튜브 플랫폼의 토양이 맞물리면서 온라인 수업 기회가 대한민국의 모든 교사에게 공평하게 주어졌다. EBS에서 강의를 하는 교사도, 사설 학원 일타 강사도, 외딴 도서 지역에서 근무하는 무명 교사도 유튜브에 채널을 개설하면 구독자가 똑같이 다 0명이다. 이러한 토대 위에서 교사들은 자신의 교실 안 학생들을 위해 수업 콘텐츠를 공유하였는데, 플랫폼 특성으로 인해 교실 밖 학생들도 해당 콘텐츠를 경험할 수 있게 된 것이다. 또한 에듀테크에 관한 경험과 노하우가 담긴 콘텐츠를 유튜브에 업로드했는데 자연스럽게 타 학교 교사들이 이를 참고하고 활용하는 등 예기치 않은 자율 연수 양상도 일어났다. 그 누구도 강요하지 않았음에도 콘텐츠 확장의 시너지가 발생한 것이다.

콘텐츠의 중요성을 통찰한 영향력 있는 교사 유튜버들이 우후죽순처럼 출현하기 시작했다. 직접 콘텐츠를 창조하는 즐거움을 아는 이들은 각양각색의 콘텐츠들을 생산해서 자신의 채널에 탑재했고, 덩달아 대한민국의 모든 학생들이 예전이라면 절대 만날 수 없는 다른 학교 교사의 학습 콘텐츠들을 경험하게 되었다. 다른 교사들 역시 학교와 지역이라는 울타리를 넘어 전문성을 지닌 이들의 경험과 노하우를 배울 수 있게 되었다.

교사들을 위한 공유 플랫폼 등장

교사들이 만들어낸 콘텐츠의 교육적 가치와 학습의 시너지 양상을 발견한 한국교육학술정보원(KERIS)은 '지식샘터(educator.edunet.net)'라는 콘텐츠 공유 플랫폼을 개설하였다. 교육 관련 콘텐츠만 있다면 누구라도 연수 강사가 될 수 있는 이 플랫폼은 기존의 연수 체제를 혁명적으로 변화시켰다. 기존의 연수는 상부 기관에서 기획하여 적절한 강사를 섭외한 후, 공문을 통해 연수자를 모집하거나 강제로(?) 모으는 방식이었다. 그런데 지식샘터는 교사라면 누구나 스스로 강사가 되어 자신만의 핀셋형 연수를 개설할 수 있게 한 것이다. 소정의 강사료는 연수 생태계를 더욱 활발하게 조성·유지될 수 있게 하였으며, 학교 단위뿐만 아니라 기관 단위에서도 활용할 수 있게끔 문턱을 낮추었다. 개설된 연수의 질이 떨어져 경쟁력이 없으면 다음 회차 때는 신청이 없어 저절로 폐강이 되기 때문에 콘텐츠의 질이 지속적으로 유지되었다.

이처럼 에듀테크 솔루션 확장은 유튜브뿐만 아니라 지식샘터에서도 엄청난 속도로 이루어졌다. 에듀테크에 호기심이 있거나 필요성을 느낀 교사가 지식샘터에 접속하면 온라인 플랫폼, 교과별 콘텐츠, 저작 도구, 화상 수업, AI 솔루션, 수업 저작권 등 다양한 섹션에서 연수 콘텐츠들을 신청한 뒤 실시간으로 연수를 들을 수 있다. 이러한 지식샘터 플랫폼의 가장 큰 특징은 교사의 자율적인 전문성 공유였다. 그 누구도 강제하지 않는 자율적인 분위기 속에서 학습이 이루어졌으며 연수 시간으로도 인정되어 교사들의 나이스(NEIS) 인사 기록에 반영되었다.

지식샘터로 콘텐츠 공유의 포문을 연 한국교육학술정보원은 '잇다(itda.edunet.net)'라는 플랫폼도 오픈하였다. 지식샘터가 에듀테크 쪽에 중심을 두었다면 잇다는 교과 수업 콘텐츠 공유에 초점을 두었다. 교사들은 학교급별, 교과목별 다양한 온라인 콘텐츠와 수업 계획서를 묶어서 공유할 수 있으며, 이 안에서도 유튜브처럼 교사들이 채널을 개설하여 자신의 콘텐츠들을 공유할 수 있게 했다. 차시별 수업 패키지를 자유롭게 공유할 수 있는 교사 버전의 유튜브 콘셉트인 것이다. 해마다 우수 채널들을 선발하여 교사들이 보다 양질의 콘텐츠들을 개발할 수 있도록 다양한 측면에서 지원을 아끼지 않고 있다. 티처빌교육연수원, 교육사랑연수원, 아이스크림에듀 같은 민간 온라인 연수 사이트에서도 교사들이 유튜브 채널과 콘텐츠들을 홍보할 수 있도록 별도 페이지를 마련했고, 일부 업체들은 지식샘터와 마찬가지로 교사가 직접 개별 연수를 기획하고 개설할 수 있도록 연수 플랫폼 서비스를 지원하고 있다.

이제 교사라면 누구나 시공간을 초월하여 자신만의 콘텐츠로 수업이나 연수를 진행할 수 있게 되었다. 이는 전국 모든 학생들과 교사들이 시공간에 구애받지 않고 다양한 교육적 경험을 할 수 있는 세상이 열렸다는 뜻이기도 하다.

치열한 공유와 따뜻한 경쟁 사이

공유와 협업이야말로 오늘날의 시대정신이다. 정보와 노하우를 꽁꽁 숨기려는 태도는 구식이다. 오히려 그 정보를 널리 공유해야만 자신의 가치가 올라가는 세상이 된 것이다. 사실 이러한 공유의 시대에서 경쟁은 불가피하다. 물론 과거에도 경쟁은 흔했다. 학생들이 1반 선생님과 2반 선생님을 비교하는 일이 비일비재했듯이 말이다. 그러나 이는 기존의 틀을 바꾸지는 못했다. 2반 학생이 1반 선생님의 수업을 들을 수는 없었기 때문이다. 하지만 이제는 학생, 교사, 수업, 교실, 학교를 둘러싸고 있는 상황이 완전히 열려버렸다. 따라서 비교도 학교를 뛰어넘게 되었다. 교사들은 다른 교사나 강사와 비교당할 수밖에 없다. 선택권도 학생들에게 주어져 있기에 교사들은 선택당하거나 배척당하게 된다. 게다가 이는 학생들의 마음속에서 일어나는 일이기에 알아차리기도 쉽지가 않다.

한 유명 PD가 유튜브에서 나눈 대담에서 "과거에는 영상 콘텐츠 제작 송출을 방송사와 PD가 독점했으나 장비의 효율화와 편집 프로그램 대중화로 인해 상황이 완전히 바뀌었다"라고 말했다. 누구나 자신이 만든 영상을 자유롭게 유튜브에 올릴 수 있게 되어 이제는 무한 경쟁을 해야 하는 시기가 되었다는 뜻이다. 이러한 상황을 인정하고 자신의 능력치를 더 끌어올리는 PD들만이 살아남을 수 있을 것이라는 요지였다.

교사들이 처한 현실도 이와 다르지 않다고 본다. 이제 모든 교사들이 교육 노하우, 교과 콘텐츠를 자유롭게 공유할 수 있는 세상이 되었다. 원하지 않았다 해도 어쩔 수 없다. 이미 도래했고 불가역적이다. 더 이상 예전처럼 교실 안에서 내가 선별한 콘텐츠만 학생들에게 노출시킬 수가 없다. 이를 인정하고 받아들여야 한다.

그럼 우리 교사들은 어떻게 해야 하는가. 우선 이러한 변화를 수용해야 한다. 과거보다 노력해야 한다. 그동안 노력이 부족했다는 뜻이 아니다. 다만 더 노력해야 한다는 것이다. 수업 준비하랴, 생활지도하랴, 상담하랴, 학생부 기록하랴, 업무가 빡빡한 것도 맞다. 하지만 그런 일들을 책임감 있게 해내면서도 자기 개발을 하고, 수업 연구를 하고, 자신만의 교과 콘텐츠를 만들어내는 교사들이 존재하고 있다. 그게 중요한 본질이다. 나쁘게 말하면 경쟁이지만 긍정적으로 본다면 공교육의 질적 업그레이드라고 볼 수 있다.

사실 교사들은 단 한 번도 똑같은 수업을 한 적이 없다. 교실 상황, 학생들, 교과서, 잠재적 교육과정 등에 따라 수업은 매번 다를 수밖에 없다.

그러므로 교사야말로 진정한 콘텐츠 크리에이터다. 이를 인지하고 저마다 자신만의 콘텐츠를 가꾸어간다면 이 시대가 교사들에게 부여한 운명에 잘 대처할 수 있으리라 생각한다.

에듀테크 시대를 맞이하는 우리의 자세

이 시대는 교사들에게 두 가지 능력을 요구하고 있다. 하나는 콘텐츠 제작 능력이고, 또 하나는 에듀테크 솔루션 활용 능력이다. 이 두 가지 능력의 유무, 숙련도 차이가 결국 교사의 본질이자 존재 이유인 수업의 질을 판가름한다. 만약 여기에 동의하지 않는다면 해당 능력을 지닌 교사들과의 격차가 점점 벌어질 수밖에 없을 것이다. 그동안 학교 내부에서도 '유튜버 교사'를 바라보는 시선이 곱지 않은 경우가 많았다. 이들이 금전적 이익을 얻기 위해 유튜브를 한다고 오해했기 때문이다. 그런데 유튜브의 수익 구조를 조금만 이해했어도 이런 오해는 없었을 것이다. 교육을 테마로 한 교사 채널의 구독자 수, 조회 수를 보면 흔히 말하는 인플루언서들의 채널과는 비교 자체가 안 된다. 유튜버 교사들은 일과가 끝나면 수업 아이디어를 짜고 다양한 에듀테크를 연마하여 수업의 질을 끌어올리려고 노력했던 이들이다. 동료들의 눈총을 받던 처지에서 이제는 교육 대전환 시대의 선봉에 올라서게 된 것이다.

이제 누구에게나 교실과 학교를 뛰어넘을 수 있는 기회가 허락되었다. 이것이 교실 안 학생들을 버리라는 뜻은 아닐 것이다. 오히려 그렇게 교실을 넘나들며 전문성을 갖춰서 더 능력 있는 모습으로 교실 안 제자들을 만나라는 것이다. 학생들 입장에서도 나를 가르치는 선생님이 다양한 에듀테크 능력을 보유하고, 전국에서 다양한 학생들을 만나면서 행복하게 살아가는 모습을 긍정적으로 바라볼 것이다. 멀티잡이 필수인 시대가 도래한다고 가르치면서도 정작 교사 자신은 전통적 직업관에 사로잡혀 교실 밖 활동을 주저해서야 되겠는가.

이제는 학교의 문화도 바뀌어야 할 것이다. 어느 학교는 관리자가 모든 교사들로 하여금 1인 1유튜브 채널 갖기를 적극적으로 권장한다고 한다. 대단히 파격적인 처사다. 이제 더 많은 교사들이 유튜브를 자신만의 교육 콘텐츠 클라우드로 활용해야 한다. 수업 콘텐츠를 직접 기획하고 제작하면서 새로운 세대의 학업 수행 특성을 이해하는 기회로 삼아야 한다. 태어날 때부터 유튜브가 있었던 이 시대의 학생들에게 전공 지식에 출판사가 제공하는 콘텐츠를 하나둘 가미하는 것만으로 만족해서는 안 된다. 학생들은 이미 발 빠르게 그 이상의 콘텐츠를 접하고 있기 때문이다. 시대가 이미 이렇게 바뀌었다. 여기에 적응하지 못한다면 학생들의 마음속에서 우리가 차지하는 자리는 더욱 줄어들 것이고, 결국 '제자를 남기는 일'이라는 교사의 마지막 희망도 요원해질지 모른다.

성장하는 에듀테크 시장,
바람직한 공교육 에듀테크 생태계는?

유수근 경기도교육청 소속 초등교사

일찍 온 미래, 에듀테크

2020년 5월, 마이크로소프트 사의 CEO 사티아 나델라는 "2년 후에나 이루어질 변화가 2개월 만에 이루어졌다"라고 말했다. 코로나 팬데믹이후 갑작스런 비대면 상황에 직면하며 제조업, 서비스업 등 다양한 분야에서 빠르게 디지털 트랜스포메이션이 이루어졌다. 교육 역시 마찬가지다. 변화에 보수적인 교육 현장 역시 디지털 전환을 피해 가지 못했다. 100년 전 교실과 현대의 교실을 비교하며 혁신을 외치는 목소리가 나오곤 했지만, 그 변화는 에듀테크에 관심 있는 일부 교원들이 만들어나가는 작은 움직임에 불과했다. 그러나 코로나 팬데믹 이후 에듀테크는 학교교육의 공백을 메우는 최선의 대안이 되었다. 사상 초유의 비대면 개학 사태 속에서 에듀테크는 일상이 되었으며, 모든 교원이 원격 화상회의 프로그램(ZOOM 등)과, LMS(e학습터, 온라인클래스, 구글 클래스룸 등)를 활용하였다. ICT 활용 교육에 관심이 있는 선도적인 일부 교사들이나 사용했던 에듀테크는 그렇게 강제로, 자연스럽게 교실 속으로 들어왔다.

2020년 비대면 개학 이후, 어느덧 3년의 시간이 흘렀다. 교육 현장은 얼마나 바뀌었을까? 스마트 기기 보급률과 무선망 보급이 우선 눈에 띈다. 2021년 한국교육학술정보원의 보고서와 2023년 4월 교육부 보도에 따르면, 시도교육청별 학생용 스마트 기기 대수는 2020년 기준 약 108만 대, 2022년 12월 기준으로는 약 270만 대이며, 2023년 시도교육청에서 99만 대를 추가로 구입할 예정으로, 연말까지 1인당 스마트 기기 보급률이 0.69대에 이를 것으로 보인다. 또한 2022년 3월을 기점으로 전국 모든 초·중·고등학교 38만 6,000실에 무선AP가 보급되었다. 보급 당시에는 네트워크 속도, 비밀번호 등 여러 가지 이슈들이 있었지만 스쿨넷사업 등 지속적인 노력으로 점차 개선되고 있으며 ICT 활용 교육에 대한 접근성이 몰라보게 나아지고 있다. 다시 말해 이제는 에듀테크를 활용한 교수 학습이 이루어지기에 충분한 물리적 준비가 되었다고 할 수 있다. 코로나 팬데믹을 지나며 교실의 혁신은 순식간에 완성되었다.

폭발적으로 성장하는 에듀테크 시장

코로나 팬데믹으로 인한 학교 현장의 체질 개선은 세계적인 현상이었다. 교실에서 에듀테크를 활용하여 교육할 수 있는 환경이 구축되며 에듀테크 시장이 공교육으로까지 확장될 여지가 생겼다. 글로벌 교육산업 조사기관인 홀론 IQ에 따르면, 교육에 디지털 기술을 접목한 에듀테크 시장 규모는 2019년 1,830억 달러(약 241조 원)에서 2025년 4,040억 달러

(약 532조 원)까지 성장할 전망이다. 급격하게 성장하는 글로벌 에듀테크 시장의 기조는 교육과 기술을 접목하기 위해 열심인 각국의 정책적인 움직임과도 연결되어 있다. 한국에듀테크산업협회에서는 국내 에듀테크 시장 역시 매년 8.5%씩 성장해 2025년에는 9조 9,833억 원에 이를 것으로 예상했다.

또한 에듀테크 시장은 더욱 세분화되고 있다. 교수 학습을 보조하는 단순한 기능을 넘어 생활지도, 진로교육, 상담, 행정 지원 등 다양한 분야에서 연구와 개발이 이루어지고 있으며, 챗GPT의 출현과 함께 AI를 활용한 맞춤형 교육 프로그램 역시 활발하게 개발 중이다.

특히 AR, VR 분야와 AI 분야의 성장이 두드러질 것으로 보인다. AR, VR은 2025년까지 약 7배 가까이 성장할 전망이며, AI를 활용한 에듀테크 역시 약 6배의 성장 전망을 보인다. 이처럼 정부의 지원과 민간 기업들의 열정적인 개발로 에듀테크 시장은 활력을 보이고 있다. 그렇다면 에듀테크 시장의 성장은 공교육 에듀테크의 통합과 확산에 있어서도 양의 상관관계를 보여주고 있을까?

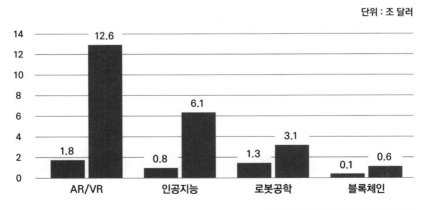

단위 : 조 달러

테크의 분야별 성장 전망 2018-2025

에듀테크 도입의 걸림돌은 무엇인가

코로나 팬데믹 이후 에듀테크가 활발하게 이용되고는 있으나 '교육 현장에서 에듀테크 통합과 확산이 원활하게 이루어지고 있는가?'라는 질문을 던져보았을 때에 쉽게 고개를 끄덕일 수는 없다. 에듀테크를 활용한 교육이 현장에서 뿌리내리기 어렵게 만드는 방해 요소들은 다음과 같다.

첫째, 에듀테크를 활용하고자 하는 목표가 합의되지 않았다. 중요한 사업일수록 새 학기 전에 다 함께 비전과 목표를 공유해야 마땅하다. 하지만 에듀테크 활용 교육을 학교의 목표이자 구성원들의 공동 비전으로 삼는 경우는 많지 않다. 심지어 일부 학교에서는 에듀테크 활용을 개인의 관심과 선택의 문제라고 치부하거나, 업무 담당자 책임으로 한정 짓는다. 나아가 고등학교의 경우 입시 위주의 교육으로 에듀테크에 대한 언급마저 어려우며 에듀테크 관련 사업 추진이 무산되거나 좌절되는 경우들도 있다.

선도적인 교사들은 에듀테크 관련 연구 학교, 선도 학교 등 다양한 사업을 도입하고 에듀테크 활용 교육을 적극적으로 실행하고자 한다. 그러나 동료 교사들의 분위기, 입시 교육, 관리자의 적극성 부족 등으로 좌절하곤 한다. 에듀테크를 배우기보다 기존 방식으로 학생 상담, 교재 연구, 평가에 집중하고자 하는 경우도 있으며, 나중에 알아보겠다며 미루기만 하기도 한다. 어느 정도 동의를 얻어 에듀테크 사업을 진행하더라도 결국 이야기를 꺼낸 당사자만 전적으로 업무을 책임지게 되는 경우가 많아 고독할 수밖에 없다.

중·고등학교는 입시 및 평가에 무척 예민하기 때문에 구성원들의 동의를 얻기가 더욱 어렵다. 어떤 교과서, 어떤 학습지를 선정할 것인지 학업성적관리위원회를 통해 꼼꼼하게 문제들을 살펴야 한다. 그리고 시험 문제를 출제할 때에도 교과서와 학습지에 출제한 것과 유사한 문제가 없는지 검토가 필요하다. 자칫 성적과 관련된 이슈가 발생할 수 있기 때문이다. 그래서 여기에 에듀테크를 사용한다면 상당히 복잡해진다. 수학 학습을 지원하는 한 에듀테크의 경우, '서술형, 고난도 포함 220만 개의 문제은행 DB'를 캐치프레이즈로 내세운다. 학원이나 자기주도학습을 하는 경우는 문제가 되지 않지만, 공교육 입장에서는 난감하다. 문제 검토는 엄두도 낼 수 없기 때문이다. 결국 에듀테크를 학교 현장에 도입할 수는 있겠으나, 학원보다는 큰 폭으로 활용도가 떨어질 수밖에 없다. 상황이 이러니 중등 이상의 학교급에서는 쉽게 에듀테크 활용에 동의하기 어렵기도 하다. 실제로 한국교육학술정보원이 초중고 교사들을 대상으로 에듀테크 활용에 대한 설문조사를 했더니 고등학교로 갈수록 에듀테크 활용 비율이 감소했다는 결과도 있다.

물론 코로나 팬데믹 이후 에듀테크 활용에 대한 학교 구성원의 인식이 전보다는 많이 개선되었다. 경기도교육청 조사에 따르면 교사의 96.5%는 디지털 대전환에 대응하기 위한 교육 변화의 필요성에 공감한다. 그러나 인식에 그칠 뿐 일부 교사 및 관리자의 운영 방침은 코로나 팬데믹 이전과 차이가 없으며, 이 차이는 교사의 연령 또는 경력에 따라서도 크게 달라진다. 또한 코로나 팬데믹 이후에도 교실에서 에듀테크 활용 수업을 적극적으로 사용할 필요가 없다고 느끼는 교사들이 존재하기도 한다. 이러한 인식은 에듀테크 활용 수업을 확산하고자 하는 교사들에게는 큰 숙제이다.

두 번째 걸림돌은 기습적인 정책 지원이다.

각 학급의 교사들은 학급 경영 계획, 학습 및 생활지도에 관한 계획들을 학기 전 겨울방학에 미리 준비한다. 이때 잘 다져놓은 계획들은 3월부터 교육과정을 일관성 있게 운영할 수 있도록 하는 큰 힘이 된다. 그런데 문제는 사업 신청과 예산 교부가 4~5월에 이루어진다는 점이다. 일회적인 교수 학습 상황이거나 개인적으로 이용하는 에듀테크라면 학기 중간에 도입되어도 큰 문제가 없다. 그러나 최근 교육부가 지향하는 에듀테크 흐름은 AI코스웨어를 활용한 '하이터치 하이테크(HTHT)'이다. 하이터치 하이테크는 고도의 기술(High Tech)과 인간의 감성(High Touch)의 합성어다. 교육 당국은 발달하고 있는 기술을 이용해 학생이 학습적인 측면에서 현재 어떠한 상태인지, 지금 필요한 것이 무엇인지 섬세하게 파악하고 지도하겠다는 청사진을 그리고 있다. 2023년 2월부터 교육부에서 모집하고 2025년까지 점점 확장할 T.O.U.C.H 교사단의 이름 역시 하이터치 하이테크와 궤를 같이한다. 학교와 학급에서 장기적으로 에듀테크를 운영하고 활용하고자 할 경우, 실제 예산 교부 시기에 맞추어 시작하기에는 어려움이 있다. 어떤 프로그램을 어떻게, 어느 상황에서 활용하면 좋을지에 대한 협의가 새학기 전에 이루어지고 나서 에듀테크를 구입하고 운영하는 것이 현실적이다. 신청 사업이 선정될지 안 될지 알 수도 없는 데다 학사 일정을 무시한 기습적인 지원으로 에듀테크가 추가되거나 교체된다면 여기서 오는 혼란은 고스란히 학생과 교사의 몫이 되어버린다.

세 번째 걸림돌은 에듀테크 활용 수업 설계에 대한 이해 부족과 교사별 격차가 심화되고 있다는 점이다.

학교에는 정보 업무를 담당하는 교사, 전산 실무사가 배치(일부)되어 있지만, 전문성과 인력은 여전히 부족하다. 일부 운이 좋은 학교는 에듀테크를 선도적으로 활용하는 교사를 보유하고 있으나 대개는 그렇지 않다. 게다가 선도적인 교사들이 학교에 있더라도 학교가 에듀테크에 관한 비전을 공유하지 않으면 여전히 일부 교사의 전유물이 되어버리곤 한다.

결국 에듀테크에 관심이 있는 교사들이 전문성과 역량이 충분함에도 섬처럼 고독하게 에듀테크를 연구하게 된다. 이는 코로나 팬데믹 동안 지속적으로 누적되었다. 에듀테크에 관해 선도적인 교사들을 대상으로 설문조사한 결과에 따르면 다수의 교사들은 에듀테크 활용에 대한 이해가 부족하다고 인식하였다. 성취 기준에 따라 에듀테크 활용 방법과 적용 정도를 바꾸어야 함에도 기존 교수법을 위한 단순한 보조 도구로 사용한다면 프로그램을 효과적으로 사용하기 어렵다. 대부분의 교사들이 에듀테크 활용 수업 설계에 대한 이해가 부족하다 보니 이를 활용한 수업 및 평가가 단편적이며 흥미 위주로 진행되곤 한다. 또한 교사들이 스스로 디지털 기기 사용이 미숙하다고 인식하는 등 낮은 자기효능감을 가지는 경우, 학생들 앞에서 부끄러움을 느끼거나 문제 발생시 통제·관리가 어렵다고 생각하여 아예 시도조차 하지 않는 경우도 있다. 반면 긍정적인 경험이나 인식을 가진 교사들은 이를 지속적으로 활용한다. 이처럼 교사의 디지털 기기 활용 능력에 따라 에듀테크 활용에 대한 편차는 계속 벌어지게 된다. 이는 결국 학생의 에듀테크 활용 능력 차이로 나타나는데, 초등의 경우 학생별 격차가 반별로 차이가 크며 중등의 경우 일부 교사만 에듀테크를 수업에 적용하면서 학생들이 수업에 일관성을 느끼지 못하고 혼란스러워하기도 한다.

에듀테크가 학교에 들어오는 과정

교육청의 지원, 전문적 학습공동체, 일부 관심 있는 교원들의 요구 등으로 조금씩 에듀테크는 현장으로 들어오고 있다. 에듀테크를 구매하는 과정은 ① 필요성 인식 → ② 정보 탐색 → ③ 사전 대안 평가 → ④ 구매 → ⑤ 소비 → ⑥ 소비 후 평가 → ⑦ 철수 전략으로 일반화할 수 있다.

큰 문제없는 합리적인 의사 결정 과정으로 보이지만 '교육 현장은 위 과정을 합리적으로 수행할 수 있는 준비가 되어 있는가?'라며 현장을 돌아볼 필요가 있다. 학교는 과연 에듀테크의 교육적 성과, 교수·학습적인 편의성, 학생들의 반응, 다른 대안과의 비교 등의 과정들을 합리적으로 진행할 수 있을까? 윤성혜 교수(2023)는 에듀테크 구입과 관련된 의사 결정 과정의 문제를 다음과 같이 진단하고 있다.

학교에서 이루어진 의사 결정의 전 과정에서 체계적인 데이터에 기반하거나, 과학적 연구를 통해 현장 중심의 증거를 생산하기 위한 노력은 찾아보기가 어려웠던 점입니다. 구매 이전 단계에서 오류 여부, 호환성 등 나름의 기준을 가지고 에듀테크를 평가하는 양상을 발견할 수 있었으나, 이에 대한 체계적인 접근을 하고 있다고 해석하기는 어려웠으며… 또한 소비 경험을 증거로 만들기 위한 노력도 제한적이었습니다. 일부 교사의 경우 학습자의 반응을 설문조사를 통해 살펴보고, 사례 나눔, 연수, 블로그 포스팅 등 소비 경험을 콘텐츠화하여 다른 교사들과 나누고 있었으나, 과학적 방법론에 기반한 체계적인 연구 수행에는 이르지 못하였습니다.

교사는 전문 연구자가 아니며 에듀테크 평가가 주된 업무도 아니다. 에듀테크 구매 의사 결정 과정에서 과학적이고 합리적 방법론을 교사에게 기대하는 것은 무리다. 일선에서는 어쩔 수 없이 일부 교사의 경험을 위시로 공감적으로 형성된 '감'에 의존하여 에듀테크를 구매하곤 한다.

하지만 에듀테크가 실제로 학생들에게 긍정적인 영향을 미칠 수 있는지에 관한 증거도 없이 일부 교사들의 주관에 의존하여 에듀테크를 구매할 경우 프로그램의 현장성 및 적용 가능성과 교육적인 효과성을 놓칠 수 있다. 또는 더욱 효과적인 에듀테크가 개발되었음에도 경험에 의존해 과거의 제품을 구매하는 결정을 할 수도 있다.

에듀테크 생태계의 트라이앵글 - 학교, 기업, 교육청

교육 현장의 방해 요소들을 억제하고 현장에 딱 맞는 에듀테크를 들여와 지속가능하게 운영하기 위해서는 무엇이 필요할까? 건강한 공교육 에듀테크 생태계의 필요조건은 학교, 기업 그리고 교육청이다.

첫째로 학교는 지속가능한 에듀테크 팀을 구축해야 한다. 선생님들은 옆 반 선생님으로부터 가장 많이 배운다. 한국교육학술정보원의 연구 결과에 따르면 에듀테크 제품을 활용하게 되는 경로로 "동료 교사의 추천"이 가장 높은 비중을 차지한다. 이때 에듀테크 팀은 정보부의 업무와는 구별할 필요가 있다. 정보부는 기기 도입 및 활용, 통신망 유지·보수에 초점을 맞추었다면, 에듀테크 팀은 학교의 비전을 달성하기 위한 정책 수립에서부터 에듀테크 평가, 기술적인 지원, 교수 학습의 설계, 동료 교사 연수 등 다양한 역할을 수행한다. 학교의 디지털 전환을 촉진하기 위해 학교 문화, 교수 학습, 학습 환경 측면에서 총체적으로 학교와 통합된 에듀테크 문화를 설계하는 에듀테크 팀이 필요하다.

에듀테크 팀은 하루아침에 만들어지지 않는다. 관리자를 포함한 구성원 모두의 공감대가 형성되어야 탄생할 수 있다. 구성원 모두가 에듀테크

문화 안착이라는 공동의 목표를 설정하고 업무 분장을 통해 에듀테크 팀의 과업이 업무로서 인정 및 지원받을 수 있도록 해야 한다. 단순히 정보부의 추가 업무가 되어버린다면 이미 '기피 업무'라는 꼬리표를 달고 있는 정보 업무의 또 다른 모습에 지나지 않을 것이다.

바람직한 에듀테크 팀이 구축되기 위해서는 학교 차원의 지원과 노력이 필요하다. 구성원들이 함께 에듀테크의 필요성에 대해 공감할 수는 있어도 이를 실천할 정신적·시간적 여유가 없다면 교원의 에듀테크 역량 신장은 그림의 떡이다. 교사가 역량 개발과 수업 연구에 집중할 수 있도록 불필요한 학교 행사, 업무 등을 빼주는 '덜어내기 행정' 같은 지원 역시 꼭 필요하다.

기업은 교육 현장과 꾸준히 소통해야 한다. 에듀테크 사업은 벤처사업인 경우가 많다. 자금 규모와 역량 면에서 학교에 대한 데이터를 확보하고 검토하는 작업을 병행하기는 쉽지 않다. 하지만 그럴수록 학교 현장의 목소리가 필요하다. 에듀테크 프로그램 개발이라면 결국 교육 현장에 있는 학생과 교사에게 만족감을 줄 수 있어야 하기 때문이다. 일선 교사 또는 에듀테크 소프트랩과 같은 기관의 실증을 통해 꾸준히 현장의 피드백을 받으며 프로그램을 조정해나가는 작업이 필요하다. 교육 현장과 괴리된 프로그램은 결국엔 교실로 들어오기 어렵다. 학생들이 프로그램을 이용하는 데에 어떤 어려움을 느끼는지, 꾸준히 동기 부여를 해줄 수 있는 요소는 무엇인지, 교사와 학생 모두에게 편리한 UI는 어떤 모습일지 등 현장의 수요를 고려하며 개발이 이루어져야 한다.

교육청의 역할도 중요하다. 교육부와 더불어 검증된 에듀테크를 학교에서 부담없이 활용할 수 있도록 지원해주는 역할을 맡아야 한다. 학교에 보편적으로 프로그램을 선별하여 보급하거나 학교에서 구입하기 어려운 해외 프로그램을 구입해주는 것만으로도 큰 힘이 된다. 그러나 교육청 역시 에듀테크 프로그램에 대한 자료가 부족하기는 마찬가지이므로 전문성이 있는 업체에 구매를 위탁하거나 컨설팅을 받는 것이 좋다. 코로나 팬데믹 이후 에듀테크 시장의 성장과 함께 에듀테크에 대해 검증하고 증거를 수집하는 '메타-에듀테크' 기업들이 나타나고 있다. 주관적인 경험이나 감으로 판단하기보다는 교육연구자로 구성된 메타-에듀테크 집단의 자문을 통해서 프로그램을 선별하고 학교를 지원한다면 훨씬 효과적일 것이다.

건강한 공교육 에듀테크 생태계를 위해서

코로나 팬데믹을 겪으며 에듀테크 시장이 꾸준히 성장해왔지만, 팬데믹을 거의 지나온 현시점에서도 교사에게 에듀테크가 여전히 보편적으로 유용한지는 의문이 든다. 원격수업 특수가 끝났으니 이제는 에듀테크의 현주소를 직시할 수 있다. 심심치 않게 들려오는 "한번 써봤는데 별로더라" "나랑은 안 맞아" "나는 어려워서 나중에 할게"라는 피드백들은 결국 에듀테크의 필요성에 대한 공감대가 부족했음을 여실히 보여준다. 한순간의 유행에 그치지 않고 교육 현장 디지털 전환의 혁신으로서 교사의 수업과 업무를 지원하여 수업 준비 시간을 확보할 수 있는 에듀테크를 기대한다.

기대하는 바가 지속가능한 모습으로 건강하게 자리 잡게 하기 위해서는 에듀테크 생태계의 트라이앵글을 구성하는 학교, 기업 그리고 교육청이 서로 연계하고 소통해야 한다. 생태계를 구성하는 각 주체들 간의 연계가 원활하게 이루어져 교육 현장에 꼭 맞는 에듀테크를 탐색하여 도입·운영해야 한다. 건강한 생태계 구축을 통해 학교는 에듀테크 수업의 효과성을 높이고, 기업은 프로그램을 더 많은 학교에 보급할 수 있으며, 교육청은 예산을 효율적으로 사용할 수 있는 선순환 구조를 만들 수 있다. 건강한 에듀테크 생태계를 통해 지속가능하고 내실 있는 디지털 전환과 에듀테크 문화 안착을 그려본다.

참고자료

「학교 에듀테크 통합 방해요인과 해결방안 : 선도적 교원의 인식을 중심으로」, 신민철, 2023

「학교 현장의 에듀테크 활용 및 수요 분석 : 에듀테크 설문조사 결과를 중심으로」, 김상운 이윤정 이애숙, 한국교육학술정보원, 2022

「학교 에듀테크 구매 의사결정에서의 교사 페르소나와 여정」, 러닝스파크, 2023

"경기도교육청, AI 활용 새로운 경기교육 변화 추진", 〈전자신문〉, 2023.3.12

2장

지금 우리의
아이들

선행과 심화에 몰입하는 아이들
초등 의대반 열풍에 대한 고찰

하유정 경상남도교육청 소속 초등교사
유튜브 채널 '어디든학교' 운영, 『초등 공부 습관 바이블』 저자

저출산 시대의 귀한 자식

학령인구 감소로 많은 학교가 신음하는 가운데, 초등학생의 감소세는 더욱 충격적이다. 2023년 1월 통계청 장래인구추계에 따르면 2030년 학령인구가 초등생은 2020년 대비 58.4%, 중학생은 84.4%, 고등학생은 95.3%로 감소할 것으로 예측된다. 학령인구는 물론이고 출생아 수도 급감 중이라는 통계가 무색하게 아이들을 타깃으로 한 소비는 점점 더 커지는 추세다. 온 집안의 어른들이 아이 하나를 바라보다 보니 투자에 아낌이 없다. 부모, 조부모, 외조부모, 이모, 삼촌 등 8명의 친척이 아이를 위해 지갑을 여는 현상을 일컫는 에이트 포켓(8 pocket)이나 골드 키즈(gold kids, 왕자나 공주처럼 귀하게 키우는 외동아이) 같은 신조어는 이러한 사회 현상을 대변해준다.

이들의 부모 세대는 어떤 사람들일까. 소위 알파 세대라고 하는 2010

년 이후 출생아들의 부모는 1980년대생 밀레니얼 세대다. 밀레니얼 세대는 한두 명의 자녀가 일반화된 시대에 집중적 교육을 받아 그 어느 세대보다 높은 학력을 자랑하며 성장했다. 지금의 학부모들은 자신의 교육 수준을 기준 삼아 그 이상의 교육을 자녀에게 제공하려고 노력한다. 고학력자 부모를 두고 이모, 고모, 할머니, 할아버지, 삼촌 등등 여러 돈줄을 쥐고 있는 풍요로운 세대가 지금의 학령기 아이들이다.

자녀에게 집중적으로 투자하는 항목은 두말할 나위 없이 '교육'이다. 2010년 724만 명이었던 초중고 학생 수는 2022년 기준 528만 명으로 매년 줄고 있지만, 월평균 1인당 사교육비 추이는 최근 2년 사이 30.2만 원에서 41만 원으로 36.6% 증가했다.[1] 이 통계는 사교육비가 일시적으로 증가하는 겨울방학 기간이 조사에서 제외되었고 사교육이 활성화되지 않은 지역까지 포함한 평균값이다. 이를 감안한다면 월평균 1인당 사교육비는 이보다 더 높은 금액일 거라 추정된다.

경제 격차가 교육 격차로

다른 선진국에 비해 반세기 이상 늦은 20세기 중반에야 본격적으로 학교 교육이 시작된 우리나라는 짧은 기간에 교육의 양적 성장을 이루었다. 어느 국가든 학교 교육 기간을 장기간으로 설정하고 교육 초기 단계를 의무교육으로 강제하는 데에는 학생들의 사회 진입에 필요한 능력을 학교 교육을 통하여 길러주고자 하는 목적이 있다. 사회·경제적 지위와 관계없이 한 교실에서 같은 교과서로 국가가 인정하는 자격증을 가진 교사의 지도를 차별 없이 받도록 하는 공교육 시스템은 19세기 이후 사회

제도 중에서 최고의 성공작이다. 그런데 사회 제도로서의 교육이 성공적이라고 해서 궁극적인 목표 또한 이루었는지는 생각해볼 문제다.

경제 발전으로 분명 교육의 기회가 열려 있고 디지털의 발전으로 접근성이 높아진 것은 확실하다. 하지만 사회 계층, 지역 간 교육 격차는 코로나 팬데믹 같은 위기를 틈타 재생산되고 있다. 소득계층별 사교육 참여율과 지출의 큰 격차는 교육 격차의 실상을 뒷받침하는 증거다.

먼저 경제 격차부터 살펴보자. 지난 2021년에는 하위 20% 구간 소득이 월 181만 원, 상위 20% 구간이 월 948만 원으로 약 5.2배 차이를 보였다.[2] 이는 2018~2021년 사이 가장 큰 격차였다. 소득에 따른 사교육비 지출도 함께 눈여겨봐야 한다. 월평균 소득 800만 원 이상 가구의 사교육비가 평균 월 64만 8,000원이었고, 300만 원 미만인 가구의 사교육비는 평균 월 17만 8,000원이었다.[3] 또 다른 조사에서는 상위 20% 소득 가구가 하위 20% 가구보다 사교육비를 8배 이상 더 지출한다고 나타났다.[4] 지금과 같은 추이라면 부모는 자녀의 지위 경쟁에 더 투자하고 교육 격차는 지금보다 더 확대될 것이다.

뱃속에서부터 시작되는 선행학습

사교육비의 상당 부분을 차지하는 선행학습은 반드시 짚고 넘어가야 할 문제다. 2014년 시행된 선행학습 금지법(공교육 정상화 촉진 및 선행교육 규제에 관한 특별법)이 무색하게 선행학습 시기는 더 빨라지고 있다는 게 교육 현장에서 들려오는 공통된 목소리다. 오죽하면 '뱃속에서부터 시작하는 선행학습'이라는 말이 있을까. 이른바 '영어 유치원'으로 불리는 유아 대상 영어학원은 2017년 474곳에서 지난해 811곳으로 71.1% 증가했다.[5] 교습비가 비싼 곳은 한 달에 300만 원이 훌쩍 넘기도 한다. 그럼에도 일부 인기 유치원은 입시를 치러야 해서 이를 위한 준비반도 있을 정도다. 영유 열풍에는 2019년 누리과정을 학습 중심에서 놀이 중심으로 개편한 데 대한 불신이 작용했다. 조기교육 시기를 놓칠세라, 놀이보다는 학습을 선택하는 것이다.

초등부터 시작되는 의대 준비 열풍

사교육 1번지라고 불리는 대치동 학원가에서는 초등학생들이 바퀴 달린 가방을 끌고 학원에서 학원으로 급히 이동하는 모습이 자연스럽다. 수많은 간판 사이로 초등 의대반이라는 간판이 눈에 띈다. 신규 사교육 분야다. 물론 대치동만의 풍경은 아니다. 지방 학원가에도 이미 의대 준비반이 초등학생을 대상으로 개설되어 있다. 초등 의대반은 빠르게 전파되어 이제는 광풍이라고 할 수 있을 정도다. 초등 3~4학년은 중2 수학 과정을, 5~6학년은 중3~고등 과정을 떼는 것이 초등 의대반의 통상적인 커리큘럼이라고 한다. 문·이과 통합 수능과 영어 절대평가가 시행된 이후 대입에서 수학이 상위 0.001%를 결정짓는 과목이 되었고, 학부모들 사이에서 영어는 초등 저학년까지, 이후에는 수학 선행을 달리는 게 필수라는 반응이다. 특히 자녀를 '의치한(의대·치대·한의대)'에 보내려면 초등 고학년부터 시작해도 늦다는 얘기가 돌면서 초등 의대반 등록 경쟁부터 이미 십 대 일, 심한 곳은 수백 대 일 이상이라는 것이 업계 추산이다.[6]

의대 열풍에는 1997년 IMF 국제금융위기가 큰 몫을 하였다. 이 시기의 수험생들(지금의 부모 세대)은 기업의 대규모 도산과 실직 사태를 몸으로 경험하며 도전보다는 안정을 선택했다. 이 중에 특히 의사라는 직업은 평생 일자리와 높은 연봉을 보장받았다.

"아빠가 커서 무조건 의사가 되어야 성공하는 거라고 했어요." 학교 진로 수업 중에 학생이 한 말이다. 부모의 직업 가치관이 자녀에게 투영되어 전해졌다. 초등학생뿐만이 아니다. "세상에서 가장 안정적인 직업이 전문직이고, 전문직 중에서도 최고는 의사잖아요." 의대 진학을 위해 경기도에 있는 재수 기숙학원에서 공부 중인 학생은 어느 뉴스 인터뷰에서 이렇게 말했다.[7]

초등까지 내려온 의대 열풍의 원인은 무엇일까? 지난해 보건복지부가 집계한 2020년 기준 의사 평균 연봉은 2억 3,070만 원이었다. 같은 해 근로자 평균 연봉이 3,828만 원인 것과 비교하면 일반 노동자 대비 6배 이상 높다. 성적이 곧 능력이고, 능력이 곧 지위인 우리나라에서 전문직 면허증은 10대, 20대의 청춘을 바쳐야 하는 목표가 되었다.

'명문대'에서 '메디컬'로 옮겨진 입시 환도

의대 합격선은 평균 1.3등급으로 애초에 상위권 성적이 아니면 지원조차 어려운 높은 문턱, 아니 담장 수준이다. 내신 1등급은 전체의 4%, 2등급은 11%, 3등급은 23%만 받을 수 있다. 쉽게 말해 내신 1등급을 받으려면 반에서 무조건 1등이어야 한다. 대학마다 차이는 있지만 대체로 영역별로도 전체 1등급, 조금 더 허용한다면 한 과목 정도만 2등급이어야 '의치한' 수시 합격 커트라인 안에 든다.

2022학년도 정시 합격자가 선택한 상위 30개 학과 중 29개가 '의치한'이었다. 전국의 내로라하는 인재들이 모두 의대 블랙홀로 빨려들어가고 있는 것이다. 이를 증명하는 또 다른 예가 있다. 2023학년도 대학 정시모집에서 한양대를 비롯한 4개 대학의 반도체 계약학과 최초 합격자 47명 전원이 등록을 포기했다. 이들은 의과 계열로 이탈했다는 분석이다. 서울대 또한 의대 블랙홀을 피하기는 어렵다. 서울대 자연계 중도 탈락자 비율은 80.6%였으며, 이 중 80~90%가 의학 계열로 이동했다고 추정하고 있다. 의대 쏠림 현상은 산업기술 발전에 걸림돌이 되는 것은 물론이고 과열된 사교육으로 공교육 붕괴, 교육비 증가, 지나친 선행과 심화 학습의 부담을 가져온다. 이는 극심한 취업난과 경제적 양극화 등 어른들이 만들어낸 사회적 결과다. 불안한 부모는 더욱 대학 입시에 목을 매고, 아이를 적게 낳아 더 투자하고, 끊임없이 성적을 관리하는 악순환의 고리로 연결되고 있다.

보장 없는 확률게임

초등부터 청춘을 불살라 의대 입시를 준비하는 모든 학생이 합격의 영예를 안으면 얼마나 좋을까. 하지만 의대 입학정원은 고작 3,058명이다. 2023학년도 수능 응시자 약 45만 명을 기준으로 하면 0.68% 수준이다. 바늘구멍도 이보다는 크지 않을까. 현실이 이렇다 보니 혼자서는 어렵다고 판단한 부모는 자녀를 학원으로 보낸다. 확신보다 불안이 크기 때문이다. 남들보다 더 빨리 가르치고 몇 번을 복습시켜야만 저 바늘구멍을 통과할 수 있을 것만 같다. 초등학생 때부터 초등 의대반에 들어가 선행을 몇 바퀴씩 돌고 심화를 붙잡고 있으면 무조건 원하는 성과를 얻을 수 있을까? 그건 알 수 없다. 보장 없는 확률게임인 것이다.

한 달에 1인 사교육비 지출액이 40만 원이라고 가정하고 12년이면 원금만 6,000만 원가량이다. 매월 이자까지 합하면 이보다 금액은 커진다. 실제 사교육에 참여하는 학생의 사교육비 지출 평균액은 1억 원을 훌쩍 넘을 것이다. 원금도 보장할 수 없는 확률게임에 묻지 마 투자를 하기에는 너무 큰 금액이다.

자녀의 안위를 바라지 않는 부모는 없다. 자식이 기대에 부응하여 경쟁에서 좋은 결과를 내고, 스스로 성취를 이룰 때 부모는 안도의 한숨을 쉬며 기뻐할 것이다. 그러나 모든 자녀가 그런 결과를 얻지는 못한다. 희소한 자원을 모두가 바라니 당연히 누군가의 바람은 바람으로 그친다. 그들의 간절함은 때로 집착이 되기도 한다. 자녀의 성공을 위해 교육에 매달리는 학부모의 맹목적인 사랑을 그 자체로 나무랄 수는 없다. 하지만 사랑이라고 해서 언제나 바르고 정당한 건 아니라는 점을 잊어서는 안 된다.

포모 증후군에 빠진 교육

선행학습은 '포모 증후군'의 일종이다. 'Fear Of Missing Out'의 머리글자를 딴 '포모(FOMO)'는 소외되는 것에 대한 두려움을 뜻한다. '내 아이만 안 하는 건 아닌가' 하는 불안이 아이들을 학원으로 내몬다. 단 한 번 치를 수능(물론 N수생은 넘쳐나지만)에 대비하여 수학경시대회나 올림피아드 같은 전국 단위의 경쟁을 해봐야 한다는 부모도 있다. 이 대회를 위해 미적분학이나 선형대수학, 정수론까지 공부하기도 한다. '학생의 능력이 충분하다면 현재 교육과정에 머무르지 않고 더 확장해서 공부하는 것이 옳지 않은가' 하고 반문할 수도 있다. 물론 수월성 교육이 필요한 학생이 있지만 안타깝게도 그런 학생은 소수다. 이 질문에 동의하려면 한 가지 전제가 있다. 현재 학년의 성취 기준에 충분히 도달해야 한다는 것이다. 하지만 과연 몇 명이나 선행학습으로 배우는 개념을 완벽히 이해하고 진도를 나갈지 의문이다.

많은 교육학자들은 '이해착각'을 경고한다. 다 이해하지 못했는데 잘 알고 있다고 착각하는 현상이다. 착각하는 순간 개념의 위계가 흔들린다. 특히 수학은 위계의 학문이다. 이전 개념을 제대로 이해하지 못하면 이후 연결된 개념을 학습하는 데 어려움을 겪게 된다.

"그래서 몇 바퀴를 돌리는 거예요." 과도한 선행을 지적했을 때 한 사교육 관계자에게서 들은 답이다. 같은 내용을 여러 번 반복해서 들으면 구멍 난 학습 결손이 메워진다는 논리다. 언뜻 들으면 그럴싸하다. 하지만 과연 아이들이 자신의 구멍을 알아채고는 있을까. 새로운 지식을 집어넣기 급급해 내가 무엇을 알고 무엇을 모르는지 생각해볼 틈도 없다. 이런 경험이 누적되면 스스로 학습을 주도하기 어렵다. 연간 26조 원이라는 어마어마한 사교육비가 지출되는데도 수포자는 더 많아지고 더 이른 시기에 수포자가 되는 원인을 선행학습에서 찾아볼 수 있을 것이다.

선행과 심화의 원인으로 지목된 킬러 문항

수능 고득점을 받고도 한두 문제로 합격과 불합격이 갈리는 게 입시의 현실이다. 그렇다 보니 킬러 문항 하나를 더 맞히기 위해 아이들은 선행과 심화를 달린다. 이에 정부는 대학수학능력시험 및 대학별 논술고사에서도 교육과정에서 벗어난 초고난도 '킬러 문항'을 확실히 배제하겠다고 사교육 경감 대책을 발표했다.[8] 최근 수능과 모의고사에 출제된 킬러 문항 출제를 처음으로 인정하고 해당 사례 26개를 공개하였다. 해당 문항들은 전문용어와 추상적 지문을 포함하며 다수의 개념이 결합된 문항들이었다. 2022학년도 수능 문항 중 미적분을 다루는 29번은 일반적으로 대학에서 배우는 '테일러 정리' 개념을 활용해 해결할 수 있는 문항으로 고등 수준 이상 심화학습을 한 학생에게 유리하다. 정부는 초등학생 때부터 킬러 문항 대비를 위한 선행학습을 할 수밖에 없는 사교육을 근절하겠다는 의지를 표명했다. 사교육 경감 대책의 핵심은 공교육만으로 대학 입시에 대비할 수 있도록 학교 수업을 정상화시킨다는 것이다. 이를 위해 수능 출제 위원에서 교수 비중을 낮추고 현장 교사를 늘렸다. 그동안 교수 중심으로 문제가 출제되어 초고난도 킬러 문항이 만들어졌다는 지적을 반영한 것이다. 또한 2024년 수능부터는 출제 단계에서부터 현장 교사들로 이루어진 공정수능출제점검위원회도 신설했다. 이는 평가원과는 별도로 각 시도교육청이 외부 추천을 받아 운영한다. 실제 고3 학생들이 학교에서 배우는 문제를 더 많이 출제하자는 의도이다.

사교육과 부동산은 정부가 관심을 갖고 대책을 발표할수록 더 심각해진다는 이야기가 있다. 이번에 발표한 사교육 경감 대책은 실험 무대로 그치는 것이 아니라 공교육 정상화의 시발점이 되어야 할 것이다. 교육부 스스로 지적한 수능의 난이도 조절에 관해서는 선행과 심화가 당연시되지 않도록 변별도뿐만 아니라 타당도와 신뢰도를 종합적으로 고려해야 한다. 그리고 문제 풀이 기술을 반복적으로 연습한 학생에게 유리한 문항도 걸러내야 할 것이다.

마음이 아픈 아이들

청소년의 삶의 만족도 하락은 외현화된 형태로도 드러났다. 극단적 선택을 시도하고 응급실에 내원한 청소년이 2016년 1,894명에서 2019년 3,892명으로 4년간 2배 이상 증가했다는 연구 결과가 이를 뒷받침한다.[9] 에이트 포켓, 골드 키즈로 살아가는 대한민국 아이들인데 왜 삶의 만족도가 떨어지다 못해 극단적 선택까지 시도하는 경우가 늘어나는지 아이러니하다. 또 다른 아이러니는 학군지에 심리 상담 센터와 학원이 연계된 곳이 흔하다는 점이다. 공부로 인한 스트레스를 또 다른 전문가에게 맡겨 해결하려는 게 현실이다.

내 아이는 남들보다 더 많이 공부해야 하고, 더 빨리 진도를 나가야 한다. 옆 친구가 달리니 뒤처지지 않으려면 숨이 넘어갈 지경이어도 달려야 한다. 학교에서는 1등급에서 9등급 사이를 왔다 갔다 하며 평가를 받아야 하고, 더 좋은 평가를 받기 위해 늦은 시각까지 학원에서 공부해야 한다. 부모가 할 수 있는 최선은 자녀에게 지원을 아끼지 않는 것이다. 그것이 부모로서 도리며 사랑이라 믿는다.

1959년 유엔은 아동권리선언을 발표하였고, 1989년에는 유엔아동권리협약을 제정했다. 우리나라는 문재인 정부부터 꾸준히 아동인권법 제정을 논의 중이다.[10] 아동인권법은 어린이와 청소년의 생존권, 보호권, 발달권, 참여권 보장과 문화, 미술, 오락, 여가 활동 제공에 관한 법이다. 당연하면서도 진부한 법안처럼 보일지도 모른다. 그런데 이 진부한 권리가 우리나라에서 지켜지고 있을까? 성적이 곧 능력이며 능력이 곧 지위인 우리 사회에서 아동의 권리가 어떻게 지켜지고 있는지 돌아보아야 한다. 아이들은 어른들이 짜놓은 사회 구조에 힘겹게 적응해가고 있다. 더 풍족한 미래를 위해 어쩔 수 없는 채찍질이라고 말한다면 지금 이 순간 아이의 행복은 누가 보장할까. 아이들은 선행과 심화의 지옥에서 벗어나 더 행복할 권리가 있다.

선행 지옥행 열차에 탑승하시겠습니까?

'건강하기만 해다오'라던 부모의 마음은 제도권 교육의 출발선에 선 순간 사라진다. 초등학교 입학 전부터 한글은 물론, 영어, 수학, 글쓰기의 사교육 시장에 아이를 내보낸다. 선행 지옥행 열차에 탑승한 순간이다.

"너는 몇 바퀴 돌렸니?" 선행을 몇 바퀴 돌렸는가에 따라 보이지 않는 계급장이 달린다. 옆집 또래는 무엇을 하고 있는지 늘 궁금하고, 의대에 진학한 아이의 진학 노하우는 돈을 주고 거래가 되기도 한다. 아이는 성적에, 부모는 정보에 촉을 곤두세우고 있다. 서로가 서로에게 경쟁자다. 물음표 하나가 마음속에서 떠나질 않는다. 목적이 무엇이며 인생의 가치를 어디에 두는 것일까? 이 질문에 대답할 수 있어야만 교육의 방향을 설정할 수 있다.

'일어서서 영화 보기'. 대한민국의 사교육과 선행학습을 비유하는 표현이다. 맨 앞자리 관객이 일어서서 영화를 보기 시작하면 뒷좌석 관객도 줄줄이 일어서서 볼 수밖에 없다. 초등 의대반은 아예 의자 위에 서서 영화를 보는 것과 같지 않을까? 다행인지 불행인지는 알 수 없지만, 사교육이 늘어서 학생들 역량이나 국민 수준이 높아졌다는 증거는 어디에도 없다. 대신 지나친 선행학습으로 인한 아동·청소년의 내현적, 외재적 문제에 관한 연구는 많다. 아이들은 선행지옥과 계속되는 경쟁 속에서 낙오자, 들러리로 낙인찍히며 마음의 상처를 입어간다. 자신의 부족함과 무능함을 인정하는 아이가 되게 해서는 안 된다. 자신이 이 정도도 해내지 못하는 미숙한 존재라는 수치심에 빠지지 않도록 마음을 잘 보살펴야 할 때다.

아이들이 본격적인 사회 활동을 할 시기에 의사라는 직업이 매력적일지도 고민해봐야 한다. 현재 초등학생이 성인으로 살아갈 시대는 지금과 다른 세상일 수 있다. 초등 3~4학년이면 의대에 진학하기까지 10년 정도 남아 있고, 의대에 들어간 뒤에도 사회에 나오기까지 최소 10년은 걸린다. 20년 뒤에 어떤 상황일지 부모도 딱히 몰라 현재를 기준으로 자녀에게 강요하고 있는지도 모른다. 자녀가 좋아하는 일을 하며 즐거움을 느꼈으면 좋겠지만 정작 방법을 잘 모르는 것도 현실이다. 어른들이 부여하는 성공의 기준이 아이가 살아갈 세상에 얼마나 적용이 될까?

공부의 추월차선을 타는 아이는 선행을 몇 바퀴 도는 아이가 아니다. 관심 분야를 파고들다가 어떤 문제에 부딪쳐 이를 해결하면서 탁월한 결과를 낸 경우가 많다. 그러기 위해서는 각자의 속도를 존중해줘야 한다. 자발적 학습이어야 한다. 자라서 의사가 될지, 과학자가 될지, 프로그래머가 될지는 본인 의사와 적성을 살핀 다음 준비해도 늦지 않을 것이다. 학벌주의와 과잉 교육열의 포로에서 벗어나 더 많은 진로 탐색의 기회를 누리게 해야 한다. 아이가 진심으로 공부하고 싶은 분야를 찾고 배움에서 즐거움을 발견하는 어른으로 성장하길 기대한다.

1 「2022 초중고 사교육비 조사 결과」, 교육부, 2023.3.7

2 「보통사람 금융생활 보고서」, 신한은행, 2022

3 1과 같음.

4 「소득수준별 사교육비 조사 결과」, 김회재 더불어민주당 의원실, 2022

5 "학령 인구 감소·高 학비에도 '영어 유치원 열풍'… 누리과정 못 믿어", 〈조선비즈〉, 2023.5.21

6 "일차방정식 배우는 '초3'… 의대 열풍에 학원가엔 '초등 의대반' 유행", 〈조선비즈〉, 2023.2.28

7 "SKY 마다하고 '의대 낭인' 택하는 n수생의 속사정", 〈중앙일보〉, 2023.6.28

8 "대학별 논술도 킬러 문항 출제 못 하게 한다", 〈동아일보〉, 2023.6.27

9 이경신 외, 「Suicide attempt-related emergency department visits among adolescents : a nationwide population-based study in Korea, 2016−2019」, BMC Psychiatry

10 "아동도 대한민국 국민… 아동인권법안 제정 원탁회의 18일 개최", 〈미디어펜〉, 2023.3.16

초등에서 공부 잘하는 아이,
못하는 아이

이상학 충청남도교육청 소속 초등교사
유튜브 채널 '해피이선생' 운영, 『초3보다 중요한 학년은 없습니다』 외 저자

초등학교에서 공부를 잘한다는 것은 어떤 의미일까

중고등학교에서 공부를 잘한다는 의미는 아마도 중간, 기말고사 성적이 잘 나오는 학생, 반에서 석차가 상위권인 경우를 말할 것이다. 그런데 초등학교에서는 공식적인 시험이 없고, 있다 해도 학기 초 실시하는 기초학력 진단검사가 유일하다. 그마저도 지난 학년에 배운 기초적인 내용을 물어볼 뿐이며, 결과를 공개하지 않는다. 그런데 학생들은 학급에서 누가 공부를 잘하고 못하는지 서로 알고 있으며 공공연하게 이야기한다. 하루는 수업 중에 무작위 뽑기로 아이들에게 발표를 시켰다. 한 아이가 뽑히자 다른 아이들이 이렇게 반응했다. "○○이는 공부 못해요. 쟤는 대답못 할 게 뻔해요." 또 다른 아이가 발표 차례로 뽑혔을 때에는 "○○이는 공부 잘하죠. 바로 정답각이에요."

아이들은 어떻게 서로 공부를 잘하는지 못하는지 파악하고 있을까.

그리고 초등학교에서 공부를 잘한다는 것은 어떤 의미일까.

코로나 팬데믹 이후 학습 격차에 대한 관심이 높다. 학교에서 아이들의 수학 시험지를 채점하면 공부를 잘하던 아이들은 코로나와 무관하게 꾸준하게 공부를 잘한다. 문제는 중간층의 아이들이 대거 하위권으로 내려갔다는 사실이다. 평가한 시험지를 채점하여 아이들에게 돌려줄 때 교실은 한바탕 난리가 난다. "다 맞은 사람 누구예요?" "누가 제일 잘했어요?" 물론 교사는 시험지를 나눠줄 때 다른 친구들의 점수를 묻지도 따지지도 말라고 강조한다. 본인 점수만 확인한 후 바로 가방에 넣도록 한다. 그래도 아이들은 다른 친구의 점수를 궁금해하며, 서로 점수를 비교하고 시끌벅적하다. 아이들은 단원평가 점수에 민감하게 반응하며 지대한 관심을 갖는다.

아이들은 서로 수업 자세와 태도, 단원평가 점수 등으로 누가 공부를 잘하고 못하는지 안다. 그리고 공부를 못하는 아이들도 스스로 인정한다. 사실 초3, 초4에서 배우는 내용은 크게 어렵거나 이해하지 못할 게 없다. 학교에서는 천천히 진도를 나가기 때문에 굳이 선행학습을 하지 않아도 집중하며 공부하면 누구나 잘 이해할 수 있다.

문제는 공부를 못한다고 인식되는 아이는 자신을 그런 테두리 안에 가둔다는 점이다. 한번은 한 학생이 쉬는 시간에 오더니 "선생님, 저는 ○○이가 참 부러워요. ○○이는 똑똑해서 공부를 잘하는데 저는 머리가 나쁜가 봐요"라고 했다. 진심으로 본인의 고민을 털어놓는 모습이었다.

그렇지만 초등학생들은 아직 제대로 공부를 해보지도 않았다. 머리가 나빠서 공부를 못하는 게 아니라 안 하니까 못하는 것이다. 그런데 주변에서 "너는 공부를 못해"라고 하면 자신을 그 말에 가두게 된다. 당연히 아이들의 자존감에 부정적인 영향을 끼치며, 그런 아이들이 중학교에 간다고 갑자기 나아지지 않는다.

물론 공부가 인생에 있어 전부는 아니다. 누구나 의사, 변호사만 꿈꾸면 우리 사회는 제대로 돌아가지 않을 것이다. 하지만 아직 제대로 공부해 보지도 않은 초등 아이들이 스스로 공부를 못한다고 생각하며 수업 시간에 낙서나 하며 의기소침해 있는 모습은 정말 마음 아프고 안타깝다.

무기력을 학습한 아이들

초등학교에서 아이들의 학습 격차가 가장 큰 과목은 단연 수학이다. 수학은 학습 결손이 발생하면 이를 메우기가 쉽지 않다. 예를 들어 3학년 때 나눗셈을 처음 배우는데 그 내용을 잘 이해하지 못한 아이들은 4학년에서 곱셈과 나눗셈 단원평가를 따라가기 힘들다. 그래서 수학을 못하는 아이들은 어느 부분에서 결손이 발생했는지 알아내고 그 부분부터 차근차근 보충해야 한다.

영어나 국어 평가는 양상이 조금 다르다. 영어는 대개 각 단원의 필수 단어를 프린트물로 나눠 주고, 그 안에서 출제한다. 국어 받아쓰기 역시 각 단원에서 중요한 문장들을 급수표로 만들어서 나눠주고, 받아쓰기 시험을 본다. 다시 말해 수학은 상, 중, 하 난이도의 문제가 고루 출제되고 어떤 문제가 나올지 예측하기 어렵지만, 영어나 국어는 출제 범위가 한정적이기 때문에 공부만 충실히 한다면 충분히 따라갈 수 있다. 그렇지만 대개 영어 단어 시험이나 국어 받아쓰기 시험을 보면 수학을 못하는 아이는 영어도 국어도 점수가 낮다. 왜 그럴까? 이는 아이들 스스로 본인의 낮은 점수를 당연하게 받아들이기 때문이라고 보인다.

교육학에 '학습된 무기력'이라는 이론이 있다. 1960년대 미국의 심리학자 마틴 셀리그만(M. E. Seligman)이 실험을 통해 명명한 현상이다. 반복된 외부의 부정적 자극에 순응하여 스스로 상황을 헤쳐나갈 의욕을 잃은 상태를 일컫는다. 본인이 어떤 시험에서 낮은 점수를 받았다 치자. 처음에는 그 사실에 충격을 받고 놀란다. 그런데 다음 평가에서도 또 낮은 점수를 받는다. 이것이 반복되다 보면 익숙해지다가 당연하게 여기게 된다.

초등학교에서는 기껏해야 담임교사가 주관하는 단원평가로 아이들의 성취도를 파악한다. 이는 조금만 신경 써서 공부하면 누구나 좋은 점수를 받을 수 있는 수준이다. 그런데 아이들은 낮은 점수를 받으면 부끄러워하면서도 점차 이를 당연시한다.

단원평가 점수는 아이들에게 공개하지 않는다. 하지만 내 경우 가끔 지난번보다 점수가 많이 상승한 아이가 있으면 공개적으로 칭찬해준다. 아마 어떤 분들은 초등학생인데 너무 평가에 무게를 두고 아이들에게 스트레스를 주는 게 아니냐고 반문할 것이다. 그러나 영어와 수학은 초등 시기부터 공부를 해야 하고, 어느 정도 평가를 받아봐야 아이들에게 동기 부여가 된다고 믿는다. 결과가 중요하다는 게 아니다. 공부를 하면 점수가 오른다는 것을 경험하게 하자는 것이다. '노력하니까 되는구나'라는 성취감을 반드시 느껴야 한다. 그래야 중학교, 고등학교에 가서도 스스로 의지를 갖고 공부할 수 있다.

공부 잘하는 아이들의 특징 4가지

그렇다면 어떻게 해야 아이들이 '학습된 무기력'에 빠지지 않도록 공부에 도움을 줄 수 있을까? 초등학교에서 공부를 잘하는 아이들의 공통점을 살펴보면 그 해답이 보일 것이다.

첫째, 수업 시간에 집중한다. 이건 당연한 말이다. 그런데 이 당연한 것이 의외로 어렵다. 초등학교뿐 아니라 어느 상급학교에 가든 수업 시간에 집중하는 것은 가장 중요하고도 기본이다. 하지만 아이들의 집중력은 40분을 버티지 못한다. 어떤 아이들은 사교육을 통해 선행을 해서 수업 내용을 다 안다고 생각해 딴짓을 하기도 한다. 지금은 다 안다고 느껴지겠지만 그런 습관에 익숙해지면 그 아이는 앞으로도 사교육에 의존할 수밖에 없다. 초등학교 때는 그것이 큰 문제로 대두되지 않는다. 하지만 중고등학교에 진학하면 공부할 분량이 폭발적으로 늘어나기 때문에 사교육에 의존한 공부는 한계에 봉착한다. 수업 시간에 집중하는 아이들은 교과서를 중요하게 생각한다. 공부의 기본은 교과서다. 아무리 좋은 교재나 문제집도 결코 교과서를 뛰어넘을 수 없다. 교과서의 내용을 완벽하게 이해한 후 다른 교재를 보는 것이 맞다. 하지만 일부 보호자와 아이들은 교과서를 너무 쉬운 책, 그냥 지나쳐도 되는 책으로 치부하고 더 어려운 교재를 봐야 한다고 생각하는 경우도 있다. 이는 오산이다. 그리고 왠지 교과서를 반복해서 보기에는 쉬워 보여서 좀 더 어려운 교재를 봐야 되는 것처럼 생각하는 경우도 있다. 이 역시 정말 오산이다. 수업 시간에 집중하는 아이들은 교사에게 질문을 많이 한다. 사실 담임선생님이 가장 좋은 과외 선생님이다.

공부 잘하는 아이들의 두 번째 특징은 꼼꼼하게 공부한다는 것이다.

그래서 공부할 때 목차부터 본다. '목차 공부법'이라고도 하는데, 목차를 보면서 머릿속에 책의 내용을 구조화하는 것이다. 초등학교는 일제고사가 폐지되어 아이들이 평가에 부담을 느끼지 않고, 학습 격차도 가시적으로 나타나지 않는다. 그런데 당장 중학교에 진학하면 중간고사와 기말고사 준비를 해야 한다. 교사 입장에서는 아이들의 성취도를 변별하기 위해 교과서의 구석구석에서 문제를 출제한다. 중간, 기말고사 문제를 출제할 때 근거가 명확해야 하니 교과서 밖의 자료에서 출제하기는 어렵기 때문이다. 공부를 꼼꼼하게 하는 아이들은 교과서 구석구석, 그림 설명이나 말풍선까지 반복해서 본다. 그래서 초등학교 때부터 교과서에 있는 글자, 그림, 자료 등을 꼼꼼하게 살피도록 강조할 필요가 있다. 어느 날 갑자기 생기는 능력이 아니므로 어릴 때부터 습관이 되도록 도와주어야 한다.

셋째는 규칙적으로 공부한다는 점이다. 공부를 잘하려면 당연히 공부를 해야 한다. 그것도 매일 규칙적으로 말이다. 초등학생들이 어느 정도 공부를 해야 하는지는 정답이 없고, 의견이 분분하다. 개인적으로 1학년 때에는 20분, 2학년 40분, 학년이 올라가면서 20분씩 늘리는 것이 적당하다고 본다. 3학년 때에는 60분, 4학년 80분, 5학년 100분, 6학년 120분, 즉 2시간이 된다. 공부 시간은 학교나 학원 숙제, 온라인 강의 시간을 제외한 학생 스스로 공부하는 시간을 의미한다. 공부 시간에는 무엇을 해야 할까? 오늘 학교에서 배운 내용을 교과서나 문제집을 통해서 정리하고 풀어본다. 고학년 아이들은 오후 2시 30분쯤 정규 수업이 끝나면 방과 후 수업을 듣거나 학원에 간다. 오후 늦게 귀가해서 저녁을 먹고 TV도 보고 스마트폰으로 유튜브를 보거나 게임도 하고 잠을 잔다. 매일 꾸준하게 공부 시간을 확보해서 스스로 공부하는 아이는 손에 꼽을 정도이다. 학부모들은 내 아이가 하루에 얼마나 순수하게 공부하는지 생각해보고,

최소한의 공부 시간은 확보해야 한다.

마지막 특징은 풍부한 독서다. 공부를 잘하는 아이들은 독서를 많이 한다. 이건 확실하다. 독서의 중요성은 아무리 강조해도 지나치지 않다. 초등학교 때 책을 읽지 않던 아이가 나중에 중고등학교에 간다고 책을 많이 읽지 않을 것이다. 오히려 책 읽을 시간이 부족해서 갈수록 책과 멀어진다. 독서는 아이들의 생활 속에 습관으로 자리 잡아야 한다. 단 너무 강요해 부담이 되어서는 안 된다. 개인적으로 가장 좋은 독서법은 부모님의 솔선수범이라고 생각한다. 부모님이 텔레비전이나 스마트폰만 보지 말고 거실에서 규칙적으로 책을 읽는 것이다. 아이는 엄마, 아빠가 어떤 책을 읽는지 궁금해하며, 옆에서 자연스럽게 함께 책을 볼 것이다. 아이에게 하루 15분 정도 잠을 자기 전 책을 읽어주는 것도 좋다. 『하루 15분 책 읽어주기의 힘』이라는 책에서는 적어도 중학교 3학년 때까지는 책을 읽어주라고 권한다. 왜냐하면 아이마다 읽기와 듣기 수준이 다르기 때문이다. 책을 많이 읽는다고 당장 가시적인 성과가 보이지는 않는다. 그러나 효과가 사라지는 게 아니라 아이의 배경지식으로 남게 된다. 그것이 후에 논리적 사고력과 상상력, 창의력 등에 커다란 장점으로 작용할 것이다.

공부 못하는 아이들의 특징 4가지

그렇다면 학업 성취도가 낮은 아이들은 어떤 특징이 있을까.

첫째, 포기가 빠르다. 즉 끈기가 부족하다. 코로나 상황을 겪으며 중간 수준의 아이들이 대거 하위권으로 내려갔다. 그래서 대부분의 초등학교에서는 기초학력이 부족한 아이들을 대상으로 보충 교육을 실시한다. 그런데 이 아이들은 학습 의지가 부족한 경우가 많다. 수학 단원평가를 보면 공부를 못하는 아이들이 문제를 더 빨리 푼다. 왜일까? 조금 들여다보다가 어려우면 넘어가기 때문이다. 잘 몰라도 문제를 꼼꼼하게 읽고 거듭 고민해야 하는데 포기가 빠르고, 끈기도 부족하다.

둘째, 공부 외의 것에 관심이 많다. 이런 아이들에게는 공부보다 재밌는 다른 활동이 있고, 거기에 몰입한다. 게임, 유튜브, 춤, 친구 등 대상은 다양하다. 학기 초에 실시하는 기초학력 진단검사에서 국어, 사회, 수학, 과학, 영어 등 5과목 모두 미달인 아이들이 종종 있다. 그런 아이들의 공통점은 공부 외의 무언가에 빠져 있다는 것이다.

셋째, 학습 결손이 누적되어 있다. 이런 아이들은 올해 학년의 내용뿐 아니라 지난 학년의 내용도 모르는 경우가 많다. 학습 내용이 서로 연결되어 있는데 작년에 배운 것을 모르니 올해 배운 것은 아예 이해가 안 되는 것이다. 특히 수학 교과가 그렇다.

넷째, 부모님이 무관심하다. 이유는 다양할 것이다. 너무 일이 바빠서, 다자녀라서, 어린아이가 있어서, 다른 자녀에게 신경을 쓰느라…. 그래도 초등 시기는 정서, 가족 간의 유대 관계와 가정환경에서 많은 영향을 받는다. 비단 학습에만 그런 것이 아니다. 어렵더라도 최대한 아이와 이야기를 자주 나누고, 학교에서 수업은 제대로 따라가는지, 친구 관계는 어떤지 어느 정도는 가정에서 파악해야 한다.

공부를 스스로 하는 아이로 키우기 위해

공부는 아이가 스스로 해야 한다. 서울대 출신 강사, 의대를 10명 보낸 최고의 명강사 수업을 듣는다고 해도 그건 내 아이의 이야기가 아니다. 공부하는 것은 아이 자신이고, 평가에 임하는 것도 아이이다. 그러면 당연히 아이가 스스로 공부해야겠다는 마음을 먹고, 시간을 확보해서 적극적으로 직접 공부를 해야 한다. 초등 시기에는 옆에서 떠먹여주는 방식으로 학원에 보내고 문제집을 풀게 하고 독서를 권할 수 있다. 그러면 당장은 공부를 잘하는 아이로 보일 수도 있다. 하지만 그건 초등학교 때까지만이다. 중학교 때부터는 일제고사를 보니 성적이 확연히 드러나는 데다, 공부 분량과 수준이 초등과는 비교가 안 될 정도다.

아이가 스스로 공부하게 하려면 부모님과 평소 많은 대화를 해야 한다. "공부 좀 해." "너는 커서 뭐가 되려고 그러니?" "옆집 애는 하루에 5시간씩 책 본다더라." 이런 건 대화가 아니다. 아이에게 왜 공부하는지, 어떤 삶을 살고 싶은지 계속 묻고, 부모님의 생각도 이야기해줘야 한다. 그래서 아이가 공부를 해야겠다고 마음먹고, 스스로 할 수 있도록 도와주어야 한다. 또한 아이가 '노력하면 나도 할 수 있다' 하는 깨달음을 얻도록 작은 성공의 경험을 쌓아야 한다. 그런 경험과 힘이 있어야 중고등학교 때에도 꾸준하게 공부해나갈 수 있다. 결국 자녀가 꿈을 이루기 위해 스스로 공부의 필요성을 느끼고 실천하게 하려면 가정에서 항상 작은 성공을 응원하고 많은 경험을 쌓을 수 있도록 도와야 한다.

초등에서 공부 잘하는 아이와 못하는 아이는 크게 다르지 않다. 다만 어떤 마음가짐과 경험을 갖느냐의 차이이다. 그리고 그 차이는 시간이 지날수록 크게 벌어질 것이다.

읽어도 읽지 못하는 아이들
문해력 저하에 따른 문제와 대처 방안

배혜림 경상남도교육청 소속 중등교사, 책쓰샘 이사
『교과서는 사교육보다 강하다』 외 저자

문해력 저하, 얼마나 심각한가

나는 중학생을 가르치는 중학교 교사다. 학생들에게 '금일'의 뜻을 물은 적이 있다. 대부분 '금요일'이라고 대답했다. '오늘'이라고 제대로 대답한 학생은 한 학급에서 손가락에 꼽을 정도였다. 이와 유사한 상황은 수업 시간에 종종 일어난다. 공부를 하려면 교과서를 읽어야 하는데, 많은 학생들이 교과서에 제시된 단어의 뜻을 몰라 수업 내용을 따라가지 못한다. 교사들은 수업을 하기 전에 교과서에 수록된 단어의 뜻부터 설명해야 하는 경우가 대부분이다. 인터넷 속 세상도 별반 다르지 않다. 인터넷을 뜨겁게 달구었던 '사흘' '심심한 사과' 역시 문해력 저하 세태를 보여주는 대표적인 예다.

학생들을 대상으로 한 평가에서도 심각한 문해력 저하 현실을 살필 수 있다. OECD가 시행하는 국제학업성취도평가(PISA)의 읽기 영역에서

우리나라 학생들은 2006년 1위에서 2015년 7위, 2018년 9위로 계속 하락하고 있다. 국제학업성취도평가는 세계 각국 만 15세 학생들을 대상으로 읽기, 수학, 과학 영역의 학업 성취 수준을 평가한다. 미국을 비롯한 대부분의 국가에서 학생들의 전반적인 읽기 능력이 높을수록 '사실과 의견을 식별하는 역량' 또한 높은 경향을 보였다. 그러나 우리나라 학생들의 결과는 정반대였다. 우리나라 학생들은 2018년 읽기 영역의 평균 점수가 514점으로 OECD 37개 회원국의 평균 점수(487점)를 웃돌아 5위로 비교적 높은 성취를 보였다. 그러나 '사실과 의견을 식별하는 역량'을 측정하는 문항은 25.6%로 매우 낮은 정답률을 보였다. OECD 평균은 47.4%였다. 반면, 터키 학생들은 같은 해 읽기 영역의 평균 점수는 466점으로 OECD 평균보다 낮았으나 '사실과 의견을 식별하는 역량'을 측정하는 문항에서 미국(69.0%)과 영국(65.2%) 다음으로 정답률이 매우 높았다.(63.3%)

국가 수준 학업성취도평가 결과도 비슷하다. 고등학교 2학년 학생들의 국어 기초학력 미달 비율이 2019년 4.0%에서 2020년 6.8%, 2021년 7.1%로 점차 증가하고 있다. 기초적인 문해력조차 갖추지 못한 학생들이 해마다 증가하고 있는 것이다. 교사들 역시 해마다 문해력이 저하되고 있음을 온몸으로 체감하고 있다. 그러나 이러한 문제가 사회적으로 공론화되지는 않다가 2021년 EBS에서 〈당신의 문해력〉이라는 프로그램 방송 후 상황이 급변했다. 대한민국은 큰 충격에 휩싸였으며 사회는 문해력이라는 키워드에 집중했고, 이에 대한 수많은 논의가 이루어졌다.

왜 이렇게 문해력이 떨어지게 되었나

나는 학급 단톡방을 운영한다. 자유로운 분위기 속에서 운영하기에 가끔 학생들이 개인적인 내용을 보내기도 한다. 그런데 학생들이 주고받는 내용을 보면 온전한 문장은 거의 없다. 초성만 한두 개를 쓰거나 줄임말을 사용하기도 하고 단어만 나열하기도 한다. 어디선가 가져온 '짤'이나 이모티콘만 오가기도 한다. 그렇게만 해도 대화가 된다는 것이 신기할 지경이다.

2021년 한 학생복 기업에서 10대 청소년 1,143명을 대상으로 언어 사용 실태에 관한 설문조사를 실시했다. '평소 올바른 한글을 사용하고 있는지'에 대한 질문에 학생들은 "맞춤법에는 신경을 쓰지만, 습관적으로 줄임말, 신조어를 사용한다"(65.6%) "맞춤법과 표기법에 맞춰 잘 사용하고 있다"(26.9%) "맞춤법에 크게 신경 쓰지 않고 줄임말, 신조어를 자주 사용한다"(7.5%)라고 응답했다. '줄임말 및 신조어를 언제 가장 많이 사용하는지'에 대한 질문에는 메신저(46%), SNS(24%), 일상생활 속 대화(21.7%), 커뮤니티 활동(5.3%), 게임(1.8%) 등으로 응답했다. 몇 년이 지난 지금 이러한 경향은 더 강화되었을 것이다.

원인 중의 하나로 지목되는 것은 짧은 영상이다. 요즘 학생들은 유아 때부터 스마트폰으로 영상을 시청하고, 스마트폰을 자유자재로 다루는 포노 사피엔스 세대다. 게다가 최근에는 틱톡이나 쇼츠, 릴스 등 30초 내외의 짧은 영상이 유행이다. 빠르거나 짧아진 만큼 그에 집중하는 속도도 빨라진다. 빅데이터가 알고리즘을 이용해 끊임없이 관련 동영상을 맞춤으로 제공한다. 수동적인 태도로 짧고 빠른 영상을 시청하는 데 익숙해진 학생들은 적극적인 태도로 긴 글을 오랜 시간 읽어야 하는 독서를 견디기 힘들어한다.

이런 사회에 문해력이 자랄 틈이 있을까

입시·성적 위주의 사회 분위기도 문해력 저하의 주요 원인이다. 지금과 같은 사회에서는 좋은 성적이 곧 인생의 성적표로 여겨진다. 좋은 성적을 위해서는 당장 눈앞의 시험이 중요하므로 장기적인 안목을 키울 틈이 없다. 학생들은 성적을 올리기 위해 엄청난 양을 학습하고, 학습량을 따라가기 위해 게임에서 미션을 수행하듯 숙제를 하나하나 해치운다. 좋은 결과를 빠르게 내는 게 관건이다. 하지만 문해력은 그렇게 키울 수 없다. 문해력을 키우려면 긴 글을 읽고 오랜 시간 사고하고 이를 정리해야 한다. 이것은 당장 성적 향상시키기보다 더 멀리 내다보고 천천히 조금씩 내공을 다져나가는 방식이다. 문해력을 본격적으로 키우는 시기는 중고등학교 때다. 그런데 이때는 성적이 중요한 시기이기도 하다. 많은 학부모들이 문해력이 중요하다는 것을 머리로는 안다. 하지만 지금 당장은 문해력을 키우는 것보다 자녀의 성적 향상이 더 급하다. 그래서 장기적으로 문해력을 키울 여유가 없는 것이다.

학생들이 주고받는 의사소통 방식에도 주목할 필요가 있다. 학생들은 주로 DM(Direct Message)이나 짧은 문자로 의사소통한다. 메시지는 일방적으로 전달하면 그뿐이다. 문맥이나 상대의 의도를 파악하려는 생각은 없다. 그저 내 생각을 상대에게 짧게 전달하면 그만이다. 상대가 메시지를 보든 안 보든 그것도 중요하지 않다. 만일 문제가 발생한다면 그건 메시지를 안 본 상대의 잘못인 것이다. 하지만 우리가 살아가는 사회는 그렇지 않다. 사회에서는 상황에 대한 맥락을 읽을 수 있어야 하고, 그 맥락에 어울리는 말이나 행동이 필요하다. 지금 같은 일방적인 의사소통 방식으로는 익히기 어려운 기술이다. 학교 공부도 마찬가지다. 문해력을 바탕으로 교과서를 제대로 읽고, 시험 문제의 조건을 제대로 읽어야 한다. 그러지 않으면 좋은 성적을 거두기 힘들다.

문해력 저하는 어떤 현상으로 이어질까

현장에서 보는 문해력 저하 현상은 심각하다. 문해력 저하는 쉽게 짐작할 수 있다시피 학업 저하로 이어진다. 문해력이 떨어지니 수업을 이해하지 못하고 이해 없이 무조건 암기만 한다. 이렇게 공부하면 당장 성적은 어느 정도 받을 수 있을지 모른다. 그러나 이해를 동반하지 않은 암기라서 시험이 끝나면 머릿속에서 사라진다. 학년이 올라갈수록 학습 내용이 누적되어야 하는데 그것이 불가능한 것이다.

초등학생 때는 학습량이 적고 성적이 산출되지 않아 문해력 저하 상태가 크게 드러나지 않는다. 그러다 중고등학생이 되면 문해력 저하 문제가 성적으로 확연히 드러난다. 고등학생이 되면 이 상태가 굳어져 되돌리기 매우 힘들다. 그렇다면 문해력을 키우기 위해 무엇을 어떻게 해야 할까?

문해력과 가장 관계 깊은 과목은 국어다. 문해력을 키우려면 읽고 쓰는 활동이 필수다. 초등학교에 입학하면 국어 시간에 한글을 읽고 쓰기부터 시작해서 더 복잡한 내용을 이해하고 올바른 표현을 하기 위해 맞춤법, 문법 등을 공부한다. 이것이 바로 문해력의 기초다. 초등학교 때 쌓은 문해력을 바탕으로 중학교에서 다양한 글을 읽으며 글의 종류에 따라 다른 읽기 방법을 연습하며 문해력을 가다듬어야 한다. 이렇게 오랜 시간 누적되어야 고등학생이 되었을 때 제대로 읽고 이해할 수 있는 문해력이 키워지는 것이다.

그러나 현실은 그렇지 못하다. 국어 시간의 많은 활동은 문해력을 배우기 위한 섬세한 설계임에도 지금 당장 성적과 상관없다는 생각에 제대로 공부하는 학생이 드물다. 사고의 과정 따위는 가뿐히 무시한다. 실제로 수업 시간에 여러 활동을 하며 가장 많이 들은 말은 "그래서 답이 뭐예요?"이다. 문해력이 부족한 상태로 고등학생이 된 학생들은 아무리 공부를 열심히 해도 성적이 잘 나오지 않는다. 당연하다. 고등학교 공부는 이해를 바탕으로 적용해야 하는 문제가 많은데, 문해력이 부족하니 말이다. 이런 상태로 성인이 되어 사회에 나온다면 사회 전체가 문해력 부족 상태가 된다. 더 이상 이 문제를 방치해서는 안 된다.

2022 개정 교육과정에서의 문해력 교육

2015년 세계경제포럼(WEF)은 "4차 산업혁명 시대의 노동시장이 급변함에 따라 모든 개인은 기초 문해력을 갖춰야 한다"라고 강조했다. 이는 21세기 인재가 갖춰야 할 핵심 능력에 기초 문해력이 포함되어 있고, 기초 문해력은 수학(修學)능력과 학업 성취에 절대적인 영향을 미치며, 수리·과학·ICT·문화·생활 영역까지 모두 포함한다는 의미다. 문해력의 기초는 초등학교 저학년 시기부터 독서 역량을 통해 키워야 한다.

교육부는 문해력 저하에 대한 문제의식을 2022 개정 교육과정에 담았다. 2022 개정 교육과정 총론을 통해 디지털 문해력 및 논리력, 절차적 문제 해결력 등을 함양하기 위해 다양한 교과의 특성에 맞게 디지털 기초 소양을 반영하고 선택 과목을 신설하였다. 관련 교과 내용의 재구조화 및 교과 간 융합 교육 강화 등 다양한 방법으로 디지털 문해력 교육을 강화했다. 또한 한글 해독 및 기초 문해력 교육 강화를 위해 1·2학년의 국어 시수를 기존 448시간에서 482시간으로 34시간 늘렸다. (전체 수업 시수가 늘어난 것은 아니고 입학 초기 적응 활동 단계에서 중복되는 부분을 재배치해 국어 시수를 확보한 것이다.) 늘어난 시간을 잘 활용한다면 문해력의 기초를 탄탄히 쌓을 수 있을 것이다. 초등 저학년에 쌓은 기초 문해력 교육을 바탕으로 독서·작문 연계 활동도 강화한다. 읽기와 쓰기 활동을 통해 비판적·창의적 사고 역량과 서술, 논술 능력이 향상되도록 하는 것이다.

국어과 영역에 듣기·말하기, 읽기, 쓰기, 문법, 문학이라는 다섯 가지 영역 외에 '매체' 영역이 신설되었다. 매체란 소통을 매개하는 도구, 기술, 환경을 말한다. 책, TV, 스마트폰, 컴퓨터, 태블릿, 인터넷 등이 이에 속하며 매체 자료에는 그림책, 만화, 뉴스, 광고, 웹툰, 애니메이션, 영화 등이 있다. 기존 교육과정에도 다양한 매체 텍스트와 소통에 대한 내용이 있었으나 이는 디지털 문해력을 기르기 위해서라기보다 학습에 대한 흥미를 높이기 위한 차원이다.

국어 교과뿐 아니라 다른 교과에도 디지털 문해력을 키우기 위한 성취 기준이 제시되었다. 성취 기준이 학습자에게 유기적으로 연계되어 디지털 문해력을 키우는 것이 중요하다. 이를 위해 교과 간 연계 수업을 위한 구체적 방안 및 교과서 개발 지침, 평가 방법 등을 개별 교과 교육과정에 제시하여 과목별로 유기적으로 문해력 수업이 이루어지도록 구성했다.

고등학교에서는 디지털 문해력, 논리력, 절차적 문제 해결력 함양을 위한 '문학과 영상' '매체 의사소통' 등 국어 교과를 비롯해 과학, 사회,

기술·가정, 예술 등 다양한 교과 특성에 맞게 디지털 문해력을 키울 수 있도록 여러 과목을 신설하였다. 비판적 사고 역량과 서술·논술 능력을 갖출 수 있도록 '주제 탐구 독서' '독서 토론과 글쓰기' 등 독서·작문 연계 활동을 강화하는 과목도 이에 포함된다.

2022 개정 교육과정으로 문해력을 향상하기 위한 체계는 갖추어졌다. 하지만 이것만으로 문해력 저하 현상을 해결할 수 없다. 문해력을 키울 수 있는 구체적인 방안이 필요하다.

문해력 저하에 대처하기 위한 방안

그렇다면 어떻게 해야 문해력을 잘 키울 수 있을까.

문해력의 기초는 어휘력이다. 어휘력을 키우기 위해서는 단어를 익혀야 한다. 단어를 암기하라는 뜻이 아니다. 다양한 책을 읽고 다양한 맥락에서 그 단어가 어떻게 쓰이는지 체득해야 한다. 그렇게 익혀야 유연하게 단어의 뜻을 유추할 수 있다. 물론 책만 읽어서도 안 된다. 단어 중에는 직접 몸으로 경험해야 하는 것도 있다. 다양한 경험을 통해서 자신이 알고 있던 단어가 어떻게 실제로 사용되는지 연결할 수 있어야 한다.

한자도 익혀야 한다. 우리말의 70% 이상은 한자어이다. 한자를 모르면 우리말을 제대로 이해하기 힘들다. 한글도 읽으려고 하지 않는데 한자까지 외우라고 하면 아예 문해력에서 손을 떼버리고 싶을지도 모르겠다. 대략 '어떤 한자가 어떤 뜻으로 쓰이더라' 정도만 알아도 충분하다. 초등학생 때부터 한자를 꾸준히 공부하기를 추천한다. 그러면 단어 유추 능력이 키워진다. 한자를 익히는 과정에서 음과 뜻을 기억하고 그 단어가 어떤 뜻으로 사용되는지 짐작할 수 있기 때문이다.

어휘력이 어느 정도 갖춰지면 읽기 습관을 키우고 이를 바탕으로 글 쓰기까지 이루어져야 한다. 읽기와 쓰기가 유기적으로 이루어져야 제대로 문해력을 키울 수 있다. 천 리 길도 한 걸음부터라고 했다. 시작이 언제든 지금부터 꾸준하게 읽고 쓴다면 분명히 문해력은 향상될 것이다. 여기서 중요한 점은 문해력 향상을 위해 노력하는 주체는 학교뿐이어서는 안 된다는 것이다. 가정, 학교, 사회, 국가가 함께 노력해야 한다. 학생은 문해력을 키우기 위해 노력해야 하고, 가정에서는 이를 뒷받침해주어야 한다. 학교에서는 학생들의 문해력을 섬세하게 다듬고, 국가는 문해력을 중시하는 사회적 분위기 조성을 위해 노력해야 한다. 학생, 학부모, 학교라는 교육의 주체가 학생들의 문해력을 향상시키기 위해서 적극적으로 애쓰기를 바란다.

참고자료

『교과서는 사교육보다 강하다』, 배혜림, 카시오페이아, 2023

『공부머리는 문해력이다』, 진동섭, 포르체, 2021

『초등 문해력이 평생 성적을 결정한다』, 오선균, 부커, 2022

「2022 개정 교육과정 총론」, 교육부, 2021

「PISA 21세기 독자 : 디지털 세상에서의 문해력 개발」, 김나영, 고용정책네트워크정보센터, 2021

「4차 산업혁명 미래 일자리 전망」, 김동규 외, 한국고용정보원, 2017

"대한민국 정책 브리핑, 2022년 개정 교육과정 이렇게 바뀝니다! 국어, 영어, 사회, 과학", 교육부, 〈대한민국정책브리핑〉, 2022.11.18

"'심심한 사과'가 불러일으킨 문해력 논란… 실제 조사 충격", 〈주간조선〉, 2022.8.22

"유튜브 빠져 책 안 읽어… 방과후 교실서 국어 배울 판", 〈조선일보〉, 2021.4.27

"초등 학부모 96.9% '문해력 학습 필요'… 학습 방법으로는 문제집, 독서 선호", 〈에듀동아〉, 2022.3.16

"한국 청소년 '디지털 문해력'마저… OECD 바닥권", 〈연합뉴스〉, 2021.12.18

"청소년 65.6% 습관적으로 줄임말과 신조어 쓴다", 〈부산제일경제〉, 2021.10.20

"디지털 시대, 읽지 못하는 아이들", 〈한국교육신문〉, 2023.2.3

에듀넷·티-클리어 http://www.edunet.net

교실 속 느린 학습자를
어떻게 지도할 것인가

이보람 경기도교육청 소속 특수교사
유튜브 채널 '경계를 걷다' 운영, 『함께 걷는 느린 학습자 학교생활』 저자

"지능이 낮다고 보잘것없는 인생을 살아가진 않아"

영화 〈포레스트 검프〉에서 느린 학습자로 태어난 포레스트 검프에게 그의 어머니가 이렇게 말한다. 우리 교실 속에도 포레스트 검프와 같은 길을 걷고 있는 학생들이 있다. 장애와 비장애의 경계를 걷는 아이들, 느린 학습자라고 불리는 학생들이 바로 그들이다. 느린 학습자(Slow Learner)란 광의적 측면에서 한 번에 배우는 양이 적고 느리게 배우는 학생을 모두 지칭하는 포괄적인 단어다. 일반적으로 표준화된 지능 검사상 71~84 사이에 속하는 경계선 지능 학생을 지칭한다. 표준화된 지능 검사 결과 70 이하는 지적 장애 위험군, 85 이상은 정상 지능으로 보기 때문에 경계선 지능은 말 그대로 장애와 비장애의 경계에 속해 있는 학생이다.

그렇다면 경계를 걷는 느린 학습자는 몇이나 될까? 아직까지 정확한

실태 조사가 없었으나(강원도를 비롯한 충북 교육청 등 각 지자체에서 느린 학습자 실태 조사가 진행되고 있기 때문에 곧 정확한 데이터가 나올 예정이다) 2022년 KBS에서 방영한 다큐멘터리 〈삶의 경계에 내몰리다, 경계선 지능〉[1]에 따르면 전체 인구의 13.4%, 한 반에서 두세 명 정도가 느린 학습자일 것으로 예상하고 전국적으로는 80만 명의 학생이 존재할 것이라 추정한다. 결코 적지 않은 숫자다. 그럼에도 이들은 최근까지 복지 사각지대, 교육 사각지대에 놓여 있었다. 복지법상 장애 범주에 속하지 않기 때문에 장애인 등록이 되지 않아 공적 지원을 받을 수 없고, 교육법상 장애인 등에 대한 특수교육법 안에서 특수교육 대상자에 해당되지 않기 때문에 교육적인 필요에 따른 지원을 받을 수 없었다. 이것은 고스란히 양육자에게 부담으로 옮겨지게 되고, 양육자의 형편에 따라 지원의 양극화가 이루어질 수밖에 없는 악순환의 고리가 이어졌다.

장애와 비장애의 경계에 놓여 있는 느린 학습자의 특성상 적절한 교육이 이루어지지 않았을 때 지적 장애와 같은 어려움을 겪는다. 반면에 적절한 교육과 지원이 이루어진다면 자립을 통해 스스로 삶을 개척해나갈 수 있다. 그렇기 때문에 이와 관련된 대책 마련이 무엇보다 중요하다.

다행스럽게도 최근 느린 학습자에 대한 관심과 지원에 대한 필요가 지속적으로 제기되면서 교육부와 각 지자체에서는 느린 학습자에 대한 실태 조사 및 연구, 느린 학습자 학생들을 지원하고자 하는 움직임이 이루어지고 있다. 예를 들어, 2022년 기초학력보장법에 따른 종합 계획 속에 느린 학습자를 위한 지원 정책이 포함되었고, 국회에서는 느린 학습자 지원 기본법 제정 움직임이 이루어지고 있으며, 지자체에서는 앞다투어 경계선 지능인 평생교육 지원 조례를 상정하고 있는 상황이다. 아이들과 미래재단, 세이브더칠드런, 굿네이버스, 학교사회복지사협회 등 NGO 단체에서도 느린 학습자의 사각지대 해소를 위해 다양한 사업들을 시작하고 있다.

느린 학습자의 인지적 특성

"아는 만큼 이해할 수 있고, 이해하는 만큼 사랑할 수 있다"라는 말이 있다. 일선에서 느린 학습자를 만나는 교사들은 느린 학습자를 얼마나 알고, 얼마나 이해하고 있을까. 먼저 인지적 측면에서 살펴보자.

코로나 팬데믹을 거쳐 엔데믹 시대에 들어선 우리 교육계는 이전보다 더욱 심각해진 학습 결손 현장을 마주하고 있다.[2] 학령인구는 급감하고 있지만 기초학력이 부족한 학생들은 증가하고 있는 형편이고, 이러한 상황은 학교급이 올라갈수록 점점 심각해진다. 느린 학습자의 경우는 더욱 심각하다. 동일한 교육과정 안에서 동일한 교과서로 동일한 선생님이 수업을 진행하고 있음에도 인지 능력 부족으로 인해 학습 공백이 필연적으로 나타난다.

학습은 주의 집중을 통해서 정보를 받아들이고, 기억력을 활용해 인출하는 작업이다. 느린 학습자 학생들의 인지적 특성을 쉽게 이해하기 위해 컴퓨터 중앙처리장치(CPU)로 비유해보자. 중앙처리장치는 정보를 처리하는 장치다. 자연스럽게 성능이 좋은 장치는 한 번에 많은 양의 정보를 빠르게 처리해서 정확한 결과를 인출하지만 성능이 좋지 못하면 정보를 받아들이는 것도, 처리해서 결과를 산출하는 속도도 느리다. 학생들이 학습하는 과정도 비슷하다. 학습에 강점을 보이는 학생들은 수업에 집중해 정보를 획득하고 처리하는 속도가 빠르고 정확한 반면, 느린 학습자들은 정보를 획득하는 것도, 그 내용을 처리하는 것도 어려워한다.

또래 학생들에 비해 언어발달이 느리고 주의 집중과 기억에 결함을 보이며 개념적인 사고, 논리적인 사고, 추상적 사고에 어려움을 느끼는 인지적 특성상, 교육과정의 난이도가 높아지는 초등학교 고학년 시기부터는 학습 부진이 심화된다. 여기에 도달할 수 없는 수준의 과제가 반복적으로 요구되면 학습에 거부감이 생겨 쉽게 포기에 이른다. 더 큰 문제는 입시 위주, 경쟁적인 시스템 속에서 이런 아이들의 특성과 속도를 존중해 줄 만한 여유가 없다는 점이다. 느린 학습자의 성공적인 학습 지원을 위해서는 학습 능력 향상이라는 목표를 가지고 교육하기보다는 그가 지닌 능력과 특성을 고려하여 맞춤형 지원을 통해 돌파구를 찾아야 한다.

느린 학습자의 심리·정서적 특성

느린 학습자의 학교생활을 이야기할 때 빼놓을 수 없는 영역이 바로 심리·정서적 특성이다. 느린 학습자들 역시 사랑받고 싶은 욕구, 인정받고 싶은 욕구, 사회적 관계를 이루고 싶은 욕구 등 또래 아이들과 동일한 욕구를 가지고 있다. 그러나 학교생활을 하는 가운데 번번이 좌절을 경험하게 된다. 인지 발달 지연으로 인해 사회적 상황에 대해서 정확하게 파악하거나 대처하기 어렵고, 잘 해내고 싶은 마음은 같아도 학습에서 좋은 결과를 얻지 못하기 때문에 마음에 상처를 입는다. 이러한 심리·정서적 상처는 외적인 폭발과 내적인 위축으로 표현되곤 하는데 이는 느린 학습자의 학교생활을 위기로 몰아넣는 요인이 된다.

먼저 외적인 폭발을 살펴보자. 느린 학습자들은 종종 공격적인 태도를 보이거나 충동적인 모습을 보일 때가 있다. 언어 표현 능력이 뛰어난 아이와 서툰 아이가 싸움이 났을 때, 누가 먼저 주먹을 휘두를까? 당연히 언어 표현이 서툰 아이일 것이다. 자신의 생각과 주장이 생각처럼 표현되지 않기 때문에 답답함이 공격적으로 표출되는 것이다. 느린 학습자의 경우 자신의 감정을 적절하게 표현하는 데 익숙하지 않기 때문에 억울한 상황과 자신에게 수용적이지 않은 상황을 해소하고 방어하는 기술이 부족하다. 또래 아이들에게 부정적인 평가를 받거나 무시당하는 듯한 느낌이 들면 속상하고 억울한 마음에 공격적인 모습을 보인다.

충동적이고 산만한 태도는 느린 학습자의 인지적 어려움과 관계가 있다. 주변에 대한 정확한 인식이 어렵고, 상황을 먼저 예측하는 힘이 약하기 때문에 상황마다 적절한 행동을 어떻게 해야 할지 모르고 쉽게 당황한다. 침착하지 못한 모습은 충동적인 모습으로 나타나고, 당황하는 모습은 산만한 모습으로 연결된다. 이러한 외적인 폭발은 느린 학습자가 속한 학급에 부정적인 영향을 주고, 이는 다시 느린 학습자에 대한 나쁜 평판이나 소외로 이어진다.

내적인 위축도 중요하다. 느린 학습자의 내적인 위축은 외적인 폭발보다 더 큰 위험 요인이 된다. 외적인 폭발의 경우 선생님이나 학교 내에서 문제 상황을 인식하고 대안을 마련할 수 있는 여지를 주는 반면 내적인 위축은 큰 문제행동으로 드러나기 전까지는 쉽게 발견되지 않기 때문이다. 내적인 위축은 소외감, 불안, 우울, 학습된 무기력으로 나타난다. 스스로 실력이 부족함을 느끼고 자신의 평판이 나쁘다는 것을 인식하기 때문에 우울한 감정을 경험한다. 여기에 실패 경험이 누적되어 또다시 실패할 것에 대한 두려움을 가지고 있기에 새로운 시도를 하지 않는 무기력에 빠진다. 그래서 발생하지 않은 상황을 미리 불안해하고 두려워하는 것이다. 특히 느린 학습자는 거절 민감성이 높다고 보고된다. 거절 민감성이란 거절에 대한 두려움을 느끼는 정도를 의미한다. 교실 자리 배치부터 시작해 조별 활동, 쉬는 시간, 특별활동 시간 등 다양한 관계를 맺는 시간에 친구들과 어울리지 못하고, 거절당한 기억들 때문에 아무것도 시도하지 못하게 되는 것이다. 교사의 입장에서 때로는 이러한 학생을 학습에 흥미가 없는 아이, 태도가 불손한 아이, 성실하지 못한 아이로 오해하게 하는 요인이 되기도 한다.

느린 학습자의 심리·정서적 어려움은 인지 능력 때문에 나타나는 결과라기보다는 환경적인 요인에 의한 결과라고 볼 수 있다. 그렇기에 느린 학습자의 심리·정서적인 어려움은 쓰러지고 있는 도미노와 같다. 이에 대한 적절한 개입과 지원 없이 방치하면 문제는 누적되고 더욱 심화될 수밖에 없기 때문이다. 하지만 느린 학습자가 처한 현실을 이해하고, 속사정을 이해할 수 있는 교사나 주변 인물들이 다시 일으켜준다면 이 한계를 극복할 수 있을 것이다.

느린 학습자, 어떻게 지도할 것인가

명의라 하는 이들에게는 공통된 특징이 하나 있다. 진단을 정확하게 내린다는 것이다. 정확한 진단을 해야 그에 알맞은 처방을 내리고 그것이 치유라는 결과로 나타나게 된다. 그렇다면 교육전문가라는 우리는 느린 학습자를 어떻게 지도해야 당사자인 학생과 주변 사람들에게 전문성을 인정받을까? 답은 정확한 진단과 적절한 처방에 있다.

2015년 EBS에서 〈느린 학습자를 아십니까〉[3]라는 제목의 연속 보도가 시작되고, 교육부에서는 '느린 학습자 지원법'이라고 불리는 초중등교육법 제28조 개정안이 발의되었다. 하지만 일선 교사들을 대상으로 연수를 진행해보니 대부분의 교사들이 느린 학습자라는 단어를 굉장히 생소하게 생각하고 있었다. 법 개정 이후 시간이 꽤 흘렀는데도 말이다. 왜일까? 그것은 느린 학습자의 특성이 고려되지 않은 채 '학습 부진'이라는 틀 안에서만 지원했기 때문이다. 학습 부진에는 다양한 원인이 있다. 그런데 정확한 진단 없이 학습만 보충하다 보니 인지적 어려움을 겪는 느린 학습자는 그 안에서도 사각지대로 숨어버렸다. 느린 학습자라는 이름을 잃고 나니 수업 현장에서 이들이 보이는 모습은 정확히 진단되지 않았고, 교사 나름대로 중재해보려 해도 확실한 효과를 거두기 어려웠던 것이다. 그렇다면 느린 학습자를 어떻게 파악하고 지도해야 할까?

첫째, 느린 학습자를 선별해야 한다. 느린 학습자를 지도하기 위한 효과적인 대원칙은 '조기 진단, 조기 개입'이다. 느린 학습자는 적절히 진단하고 특성에 맞는 교육적 개입을 하면 충분히 학습이 가능하기 때문이다. 정확하게 진단하려면 풀 배터리(Full-Battery) 검사를 시행하는 것이 옳지만 학교 현장에서는 이를 실시하기가 쉽지 않고 학부모의 동의가 없을 경우 적기에 지원이 이루어지지 못한다. 그래서 한국교육과정평가원에서는 학교 현장에서 일차적으로 교실 내 느린 학습자를 선별하는 체크리스트를 연구 개발하여 배포하였다.[4] 이를 활용하여 맞춤형 교수 학습 지원 방안을 고민해보기 바란다. 학교 단위별로는 기초학력 보장법에 근거해 실시하는 기초학력평가에서 학습 부진으로 선별된 학생들을 느린 학습자 위험군으로 두고, 느린 학습자 선별 체크리스트를 통해 파악한 뒤 지원 방안을 마련하는 것도 좋은 방법이 될 수 있다.

영역	번호	문항	문항 수
언어	1	단순한 질문에는 대답하지만, 생각해야 하는 질문에는 논리적으로 표현하지 못한다	5
	2	상대방이 말한 의도를 제대로 파악하지 못한다	
	3	말을 할 때 적절한 단어를 떠올리지 못해 머뭇거린다	
	4	구체적으로 지시하지 않으면 엉뚱한 행동을 한다	
	5	또래보다 어휘력이 부족하다	
기억력	6	오늘 배운 내용을 다음 날 물어보면 기억하지 못한다	6
	7	여러 번 반복해도 잘 기억하지 못한다	
	8	방금 알려주었는데 돌아서면 잊어버린다	
	9	연속적인 순서를 기억하지 못한다	
	10	수업 시간에 손을 들지만 물어보면 대답을 잊어버린다	
	11	순서가 있는 활동에서 자신의 차례를 잊어버린다	
지각	12	비슷한 글자나 숫자를 읽을 때 자주 혼동한다	4
	13	상하좌우 등 방향을 혼동한다	
	14	비슷하게 발음되는 단어들을 듣고 구별하는 데 어려움이 있다	
	15	간단한 그림이나 도형을 보고 그대로 따라 그리기 어려워한다	
집중	16	과제를 할 때 주의가 산만해진다	5
	17	과제를 할 때 주의 집중 시간이 짧다	
	18	교사의 안내나 지시에 집중하지 못하고 관련 없는 행동을 한다	
	19	수업 시간에 과제에 집중하지 못하고 멍하니 앉아 있다	
	20	주의 집중을 필요로 하는 활동에서 또래보다 쉽게 지친다	
처리 속도	21	또래보다 학습 속도가 느리다	3
	22	정해진 시간 내에 과제를 마치지 못한다	
	23	칠판이나 책에 쓰여 있는 단어나 문장을 노트에 옮겨 적는 데 오래 걸린다	

느린 학습자 선별 체크리스트

선별도 쉽지 않지만 느린 학습자를 지도하기란 더더욱 어렵다. 한 반에 20명이 넘는 아이들을 가르쳐야 하는 담임교사의 입장에서 느린 학습자만을 위한 지원은 이상적이기만 한 이야기로 들린다. 그렇기에 교사가 소진되지 않으면서 느린 학습자를 적절하게 지도하려면 바로 활용 가능한 자료가 필요하고 교사의 열정과 사명감에만 의존하기보다 학교의 전방위적인 지원 시스템이 갖춰져야 할 것이다. 그러한 측면에서 지역 교육청 및 학교 단위의 지원 방안과 교사 개인이 적용할 수 있는 지도 방법에 대해 제안하고자 한다.

느린 학습자 지원 시스템을 위한 제안

느린 학습자를 지원하기 위한 시스템은 예방적(prevention) 교육이 기본이어야 한다.

2020년 전남교육청에서는 기초학력 미달 학생을 대상으로 기초학력 전담교사제를 실시했다.[5] 초등학교 1~2학년 학생 중 기초학력 미달 학생의 수해력과 문해력 향상을 위해 담임을 맡지 않은 정규 교사를 배치한 것이다. 이 교사는 또래에 비해 기초학력 수준이 낮은 친구들을 일대일로 전담하여 개별화 수업을 진행했다. 이 덕분에 많은 아이들이 기초학력 향상을 이루었다. 이 사례가 바탕이 되어 현재 경기, 강원, 대구, 울산 등 다양한 지역 교육청에서 비슷한 시스템을 마련하고 있다. 여기에서 주목할 점은 예방적 교육이다.

느린 학습자 학생은 다른 학생과 같은 학습 목표를 달성하는 데에 더 다양한 방법과 교육적 지원이 필요하다. 그러지 않으면 학습 격차가 상위 학년으로 올라갈수록 점점 더 벌어지게 된다. 특히 개념 어휘가 활용되고, 교육과정의 난이도가 높아지는 초등 고학년 이후부터는 학습에 큰 곤란함을 겪는다. 그렇기 때문에 선제적으로 선별한 느린 학습자 학생들을 예방적으로 지원하고, 향후에도 추적하여 곤란도를 체크하고 지원할 수 있는 시스템을 마련하는 것이 중요한다고 생각한다.

앞에서도 언급했다시피 느린 학습자의 학교생활은 총체적으로 어렵다. 학습은 물론이고 또래 관계, 심리·정서적 문제까지 겹쳐 위기에 빠진다. 이 문제를 해결하기 위해서는 교육청, 학교, 담임교사, 가정과 연계한 통합적 지원이 필요하다. 교육청에서는 기초학력지원센터 혹은 지역 전문 기관과 연계해 복지 사각지대, 교육 사각지대에 속한 느린 학습자가 치료를 받을 수 있도록 지원해야 한다. 학교에서는 상담교사, 학교사회복지사, 기초학력 전담교사, 담임교사가 학습적인 영역과 회복 탄력성의 성장을 지원하는 다중지원팀을 구성하는 것이 좋다. 이 다중지원팀은 학교 안에서 구성되기 때문에 상시적인 만남이 가능하고 각 영역의 전문성을 바탕으로 적절한 지원 방안을 모색할 수 있어야 한다. 마지막으로 학부모와의 지속적인 상담 및 교육을 통해 학교에서의 지원이 가정에서도 이어질 수 있도록 통합적인 지원 시스템을 구축하게 된다면, 느린 학습자에게 탄탄한 안전망이 될 것이다.

학교 내 올바른 인식과 교사의 역량을 키울 수 있는 지원 시스템 역시 중요한 요소다. 한 명의 학생도 놓치지 않고 모두가 성장하는 학교가 되어야 한다는 당위성은 누구도 부인하기 어려울 것이다. 이 구호가 제대로 열매를 맺으려면 느린 학습자가 속한 공동체에 올바른 인식과 철학이 공유되어야 한다. 눈이 나쁘면 안경으로 보완하듯 느리게 배우는 학생에게 적절한 교육적 지원을 제공하는 것은 자연스럽다. 느린 학습자라는 특성은 스스로 선택한 게 아니라 주어진 것이다. 게다가 누구든 이런 어려움을 겪게 될 수 있기도 하다. 느린 학습자를 비롯한 모든 학생은 학교 교육과정 이수와 학령기 이후 사회인으로서 기본적인 능력을 습득하는 데 필요한 지원을 받을 권리가 있다는 철학을 공유하는 것이 중요하다. 교사는 자신의 제자가 성장하기를 바라는 순전한 사명을 언제나 가지고 있으며, 이에 따른 역량도 갖추었다고 믿는다. 다만 느린 학습자에 대한 이해가 부족하고 어떻게 접근해야 할지 막막하기 때문에 머뭇거릴 뿐이다. 교육청과 학교에서 교사 또는 예비교사로 하여금 전문적 역량을 향상시킬 수 있는 연수와 이해 교육을 통해 후방 지원할 수 있는 시스템을 갖춘다면 한 명의 학생도 놓치지 않는 교육을 실현할 수 있으리라 생각한다.

느린 학습자를 위한 개별화 수업 전략

개별화 수업이란 학생 개개인의 학습 준비도, 흥미, 기초학습능력, 정서 및 학습 환경을 고려한 교육을 지향하는 교수 학습 지도 전략이다. 한 학급에 20명이 넘는 모든 아이들을 개별적으로 수업하기는 어렵겠지만, 학습에 어려움을 겪는 느린 학습자를 파악하여 이에 알맞은 교수적 수정을 통해 교육과정 목표 달성을 위한 수업을 구성하는 것은 몇 가지의 유연한 전략을 통해 가능하다.

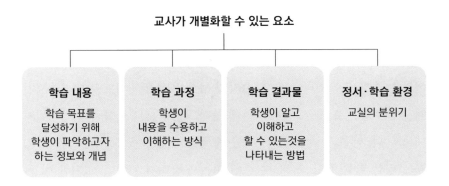

교사가 개별화할 수 있는 요소

학습 내용
학습 목표를 달성하기 위해 학생이 파악하고자 하는 정보와 개념

학습 과정
학생이 내용을 수용하고 이해하는 방식

학습 결과물
학생이 알고 이해하고 할 수 있는것을 나타내는 방법

정서·학습 환경
교실의 분위기

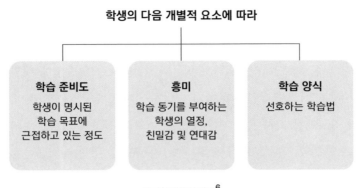

학생의 다음 개별적 요소에 따라

학습 준비도	흥미	학습 양식
학생이 명시된 학습 목표에 근접하고 있는 정도	학습 동기를 부여하는 학생의 열정, 친밀감 및 연대감	선호하는 학습법

개별화 지도의 방법[6]

이후 소개하는 아이디어는 느린 학습자의 보편적 특성을 고려한 전반적인 지원 방식이기에, 지도하는 학생의 개별적 특성 및 교과의 특성에 맞게 수정하여 활용하는 것이 좋다. 그렇다면 어떤 면을 지원하면 좋을까?

첫째, 동기 부여다. 누적된 학습 실패를 경험한 느린 학습자일수록 학습에 대한 동기 부여가 중요하다. 익숙하거나, 미리 경험해본 활동이거나, 관심을 갖고 있는 매체로 사전학습이 이루어진 내용이라면 느린 학습자는 학습의 스위치를 켤 것이다. 이를 위해 교사가 수업 시작 전에 느린 학습자에게 개별적으로 오늘 수업 내용을 설명하고 개별 목표를 제시하고 이에 따른 강화를 약속하는 작업을 한다면 느린 학습자에게 수업에 대한 기대와 특별함을 제공하게 된다.

둘째, 목표 수정이다. 일반적인 수업 목표는 느린 학습자가 도달하기 어려운 과제일 수 있다. 느린 학습자의 성장은 성공 경험으로 이루어지기 때문에 수업 목표를 쪼개고, 수준에 맞게 제공함으로써 학습이 이루어지게 돕는다. 예를 들어 줄넘기 3개를 수행할 수 있는 느린 학습자에게 10개 수행을 학습 목표로 제시한다면 이는 도달하기 어렵다. 하지만 이 목표를 다시 10단계로 쪼개어 제공하면 느린 학습자는 3단계의 목표에 도달하고 더 높은 목표를 달성하기 위해 움직일 것이다.

세계적인 교육심리학자 칙센트 미하이는 과제와 실력의 함수 관계를 정리한 바 있다. 이에 따르면 개인의 실력에 맞춘 적절한 과제나 목표가 제시될 때 비로소 학생들은 자신감을 가지고 성장의 기쁨을 누리기 위해 움직인다고 한다. 느린 학습자의 인지적 특성에 맞춰 수정된 목표는 성장을 견인하는 역할을 하게 될 것이다.

셋째, 또래 교수 및 모델링 전략이다. 느린 학습자에게는 수업 준비부터 교과 내용 파악하기, 실습 등 다양한 영역에서 개별적인 손길이 필요하다. 이런 상황에서 또래 교수법은 효과를 거둘 수 있는 전략 중 하나다. 또래 도우미를 매칭하거나, 모둠학습을 통해 각자에게 역할을 배정하여 느린 학습자의 기본적인 학습 준비 및 과제 수행의 모델이 되도록 하고, 직접적인 지원을 해줄 수 있는 교수자 역할도 할 수 있게 한다. 또한 교사가 직접 느린 학습자에게 학습에 관한 또래 모델링을 제공한다면 추상적 사고가 쉽지 않은 느린 학습자에게 직접 교수와 같은 효과를 거두게 될 것이다. 느린 학습자에게는 사회성 향상 또한 중요한 과제이기 때문에 이러한 지원을 통해 또래 관계에 총체적인 도움을 줄 수 있기도 하다.

넷째, 환경 구성 수정이다. 느린 학습자의 경우 단순하고 직관적인 환경 구성이 필요하다. 비주얼 씽킹을 활용한 과제 제시, 칠판이나 학급 게시판에 직관적으로 제시된 학급 규칙은 느린 학습자가 이해하기 좋은 방식이다. 자리 배치를 할 때도 주변에 시선이 빼앗길 수 있는 창가 자리보다 자극이 상대적으로 덜하고, 교사의 시선이 머무는 자리에 배치하면 수업 참여를 유도할 수 있다.

느린 학습자의 집중력을 고려한 수업 패턴도 의미가 있다. 집중력이 짧고 중간에 자리에서 일어나는 특성이 있는 느린 학습자를 고려해, 학습지를 수업 중간에 나누어 준다든지 교실 뒤편에 선 책상을 배치해 집중이 어려울 때 교실 뒤편으로 나가 수업을 들을 수 있도록 허용적인 환경 구성을 해주는 것도 하나의 방법이 될 수 있다.

다섯 번째, 소통 방식 전략이다. 느린 학습자에게 한 번에 다양한 내용을 지시하면 수행하는 것이 쉽지 않다. 지시를 할 때는 짧고 간결한 단어를 사용하고, 추상적인 단어는 구체적으로 풀어 설명해주는 것이 좋다. 또한 언어적 지시만 하기보다 비언어적인 표현과 함께 다양한 방식으로 소통하는 편이 효과가 높다. 무엇보다 느린 학습자는 옳은 말을 듣는 것보다 좋아하는 사람의 말에 더욱 관심을 기울인다. 교사와의 관계가 의미 있고 좋은 관계라고 판단하면 수행 능력이 부쩍 향상되는 것이다. 그렇기 때문에 느린 학습자의 학습 능력 향상을 목표로 삼기 이전에 교사와의 라포 형성이 우선이라고 할 수 있다.

느린 학습자의 인생 선생님이 되어주세요

앞에 등장한 포레스트 검프, 그는 끝까지 자신을 믿고 존중해준 어머니 덕분에 나름의 속도로 성장하고 자신의 삶을 당당하게 살아간다. 느린 학습자라는 단어 안에는 느리지만 자신의 속도대로 학습이 가능한 아이들이라는 뜻이 담겨 있다. 빠르고 정확한 것만이 중요하고 경쟁이 최우선 가치인 사회에서는 느린 학습자의 드라마틱한 성장을 기대하기 어려울 것이다. 하지만 아이를 둘러싼 시선과 환경이 변화되고 느린 학습자를 이해하는 인생 선생님을 만나면 이내 행복한 학교생활을 경험하게 될 것이다.

뿐만 아니라 각자의 속도를 존중하고 따뜻한 손길을 내미는 교사를 보며 모든 학생은 다름을 존중하고 함께 성장하는 법을 배워갈 것이다. 우리 모두가 교실 속 포레스트 검프, 느린 학습자에게 인생 선생님이 되어보는 건 어떨까?

1   〈시사직격, 삶의 경계에 내몰리다, 경계선 지능〉, KBS, 2022.4.15

2   「기초학력 보장 교육 정책의 이해」, 교육부, 2022

3   기획보도 〈느린 학습자를 아십니까?〉, EBS, 2015

4   「느린 학습자 선별 체크리스트 타당성 탐색」, 김동일 외, 한국교육과정평가원, 2023

5   '기초학력 전담교사제' 연속보도, 〈에듀인뉴스〉, 2020.8

6   『개별화 수업-실천편』, 캐롤 앤 톰린슨, 한국뇌기반교육연구소, 2019

2부

대한민국
미래 교육 디자인

1장

미래 교육을
디자인하다

2022 개정 교육과정 도입,
무엇이 바뀌나?

김선 경기도교육청 소속 초등교사, 책쓰샘 이사
유튜브 채널 '초등생활 디자이너' 운영, 『공부 자존감은 초3에 완성된다』 저자

국민과 함께하는 교육과정의 서막

7년 만에 개정된 2022 개정 교육과정은 학자와 교수 중심 편성에서 벗어나 전 국민과 함께하는 교육과정의 서막을 열었다. 이를 위해 교육부, 국가교육위원회, 전국시도교육감협의회를 바탕으로 학생, 학부모, 교원, 일반 국민들의 의견을 최대한 수렴하였다. 이는 협력적 거버넌스를 구축하였음과 동시에 미래 사회를 준비하는 데 필요한 집단별 요구 사항을 실질적으로 반영했다는 점에서 의의가 크다. 특히 2021년 7월 20일 공포된 '국가교육위원회 설치 및 운영에 관한 법률'에 의거, 교육부로부터 독립된 기구인 국가교육위원회를 설치하여 국민 참여를 더욱 확대할 수 있었다. 교육정책이 정권에 따라 5년마다 변동되어서는 안 되고 정치적 중립기구에서 연속성 있게 추진해야 한다는 국민 요구에 따라 교육 백년지대계의 발판이 마련된 것이라 볼 수 있다.

국가교육위원회의 운영 원리가 전문가주의, 시민참여주의인 만큼 2022 개정 교육과정에는 약 10만 명을 대상으로 대국민 설문이 진행되었으며 각종 토론회를 통해 총론에 부합할 단체별 협의문이 발표되었다. 또한 전국시도교육감협의회에서는 교육과정을 위한 현장 네트워크가 구성되어 의견이 수렴되었다. 교육과정심의회에 학생특별위원회와 지역 교육과정특별위원회가 설립된 것 역시 참여의 극대화를 이끌었다고 판단된다. 국민 참여 소통 채널을 통해 6만 건이 넘는 의견을 수렴했다는 사실로도 가히 역대 최대의 현장 반영 교육과정이라고 단언할 수 있다.

다양한 미래 교육전문가들이 참여

2022 개정 교육과정에서는 전문가뿐 아니라 AI, 공간, 생태환경 등 각 분야 전문가들이 모여 협의를 진행하며 미래 사회에서의 필수적인 인간상과 미래 사회를 살아가기 위한 핵심 역량들을 수정했다. 이는 코로나 팬데믹 이후 에듀테크 활용이 학교 수업 속으로 깊숙이 스며듦에 따라 변경해야만 하는 필수적인 요소들이 반영된 것이라 볼 수 있다. 특히 '포용성과 창의성을 갖춘 주도적인 사람'을 인간상으로 설립하였고 이를 위해 자기관리 역량(자기주도성), 지식정보 처리 역량, 창의적 사고 역량, 심미적 감성 역량, 협력적 소통 역량, 공동체 역량을 핵심 역량 6가지로 제시하였다. 2015 교육과정과 비교하여 자주적인 인간상에서 자기주도적인 인간상으로 변경되었고, 핵심 역량은 의사소통 역량에서 협력적 소통 역량으로 변경되었다. 이는 '존중, 경청, 상호 협력'을 강조하면서도 학습자 개개인의 주도성을 강조하는 것으로 해석할 수 있다. 결국 불확실한

미래 사회를 대비할 수 있는 것은 '개인의 자기주도적인 삶과 그들 간의 협력'인 것이다. 그러므로 미래 교육과정은 전 세계가 함께 공유하고 고민해야 하는 과제이다. 이에 다음의 두 보고서를 살펴보고자 한다.

첫째는 유네스코가 발간한 교육의 미래 보고서 「함께 그려보는 우리의 미래」[1]다.

> 지금 세계는 전환점에 놓여 있다. … 학습의 이유와 방식, 내용, 위치, 시기를 다시 규정해야 한다는 다급한 요구는 교육이 평화롭고 공정하며 지속가능한 미래를 만들어가는 데 기여하겠다는 약속을 아직 실현하지 못하고 있음을 의미한다.

'교육의 미래 보고서'는 "교육과정은 학생들이 지식을 얻고 생성하면서 동시에 이를 비판하고 활용할 역량을 기를 수 있도록 돕는 생태적·다문화적·다학제적 학습에 중점을 두어야 한다"라고 밝혔다. 미래 교육의 과제는 다양성을 존중하는 협동 학습, 미래 사회 역량(생태교육, 매체 이해력[미디어 리터러시]) 등을 키워주는 교육과정 개발, 미래 교육을 위한 학교 공간 변화([탄소중립학교 실현, 교육 환경의 디지털화] 등), 교원 역량 강화와 전 연령대 학습자에게 원격교육 기반 구축을 통한 교육을 제공하는 것이다. 지속가능한 미래를 열기 위해서는 수많은 사람들이 공유하는 지구에서 모두가 함께 노력해야 하는 기후변화, 코로나 팬데믹, 허위 정보, 디지털 격차에 대한 문제를 다루어야 한다. 위의 보고서를 통해 생태적 관점과 지속가능성이 강조되고 있다는 것을 이해할 수 있으며 이는 2022 개정 교육과정에도 반영되었다.

두 번째는 OECD가 발간한 「학습 나침반(The OECD Learning

Compass 2030)」[2]이다.

2015년부터 시작된 OECD의 '교육 2030 프로젝트'는 우리나라를 비롯한 여러 나라에서 미래 교육의 나침반이 되었다. 여기에서는 미래 교육에 필요한 역량(Competencies)이 네 가지 제시되는데 지식, 기술, 가치, 태도가 그것이다. 2030년대를 살아갈 학생들이 개인이자 사회구성원으로서 '웰빙'할 수 있는 역량을 길러주는 데 목적이 있으며 학습자가 예측 불가능한 미래 사회에 대비할 변혁적 역량(Transformative competence)과 핵심 기초(Core foundation)를 제시하였다. 변혁적 역량은 '새로운 가치 창출하기' '긴장과 딜레마 조정하기' '책임감 갖기'이며 핵심 기초는 문해력, 수리력, 디지털 리터러시, 건강 리터러시를 의미한다. 무엇보다 중요한 것은 나침반을 활용하는 사람이 학생이며 학생이 행동 주체로서 자신의 학습과 삶을 설계해야 한다는 점이다. 또한 학생이 도출한 결과는 공동체에 긍정적인 영향을 끼쳐야 하며 이는 구성원이 민주적으로 결정해야 한다는 공동행위주체성(co-agency)과 연결된다. 전 세계 교육계의 화두가 되었던 학생 행위주체성의 개념은 우리에게 자기주도성의 개념으로 발현되었다 볼 수 있다.

개정이 수업에 미친 변화

초등학교의 경우 1~2학년 국어 수업이 448시간에서 482시간으로 총 34시간 늘어난다. 이를 통해 저학년들의 기초 문해력과 한글 해독 능력을 키울 수 있도록 하며 창의성 함양을 위해 실내외 놀이와 신체활동 교육이 확대된다. 3~6학년은 최대 68시간까지 선택 과목을 운영할 수 있고 초등학교 중학교 교육과정을 연계 강화 및 통합하여 교육과정 운영의 유연성을 제고한다. 상급학교로 진학하기 전(초1 입학 초기, 초6, 중3, 고3) 2학기 중 일부 기간은 학교급별 연계 및 진로교육을 강화하는 진로연계 학기로 운영된다.

중학교에서 1학년 자유학기의 경우 기존 170시간, 4개 영역이던 것이 2개 영역으로 통합돼 102시간으로 줄어들고 학교 스포츠클럽 의무활동 시간이 136시간에서 102시간으로 연간 34시간이 줄며 학교 교육과정 편성이 원활해질 것이다. 고등학교는 고교학점제가 전면 시행되어 학생의 주도성과 책임이 강조되는 교육과정으로 바뀐다. 3년간 192학점 이상을 취득하면 졸업을 하게 되는데 1학점 수업량이 17회에서 16회로 전환되어 여분의 수업량은 다양한 프로그램을 가지고 자율적으로 운영할 수 있다. 필수이수학점은 조정(94단위→84학점)되고 자율이수학점은 확대(86단위→90학점)되어 학생이 진로와 적성에 맞는 과목을 선택할 수 있게 되는 것이다. 다양한 교과 균형 학습을 위해 국어·영어·수학 교과의 총 이수학점이 81학점을 초과하지 않도록 한 것도 주목할 만하다.

고교학점제가 전면 시행되는 현 중학교 2학년(2023년 기준) 학생들의 2028 대입 방향은 2024년 2월에 발표가 되는 만큼 각종 추측이 난무하고 있다. 그러나 흔들리지 않고 바라볼 부분은 '2022 개정 교육과정의 취지에 맞는 수업과 평가'이다. 이는 암기 위주의 학습이 아닌 능동적으로 참여하고 학습의 즐거움을 느낀 아이들의 역량을 평가할 것이라는 점이다. 이를 위해 학습에 기반이 되는 언어·수리·디지털 기초 소양이 모든 교과에 활용되는 만큼 수업에서도 다양한 탐구 융합 중심의 수업이 강조된다. 디지털·AI 교육 환경에 맞는 교수·학습 및 평가 체제를 구축하는 것이 2022 개정 교육과정의 개정 중점인 만큼 평가는 비판적 사고력과 창의력 등 미래 역량을 위한 평가, 과정 중심의 평가가 강화될 것이다. 이제 교사는 지식 전달자가 아닌 코칭, 조력자로서의 역할이 더 커질 것이며 학생들이 주도적으로 자신의 삶 속에서 문제 해결을 할 수 있는 방향으로 수업이 변화할 것이다.

애리조나주립대학의 경우 미국 혁신 대학으로 손꼽히는데 과거에는 낮은 취업률과 수준 이하의 수업으로 중도 포기자가 많이 발생하는 불명예를 안았었다. 그런 학교가 혁신적 사고의 선두가 된 배경에는 학생들이 지식 세계를 넘나들며 다양한 문제를 해결할 수 있도록 16개가 넘는 전공들을 통합한 결단이 있었다. 전공들이 융합되며 높은 성과를 이루게 된 것이다. 앞으로는 교과 간 연계와 통합, 학생의 삶과 연계된 학습, 다양한 학생 참여형 수업 활성화, 문제 해결 및 사고의 과정을 중시하는 평가로 전환이 계속될 것이다.

디지털 역량 강화와 디지털 윤리교육

미래 사회의 필수 역량인 디지털 역량은 전 교과에 걸쳐 강화된다. 이를 위해 50여 억 원이 투입되어 교육용 콘텐츠와 플랫폼이 개발되고 있으며 '정보' 수업이 초등 5~6학년(기존 17시간 → 34시간)과 중학교(기존 34시간 → 68시간)에서 2배로 확대되었다. 또한 고등학교에서는 정보 과목 외에도 선택 과목으로 AI, 데이터 과학 등을 추가했다. AI 원리를 이해하기 위한 '행렬과 연산' 단원이 고등학교 1학년 공통수학에 부활하기까지 한 상황이다. 현행 교육과정은 소프트웨어 교육이 중심이었으나 미래 사회에는 AI, 빅데이터 등 디지털 역량 함양 교육이 더 중요하기 때문이다.

이는 단순히 정보 교과만으로 해결할 수 없으며 여러 교과에서 '디지털 윤리의식' 즉 '디지털 리터러시' 교육도 함께 진행해야 한다. 이를 위해 각급 학교에서 매체 영역이 신설되었다. 이는 특히 국어 교과에서 엄청난 변화로 파악된다. 2015 교육과정에서는 매체를 국어과 하위 영역에 반영하거나 언어 자료로 제시했던 것이 영역 안으로 들어왔기 때문이다.

생성형 AI로 모든 글쓰기가 가능한 상황에서 더욱더 창의성과 글쓰기 기본이 강조되듯이 디지털 사용 방법이 아닌 디지털 문해력을 기르는 것이 보다 더 중요할 것이다. 가짜 뉴스를 알아내고 디지털 시민 윤리의식을 키워주는 것이 학교의 역할이므로 기기 사용법을 가르치고 기기에 종속되지 않도록 교육해야 한다. 특히 초등의 경우는 문해력과 어휘력, 기초 글쓰기조차 학습이 되지 않은 상황에서 매체 영역이 신설되어 사교육을 부추기고 디지털 학습기기 사용이 시장성에 좌우되지 않도록 유의해야 한다. 하이테크 산업에서 한 걸음 더 나아가 하이터치 산업[3]으로 바라보아야 하는 것이다.

우리는 이미 코로나 팬데믹 상황에서 온라인(원격) 학습으로 인한 많은 부작용을 경험했다. 개인의 수준에 맞는 맞춤형 학습 제공도 중요하지만 그보다 선행해야 하는 것은 디지털 윤리교육이다.

시민성 함양을 위한 민주시민교육

2022 개정 교육과정에서는 함께 잘 살아가는 사회를 지향한다. 이를 위해서 민주시민교육[4]과 연계하여 평화, 인성교육, 인문학적 소양 교육 등을 내실화하는 데 중점을 두었다.

이를 위해서 모든 교과별로 내용 요소 추출 후 교과를 재구조화하고 모든 교과에 민주시민성을 중심으로 기본 개념을 구체화한다. 즉 현재는 사회, 도덕, 과학, 환경 등의 관련 교과에만 중심적으로 반영되어 있던 것을 모든 교과에서 배울 수 있도록 한 것이다. 또한 민주시민교육에서 빠질 수 없는 자발적 참여와 실천, 즉 학생 자치활동을 강화하고 학급자치회, 학생회, 자율동아리 등 다양한 방법으로 참여를 독려한다. 이 모든 교육은 지역과 연계한 체험학습 프로그램, 봉사활동 등 다양한 학습 형태로 지원된다.

민주시민교육에서 내용 요소인 '문화 다양성'의 경우, 교사들조차도 합의하지 못한 가치에 대해 교육할 수 있는가 하는 우려도 있는 것이 사실이다. 그러나 빠르게 다문화사회로 진입하고 있는 우리나라에서는 사회적 공감과 의사소통 능력이 더욱더 요구될 것이다. 세계시민으로서의 자질과 배려, 나눔, 협력을 실천하는 협력적 소통 역량이 분명히 필요하다.

인간과 환경의 공존을 추구하는 생태전환교육

기후 위기 시대를 극복하고 자연과의 공존, 지속가능성을 위한 생태전환교육[5]은 필수적이다.

이미 2020년부터 2024년까지 생태전환교육 중장기 발전 계획이 수립되어 학교에서는 그 변화를 체감하고 있으며 앞으로 더욱 강조될 것이다. 기존에 진행하던 교과 연계 생태환경교육, 생명존중교육, 학교협동조합, 사회적 경제 교육 등이 역시 활성화될 것이다. 이제 미래 세대인 아이들은 기후위기에 민감하게 반응하고 원인과 결과, 해결 방법을 탐색할 수 있는 시민이 되어야 한다. 단순히 물과 전기 절약을 강요하는 옛날식 환경교육이 아닌 다른 사람들과 조화롭게 살아가기 위한 생태시민을 키우는 교육이 필요한 것이다. 이를 위해서 생태 소양을 높이는 학교 교육과정 수립 및 학교 환경 구축, 지역사회 협력 강화가 필수적이다. 생태전환교육의 내용은 모든 교과와 연계될 것이며 학생들이 스스로 환경 문제를 극복해나갈 수 있도록 온 마을이 함께 참여해야 할 것이다.

더 나은 미래를 위한 교육

국가 수준의 교육과정에서 교사 교육과정으로의 변화까지 우리 사회가 얼마나 변하고 있는지를 체감하는 요즘이다. 코로나 팬데믹은 미래 사회를 5년은 더 당겨놓았으며 그동안 에듀테크 활용 수업은 지금까지의 교육 현장을 180도 바꾸어놓았다고 해도 과언이 아니다. 이제 미래 교육은 우리나라만의 문제가 아닌 전 세계가 머리를 맞대고 고민해야 할 문제다. 2022 개정 교육과정은 사회적 변화를 반영하고 여러 집단의 의사를 반영한 교육과정이다. 미래 사회가 요구하는 역량을 함양하고 학습자의 삶과 성장을 지원하며 교육과정의 자율성을 확대하여 교육 환경 변화에 적합한 교과 교육과정이 개발되어 더 나은 미래를 위한 교육이 실현되기를 희망한다.

1 「함께 그려보는 우리의 미래 : 교육을 위한 새로운 사회계약(Reimagining our futures together : a new social contract for education)」, 유네스코, 2021

2 「The OECD Learning Compass 2030」, OECD

3 최상의 서비스와 기술이 집약된 하이테크산업에서 한 걸음 더 나아가 인간의 감성과 기술이 조화를 이루는 산업.

4 학생이 자기 자신과 공동체적 삶의 주인임을 자각하고, 비판적 사고를 통해 자신이 속한 공동체의 문제를 상호 연대하여 해결할 수 있도록 지원하는 교육.

5 기후변화와 환경재난 등에 대응하고 환경과 인간의 공존을 추구하며, 지속가능한 삶을 위한 모든 분야와 수준에서의 생태적 전환을 위한 교육.

삶의 역량을 키워주는
배움중심수업

이윤정 서울시교육청 소속 중등교사
블로그·유튜브 채널 '윤정쌤의 국어가 좋아요' 운영

유효 기간이 짧은 입시 위주 교육

OECD는 국제학업성취도 비교 연구를 위해 세계 각국의 학생들을 대상으로 3년마다 국제학업성취도평가(PISA)를 시행한다. 여기에 참여한 우리나라 학생들은 읽기, 수학, 과학 등 모든 영역에서 꾸준히 상위를 차지하고 있다. 아래 표를 보면 2018년에 우리나라가 OECD 회원국 중 읽기 2~7위, 수학 1~4위, 과학 3~5위를 차지한 것을 확인할 수 있다.

구분	읽기			수학			과학		
	평균점수	순위		평균점수	순위		평균점수	순위	
		OECD (37개국)	전체 (79개국)		OECD (37개국)	전체 (79개국)		OECD (37개국)	전체 (79개국)
대한민국	514	2 ~ 7	6 ~11	526	1 ~ 4	5 ~9	519	3 ~ 5	6 ~10
OECD 평균	487			489			489		

국제학업성취도평가 2018 우리나라 영역별 성취 비교[1]

국제학업성취도평가는 학교에서 배운 지식만 평가하는 것이 아니라, 다양한 상황에서 자신의 지식과 기능을 적용하고, 문제를 확인·해석·해결함에 있어 효과적으로 분석·추론·의사소통할 수 있는지 그 능력을 측정하는 것을 목표로 한다.[2] 이 능력은 미래 사회를 살아가는 데 꼭 필요하기에 세계 여러 나라에서는 국제학업성취도평가 결과가 주는 교육적 시사점을 고민하고 교육에 반영하려고 노력한다. 그렇다면 우리나라 학생들은 국제학업성취도평가를 통해 인정받은 능력을 바탕으로 삶의 다양한 문제 상황들을 해결해나가며 살고 있을까?

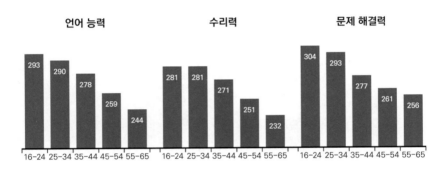

국제성인역량조사 우리나라 연령별 역량 비교[3]

위 그래프는 국제학업성취도평가의 성인 버전이라고 할 수 있는 국제성인역량조사(PIAAC)[4]를 통해 밝혀진 우리나라 성인들의 연령별 역량 비교를 나타낸다. 국제학업성취도평가가 만 15세 학생들을 대상으로 한다면, 국제성인역량조사는 만 16~65세까지의 성인(고등학생 포함)을 대상으로 다양한 사회 활동 및 직업 생활에 필요한 핵심 역량인 언어 능력, 수리력, 컴퓨터 기반 문제 해결력 등 3개 지표를 조사한다.[5] 우리나라의 경우 이 세 가지 핵심 역량이 16~24세 때 정점을 찍은 뒤부터 감소하는 양상을 보인다. 물론 생애 주기 변화에 따른 노화 및 사회 활동 감소가 개인의 역량을 감소시키기 때문에 다른 나라의 그래프 역시 우하향하는 경향이 있다. 문제는 우리나라는 다른 나라보다 더 이른 연령에서부터 하향세가 시작된다는 점, 낙폭이 심하다는 점, 연령별 격차가 더 심하다는 점이다. 다른 나라보다 뛰어난 역량을 보이던 학생들이 성인이 되어서는 평균에 못 미치는 수준이 되어버린다는 뜻이다.

이러한 변화가 생긴 이유는 무엇일까? 국제학업성취도평가와 국제성인역량조사의 결과를 놓고 본다면, 높은 역량 수준을 보이는 만 24세까지는 입시와 취업을 위해 치열하게 노력하는 시기와 일치한다. 단순히 시험을 위한 공부뿐 아니라 봉사활동, 자격증 취득, 어학연수, 글쓰기, 독서, 논술, 토의, 토론 등 다양한 역량을 키우기 위해 노력하고 경험을 확장한다. 그렇기에 뛰어난 역량을 보여주는 것이다. 그렇다면 만 25세 이후 우리나라 사람들의 영역별 역량이 평균에 못 미치게 된 이유는, 그 무렵부터 역량 개발을 위한 노력을 이전에 비해 상대적으로 적게 하기 때문이라고 볼 수 있을 것이다.

한 취업 관련 업체가 직장인들을 대상으로 첫 직장 재직 여부를 조사한 결과 87.6%가 첫 직장을 퇴사했으며, 2년이 되기도 전에 퇴직한 비율은 60%에 이르는 것으로 나왔다.[6] 자신의 모든 역량을 동원하여 취업에 성공한 뛰어난 인재들이 첫 직장에 적응하지 못하고 퇴직한 첫 번째 이유는 대인관계 스트레스, 2위는 업무 불만족이었다. 국제학업성취도평가, 국제성인역량조사의 결과를 통해 입증했던 미래 역량들이 정작 직장에서 겪는 다양한 문제 상황에서 발휘되지 않았다는 의미다. 대입과 취업에 성공하는 것만을 맹목적인 목표로 삼고 달려왔기에 그 목표를 이룬 순간, 역량의 유효 기간이 끝나버렸기 때문이다.

미래 사회, 평생 발휘해야 하는 개인의 역량

한국전쟁 때 피란지에서도 임시 학교를 만들었을 만큼 우리나라 교육열은 뜨겁다. 그러나 높은 교육열 속에서 성장하고 경제발전을 이끌며 치열하게 살았던 우리나라의 노년층이 지금은 다른 나라의 노년층에 비해 사회 활동 및 직업 생활에 필요한 역량이 부족하다는 평가를 받는다. 변화한 사회에 적응하는 데 어려움을 겪고 있을 가능성이 크다는 의미다. 대입이라는 목표를 위해 이 순간에도 치열하게 노력하고 있을 대한민국 학생들의 미래도 현재의 노년층과 다르지 않을 것이라면 지금 우리의 교육은 허탈함만 남길 뿐이다.

현대 사회는 인터넷과 미디어의 발달로 지식의 양이 폭발적으로 늘고 있고, 과학기술의 발달로 새로운 문물·기술·가치관들이 계속해서 만들어지고 있다. 예상할 수 없는 전염병, 기후위기 등은 삶의 방식을 갑작스레 바꾸어놓기도 한다. 변화의 주기가 짧고, 빠르다. 그렇기에 이런 역동적인 변화에 능동적으로 대응해나갈 수 있는 능력이 필요하다.

2018	2019	2020
소확행, 작지만 확실한 행복	요즘 옛날, 뉴트로	스트리밍 라이프
워라벨 세대	감정대리인, 내 마음을 부탁해	초개인화 기술
언택트 기술	밀레니얼 가족	멀티 페르소나
2021	2022	2023
자본주의 키즈	득템력	평균 실종
오하운, 오늘하루운동	헬시 플레저	네버랜드 신드롬
휴먼 터치	바른생활루틴이	알파세대가 온다

『트렌드 코리아』 (2018~2023) 목차 일부[7]

왼쪽 표는 서울대 소비 트렌드 분석센터가 우리나라의 소비 트렌드에 대한 분석과 전망을 담아 매년 출간하는 책 『트렌드 코리아』의 목차 중 일부다. '소비'에 초점을 두고 있긴 하지만 사회 구성원 모두가 소비자임을 생각할 때, 변화하는 시대와 삶을 면밀하게 분석하여 담아낸 책이라고 봐도 무방할 듯하다. 소비와 관련한 부분만 해도 매년 책으로 발간될 정도인데, 다른 분야와 관련한 변화들까지 생각한다면 우리는 변화의 홍수 속에서 살고 있다고 봐도 과언이 아니다. 소비 트렌드뿐 아니라 미디어 트렌드, 머니 트렌드, 부동산 트렌드, 글로벌 트렌드, IT 트렌드, 디지털 트렌드 등 다양한 영역에 찾아온 급격한 변화를 분석한 지식정보들이 넘쳐난다. 변화하는 현실에 뒤처지지 말라고 쏟아내는 지식정보들은 우리에게 조급함과 깊은 피로감을 안겨준다.

이를 모두 알 필요는 없고, 다 알 수도 없다. 하지만 자아실현, 사회 활동, 업무 처리 등에 필요한 지식정보들을 바탕으로 삶의 역량을 키우는 것은 꼭 필요하다. 그러려면 지금 나에게 필요한 역량이 무엇이고, 유용한 지식정보가 무엇인지 판단하며, 그 의미를 분석해서 자신의 영역에 적용할 수 있어야 한다. 이 능력이 없다면 입시나 취업에 성공했더라도 미래 사회를 성공적으로 살아가기 어려울 것이다.

국제학업성취도평가 상위국과의 비교에서 우리나라가 다른 나라보다 낮은 점수를 받았던 영역은 여러 정보나 문제 상황이 있을 때 적절한 판단을 요구하는 문항, 통합과 추론, 과학 탐구 평가 및 설계, 지역적·국가적 맥락을 고려해야 하는 부분 등이었다.[8] 입시 위주의 암기식·주입식 학습으로는 얻어내기 힘든 역량들이다. 앞으로도 우리 교육이 입시를 위한 성적 올리기에만 초점을 맞춰나간다면, 입시가 끝난 뒤 학생들이 살아가야 할 미래에 대한 대비는 되지 못할 것이다. 게다가 앞서 확인했듯이 교육에서 배제되는 하위 수준의 학생들이 늘어날 것이다. 입시와 취업 이후에도 삶은 계속된다. 삶을 지속하는 동안 자신의 역량을 꾸준히 발휘하며 살아가게 하려면, 배움의 첫 단추인 학교 교육부터 변해야 한다. 그리고 이러한 변화를 위한 움직임은 조금씩 시작되는 중이다.

학생의 미래 역량을 키우는 배움중심수업

지식정보사회에서 누가 더 많은 지식을 갖고 있는지 경쟁하는 것은 의미가 없다. 따라서 지식 전달 위주의 교육으로는 학생의 미래 역량을 키울 수 없다. 교육으로 미래 역량을 키워주기 위해서는 학생을 수동적인 지식 학습자가 아니라, 스스로 배우고 성장해나가는 능동적·주체적 학습자로 보는 관점의 전환이 필요하다. 이를 바탕으로 수업을 혁신하자는 것이 '배움중심수업'이며 다음과 같이 정의할 수 있다.

"삶의 역량을 기르기 위한 자발적 배움이 일어나는 수업"
배움은 자기 생각을 만들고 학생-학생, 학생-교사 간 서로 공유하고 생각을 나누는 것입니다. 이러한 배움의 과정은 학습자의 자기주도성과 자발성을 기초로 하며 배움이 앎으로만 끝나는 것이 아니라 삶과 유의미한 관계를 맺음으로써 앎과 삶이 일치하는 수업이 되어야 합니다.[9]

배움중심수업은 특정한 절차를 가진 수업 모형이나 방법에 한정한 교육 이론이 아니다. 위에서 정의한 바와 같이 학생의 삶의 역량을 기르기 위한 자발적 배움이 일어나는 수업이라면 프로젝트 수업, 하브루타, 토의·토론, 실습, 거꾸로 수업, 협력학습을 비롯해 강의식 수업까지도 모두 배움중심수업이 될 수 있다. 배움중심수업의 정의 속에는 미래 세대들에게 필요한 역량들을 키워나가기 위해서 지식, 학생, 교사, 수업을 어떻게 바라보아야 하는지에 대한 철학이 담겨 있다.[10] 배움중심수업에서의 지식은 완성된 것이 아니라 배움을 통해 만들어가는 것이다. 학생은 스스로 성장하는 힘을 가진 주체적 인격체다. 교사는 배움과 성장의 촉진자이자 수업이 교육이 되게 하는 주체다. 수업은 삶과 연계되어 공감과 소통을 이루고 협력적 배움을 이루어야 한다.

다음 표는 경기도교육청에서 배움중심수업의 성공적 정착을 위해 2016년부터 꾸준히 발간하고 있는 「배움중심수업 리뷰」에 실린 초등 6학년 사회 교과 프로젝트 수업 사례[11]를 재구성한 것이다. 이 사례를 통해 배움중심수업의 4가지 철학(지식관, 학생관, 교사관, 수업관)을 교육활동에 어떻게 반영할 수 있는지, 배움중심수업이 기존의 지식 전달 수업에 비해 학생들의 미래 역량을 키우는 데 어떤 도움을 줄 수 있는지 이해할 수 있을 것이다.

대상	초등학교 6학년	교과	사회
단원명	세계 여러 나라의 자연과 문화	학습 주제	세계 여행 계획 세우기 활동을 통해 세계 여러 나라의 특징과 생활 모습 살펴보기
핵심 역량	지식 이해, 자료 조사 및 정리 능력, 자기주도적 학습 능력		
성취 기준	**[6국-사7-02]** 여러 시각 및 공간 자료를 활용하여 세계 주요 대륙과 대양의 위치 및 범위, 대륙별 주요 나라의 위치와 영토의 특징을 탐색한다. **[6국-사7-02]** 의식주 생활에 특색이 있는 나라나 지역의 사례를 조사하고, 이를 바탕으로 하여 인간 생활에 영향을 미치는 여러 자연적·인문적 요인을 탐구한다.		

수업의 흐름 및 실제			
흐름		실제 진행된 내용	미래 역량
대단원 도입	등교	대단원 학습 내용 살펴보기 : 세계 여러 나라 찾아보기 프로젝트 활동 안내 : 세계 여행 프로젝트 소개	새로운 지식·정보의 이해 및 전략적 습득
지식 이해 학습		세계의 여러 대륙과 대양, 세계의 다양한 기후와 그에 따른 생활 모습에 대한 설명(영상으로 녹화하여 공유)	
자료 검색 및 주제 선정	원격	〈과제〉 여행하고 싶은 나라를 소개하는 영상 찾아보고 주요 내용·링크를 구글 클래스룸에 남기기	다양한 지식·정보들 중 자신에게 필요한 것을 찾아내는 비판적 사고
		디지털 영상지도(구글, 네이버, 다음 등)를 활용하여 관심 지역을 찾고, 여행 계획 수립을 위한 자료를 수집하여 구글 클래스룸에 올리기	
자료 조사 및 계획 수립	등교	여행 안내서를 보고 여행 흐름 잡기, 중요 내용은 메모하기 같은 지역을 조사하는 학생과 자료를 공유하기	지식 적용 및 활용 지식 공유 및 조율 자료 조사 및 정리 협력을 통한 의사소통 및 문제 해결 자신감, 자기주도성
	원격	인터넷 검색을 통해 여행 지역 정보 찾아 구글 클래스룸에 올리기(여행 경로, 숙소, 항공권, 여행지 정보 등) 구체적 여행 계획 수립하여 구글 클래스룸에 작성하기 (이동 방법, 예산, 사진이 포함된 날짜별 여행 계획 작성)	
정리 활동 (발표 및 전시)	원격	여행 계획서를 바탕으로 구글 클래스룸에 세계 여행 상품 홍보물 시안 작성하기	창의성
	등교	교사의 첨삭을 반영하여 A4용지에 홍보 포스터 작성한 뒤 발표하고 전시하기	배움의 나눔, 공유

지식은 완성된 것이 아니라 만들어가는 것

지식 전달 수업에서 지식은 교사가 일방적으로 전달하면 학생은 의심 없이 받아들여야 하는 암기의 대상이다. 반면 배움중심수업에서 지식은 완성된 것이 아니며, 학생의 경험과 사회적 상호작용을 통해 만들어지는 것이다. 배움이 앎으로 끝나지 않고, 삶과 유의미한 관계를 맺음으로써 자기만의 생각을 만들어갈 수 있게 된다.

위 프로젝트 수업 사례의 '지식 이해 학습'에서 배우는 지식은 세계 여러 대륙과 대양, 기후, 생활 모습 등 정보량이 많고 낯선 내용이라 학생의 흥미를 끌지 못할 수 있다. 하지만 교사가 세계 여행 프로젝트라는 과정으로 가르친다면, 학생들은 여행 계획서 작성을 위해 나름의 전략을 갖고 수업에 적극적으로 임할 수 있게 된다. '자료 검색 및 주제 선정' '자료 조사 및 계획 수립'에서 학생은 여행하고 싶은 나라에 대한 다양하고 방대한 지식·정보를 찾게 된다. 이 정보들이 모두 유용한 것은 아니며, 완성된 여행 계획서의 형태로 존재하는 것도 아니다. 자신에게 필요한 정보만 선별하고 여행의 흐름에 따라 다시 정리하는 과정이 필요하다. 여행 경로를 정하고, 한 지역에 얼마나 머물 것인지 등 여행 계획서의 세부 요소들을 작성하기 위해서 '지식 이해 학습'에서 배운 지식을 계속 동원하게 된다. 지식이 여행자로서의 삶과 유의미한 관계를 맺으면서 자발적인 배움을 만들어내는 것이다. 의미 없이 암기하지 않고 삶과 연계된 배움을 통해 지식이 만들어졌기에 이는 삶에 더 오랫동안 의미 있게 쓰일 것이다.

학생은 스스로 성장하는 힘을 가진 주체적 인격체

지식 전달 수업에서 학생은 수용자로서 수동적 존재다. 하지만 배움 중심수업에서는 유의미한 학습을 스스로 만들고 성장할 수 있는 자발적·주체적 인격체다. 학생이 지닌 가능성과 잠재력을 일깨워 미래 사회에 필요한 역량을 지닌 인재로 성장하도록 도우려면 학생들의 개성·관심·수준에 맞춘 개별화 교육이 필요하다.

앞의 사례를 보면 학생들이 자신의 관심에 따라 주제를 선정(어느 나라로 갈 것인가)하고, 여행 계획서라는 형식에 따라 자유롭게 자료 선정 및 정리를 한다. 이때 학생에게 부여한 자율성, 흥미, 자기주도성 등은 지식전달 수업이었다면 배움에서 소외되었을 하위 성적 학생들의 주체적 참여를 끌어낸다. 여행 계획서를 만드는 일련의 과정은 지식 이해 학습 단계에서 학습한 내용을 바탕으로 이루어지는데, 이 내용을 교사가 미리영상으로 제공하기 때문에 필요에 따라 시청한 뒤 프로젝트에 적용할 수있기에 더 확실하게 이해에 도달할 수 있다.

'자료 검색 및 주제 선정' '자료 조사 및 계획 수립'의 대부분은 학생들이 프로젝트 진행 과정을 구글 클래스룸에 올리면, 교사가 일대일 맞춤 피드백을 실시간으로 제공하는 방식으로 진행된다. 학생 수준에 따른 교사의 적극적 피드백을 통해 상위 학생들은 물론 하위 학생들도 프로젝트를 완성해냄으로써 자신감을 얻을 수 있으며, 자기주도적으로 과제를 수행하는 과정에서 교과 지식 및 문제 해결 능력을 키울 수 있다.

교사는 배움과 성장의 촉진자

지식 전달 수업에서는 교사가 일방적인 전달자다. 하지만 배움중심수업의 교사는 학생을 수업의 중요한 주체로 참여시키는 배움과 성장의 촉진자이다. 이를 위해서 학생의 수준과 능력, 학생을 둘러싼 맥락, 요구, 흥미 등을 반영한 교사별 교육과정 개발과 수업 설계가 필요하다. 이는 교사가 자신의 전문성과 자율성을 바탕으로 기존 교육과정을 재인식하고,

재구성할 때 가능하다.

위 프로젝트에서 교사는 성취 기준을 달성하는 과정에서 학생이 주체가 되어 배울 수 있도록 교육과정을 재구성했다. 획일적인 지식 탐구가 불러오는 단조로움을 탈피하고, 흥미를 반영하기 위해 학생 스스로 주제를 선정하고 여행 계획서를 작성한 뒤 홍보물을 만드는 과정을 계획한 것이다. 또한 원격수업과 등교수업이 반복되는 상황을 이용하여 등교수업에서 다수에게 해주기 어려웠던 실시간 일대일 피드백을 원격수업에서 제공했다. 이를 통해 학생들이 자신의 부족한 점을 보완하고, 과제의 완성도를 높임으로써 자신감 및 성취감, 자기효능감을 얻을 수 있다. 수업 영상을 제공하여 학생이 필요할 때마다 보고, 활동에 적용하는 과정을 통해 지식의 완전학습을 유도한 것은 거꾸로 수업(Flipped Learning)에서 주로 사용하는 수업 방식을 변용한 것으로 볼 수 있다. 교사가 수업 내용과 방식에 대한 전문적 지식을 바탕으로 교육과정을 자율적으로 재구성함으로써 학생의 배움과 성장이 촉진되는 효과를 얻게 된 것이다.

삶과 연계, 공감과 소통, 협력적 배움

배움중심수업에서는 배움의 내용과 과정이 학생의 삶과 연계되도록 학생의 요구나 특성, 학생이 살아가는 지역사회나 세계 등 다양한 맥락을 고려하여 수업을 설계한다. 삶에서 당면하는 다양한 문제를 해결해야 할 때 필요한 공감과 소통을 바탕으로 한 협력적 배움도 고려한다. 교실 수업에서는 '학생-학생' '학생-교사'의 관계 속에서 활발한 소통과 토론, 배움과 나눔의 과정을 통해서 달성할 수 있을 것이다.

위 프로젝트에서 교사는 학생이 자신과 직접적인 관련이 없다고 여길 수 있는 세계 여러 나라의 자연과 문화 관련 지식들을 삶과 연계되도록 여행 계획서를 작성하는 수업을 설계했다. 다른 나라의 기후, 이동 방법, 예산 등 여러 요인을 고려하며 여행을 갔을 때 예상되는 문제 상황에 대해 고민하고 해결해보도록 한 것이다. '자료 조사 및 계획 수립'에서는 같은 지역을 선택한 친구와 자료를 공유하게 함으로써, 학생-학생 간의 소통은 물론 협력적 문제 해결을 위한 의견 조율 과정을 경험하면서 배움이 일어날 수 있도록 했다. 교사의 일대일 맞춤 피드백은 프로젝트를 보완하는 과정에서 학생-교사 간 소통을 통해 문제 해결 과정을 경험할 수 있게 해주었으며, 홍보 포스터 전시 및 발표는 배움의 결과를 함께 나누고 공유함으로써 배움을 확장하는 경험을 하게 해주었다.

배움이 교육의 중심에 놓이려면

배움중심수업의 효과나 중요성에 대해 교육적 논의가 이루어진 것은 10년이 넘었지만, 아직도 보편적인 수업 방식으로 자리 잡지는 못했다. 지식 전달이라는 주입식 수업을 벗어나는 것에 대해 불안해하는 교육 주체들이 많다는 점, 교사가 배움중심수업을 진행하는 과정에서 겪는 실질적인 어려움이 많다는 점 때문이다.

최근 혁신학교 지정을 추진했다가 학부모들의 반대로 무산되는 사례가 많아졌다. 학생의 자율성을 바탕으로 자기주도적인 능력을 키우는 교육이라는 점에서 혁신학교와 배움중심수업이 추구하는 바가 비슷하다. 그러므로 혁신학교에 대한 교육공동체의 반응은 배움중심수업에도 시사점을 준다. 배움중심수업은 미래 사회를 살아가는 데 필요한 다양한 역량 신장을 목표로 한다. 그러나 지식 전달 수업만큼 즉각적인 효과를 보이지는 않기에 교육공동체에 불안감을 준다. 하지만 국제학업성취도평가에서 높은 역량을 보이던 학생들이 성인이 되면 역량이 하락하는 모습을 국제성인역량조사를 통해 확인했다. 이는 지식 전달식 수업이 가지는 한계를 분명히 보여준다. 따라서 배움중심수업이 주는 효용에 대한 교육공동체의 공감대 형성이 필요하다.

경기도교육청에서는 '교육공동체가 공감하는 배움중심수업 실천'을 위해 수업 운영에 대한 학생, 학부모의 참여 기회를 확대하고, 배움중심수업에 대한 공감대 형성을 위한 소통의 장을 마련할 것 등을 제안하고 있다.[12] 이렇게 제도적 차원에서 노력과 실천이 이루어진다면 배움중심수업이 자리 잡는 데 도움이 될 것이다.

배움중심수업은 학생 개개인의 수준을 고려한 교사별 맞춤 교육과정을 특징으로 하기 때문에, 교육과정을 재구성한 수업 설계, 학생 수준에 맞춘 개별화 학습 진행을 위한 일대일 맞춤 피드백과 성장 기록, 개별화된 평가 등이 필요하다. 여기에는 교사의 높은 전문성뿐 아니라 많은 노력·시간 투입이 요구된다. 따라서 교사 개인의 의지만으로 진행하기에는 한계가 따르며, 수업은 교사 개인의 영역이 아닌 공적인 영역이라는 측면을 생각할 때 학교 전체가 배움중심수업에 방향을 맞추어 협력적으로 운영되는 것이 바람직하다. 학교에 배움이 일어나는 수업 문화를 조성하려면 학교 조직을 행정 중심이 아닌 교육과정 중심으로 조직하여 교사가 행정 업무가 아닌 학생의 배움과 수업에 초점을 맞춰 수업을 계획하고 운영할 수 있도록 해야 한다. 이러한 배경 위에서 학교 내 교사 공동체의 협력을 기반으로 한 수업 연구 및 공유, 학생들에 대한 개별화된 피드백, 다

양한 역량을 고려한 수업 등 배움중심수업의 장점이 살아날 수 있다.[13]

기존의 지식 전달 방식 교육의 문제점에 대해서는 교육공동체 모두가 문제의식을 느끼고 있다. 배움중심교육으로의 전환에 두려움이나 불안감을 갖지 않도록 교육공동체의 공감대를 형성하도록 노력하고, 내실 있는 운영을 위한 제도적 지원을 통해 배움을 수업의 중심에 둔 교육 환경이 조성될 수 있도록 해야 한다. 학교 교육은 학생들이 미래를 살아가는 데 필요한 삶의 역량, 참된 학력을 길러주는 역할을 해야 하기 때문이다.

---

1 "OECD 국제학업성취도 비교 연구(PISA 2018) 결과", 교육부, 2019.12.3

2 「PISA 2018 Results (VolumeⅠ) : What Students Know and Can Do」, OECD Publishing, 2019, p.26

3 "2013년 OECD 국제성인역량 조사(PIAAC) 주요 결과 발표", 고용노동부, 2013.10.10

4 PIAAC(Programme for the International Assessment of Adult Competencies). OECD가 2013년에 처음 실시하였으며, 5년마다 조사 결과를 발표한다.

5 3과 같음.

6 "직장인 87.6% '첫 직장 퇴사한다' 1년 미만 신입사원 퇴사율 30.6%", 〈매거진 한경〉, 2020.1.9

7 『트렌드 코리아』, 김난도 외, 미래의 창, 2018~2023 출간분 목차

8 「OECD 국제학업성취도 평가 연구 : PISA 2018 상위국 성취특성 및 교육맥락변인과의 관계 분석」, 최인선 외, 한국교육과정평가원, 2021

9 「배움중심수업 이해자료 '쉽게 알아보는 배움중심수업'」, 경기도교육청, 2020

10 9와 같음. 배움중심수업의 4가지 철학에 대한 설명들은 이 자료를 참고하여 정리함.

11 《배움중심수업》 통권 17호, 경기도교육청, 2021.3

12 「2022학년도 중등 배움중심수업 기본 계획」, 경기도교육청 학교교육과정과

13 9와 같음.

다가올 미래, 작은 학교 이야기

홍성남 한국교원대학교 겸임교수, 대전교육연수원 부장·분원장
『생각이 머무는 곳에』 저자

류성창 한국교원대학교 종합교육연수원 교육연구사
『교사를 위한 마음공부』 저자

인구 절벽 시대의 작은 학교

서울 송파구 헬리오시티와 충남 청양군의 공통점은 무엇일까? 답은 인구수다. 서울 대단지 아파트 헬리오시티 입주민과 청양군의 인구 수는 약 3만 명으로 비슷하다. 그런데 청양군은 헬리오시티보다 1,180배나 넓다. 청양군 인구 감소 추세는 수십 년 동안 지속되고 있고, 얼마 후면 두 지역의 공통점마저 사라질지도 모른다. 이러한 청양군의 모습은 현재 우리나라 인구 소멸 상황을 여실히 보여준다.

설마 했던 인구 감소가 현실이 되었다. 우리나라는 한국전쟁 이후 인구가 폭발적으로 늘어났던 베이비붐 세대를 지나 경제 성장과 함께 선진국 대열에 진입하면서 인구가 감소하였다. 사실 경제 성장이 이뤄지면 인구 증가는 둔화하는 게 전 세계적인 현상이다. 경제활동에 참여하는 여성이 늘어나고 결혼 시기도 늦어지기 때문이다. 또한 경제 성장을 이룬

국가는 의료 수준이 높아지고 사망률이 낮아져 고령화 사회로 진입하는 경향을 보인다.

유엔인구기금에서 발간하는 「세계인구현황 보고서」를 보더라도 경제가 성장할수록 노년층이 차지하는 비중이 커지고, 유소년(0~14세)과 청년층(15~24세)이 줄어드는 걸 확인할 수 있다. 인구가 안정적으로 유지되는 합계출산율, 즉 한 여성이 가임 기간 동안 낳을 것으로 기대되는 평균 출생아 수는 2.1명으로 알려져 있다. 합계출산율 0.78명에 불과한 우리나라의 인구 감소는 이미 오래전부터 예상되었던 결과였다.

현재 우리나라 228개 시군구 중 절반에 해당하는 113개 시군구가 인구 소멸 위험 지역이다. 인구 감소 상황이 해결되지 않는다면 공립 초중등 학생 수는 2023년 대비 2027년까지 약 58만 명(약 13%)이 감소할 것으로 추정하고 있다. 이후로 감소 폭은 점점 커져 2038년까지 초등 약 88만 명(약 34%), 중등 약 86만 명(약 46%)이 감소할 것으로 예상하고 있다. 한국교육개발원 조사 결과에 따르면 2022년 전체 초등학교 6,163개교 중 1,362개교(22.1%)가 전교생 60명 이하였다. 앞으로 학령인구 감소 현상은 가속화되고 학교 규모 축소는 점점 심화될 것이다. 미래에는 작은 학교가 늘어날 수밖에 없다. 이에 대비한 대책을 마련해야 한다.

'작은 학교'는 일반적으로 학교 규모가 작아 학급이나 학생 수가 적은 학교를 의미한다. 규모가 작다는 의미에서 '소규모 학교'라고도 부른다. 기준은 학교 통폐합 정책에 의한 학급 수와 학생 수로 구분된다. 그런데 출산율이 급격히 떨어지고 학생 수가 줄어들면서 기존의 통폐합 권고 기준을 바꿀 필요가 있었다. 그래서 교육부는 2016년에 '소규모 학교의 통폐합 및 분교장 개편 권고 기준'을 강화했다. 이후 전국 17개 시도교육청은 학급 수, 학생 수에 따라 작은 학교의 기준과 명칭, 관련 조례를 정했다. 이에 따르면 전교생 60명 이하의 학교를 작은 학교로 규정하는 시도 교육청은 전체의 58.8%이고, 전교생 100명 이하의 학교를 작은 학교로 규정하는 시도교육청은 23.5%를 차지한다. 대구광역시와 인천광역시는 작은 학교를 규정하지 않고 적정 규모 학교 정책에 의해 전교생 200명 이하의 소규모 학교 통폐합을 진행하고 있다. 이처럼 교육부가 제시한 권고 기준 '학생 수 60명'은 절대적인 기준은 아니라 시도별 상황에 따라 다를 수 있다.

행정구역별	전체 학교 수 (초·중학교)	작은 학교 수	비율(%)
서울특별시교육청	999	8	0.8
부산광역시교육청	474	35	7.3
대구광역시교육청	358	·	·
인천광역시교육청	402	·	·
광주광역시교육청	247	14	5.7
대전광역시교육청	238	9	3.8
울산광역시교육청	185	11	5.9
세종특별자치시교육청	79	4	5.1
경기도교육청	1973	140	7.1
강원도교육청	510	231	45.3
충청북도교육청	384	165	42.9
충청남도교육청	607	225	37.1
전라북도교육청	637	139	21.8
전라남도교육청	676	197	29.1
경상북도교육청	734	333	45.3
경상남도교육청	775	213	27.4
제주특별자치도교육청	159	56	35.2

2022년 시도별 작은 학교의 수 및 비율

사라지는 아이들, 늘어나는 작은 학교

서산시 대산읍에 있는 서산대진초등학교는 21학급 규모로 2004년 문을 열었다. 대산석유화학공단이 생겨 많은 사람들이 새롭게 이사 오면서 동네도 학교도 북적였다. 하지만 아이들이 자라서 떠난 학교에는 새 아이들이 들어오지 않았다. 초기에 입주한 사람들이 그 자리에서 늙어갔다. 새로 공단에 취직한 젊은 사람들은 주변의 신축 아파트 단지에 살기 시작했다.

학교가 작아진다는 것은 긍정적인 변화와 부정적인 변화를 동시에 수반한다. OECD 국가별로 비교하면, 대한민국의 학급당 학생 수는 머지 않아 최저 수준이 될 것이다. 학급당 학생 수를 OECD 평균으로 맞추자는 주장이 엊그제 같은데 학령인구 감소로 그 주장이 실현될 줄은 상상하지도 못했다. 이렇게 된다면 학교에서 개인별 맞춤 수업은 가능해질지 몰라도 체육대회나 학교 스포츠클럽 행사에서 반별 대항전을 펼치기 어려울 것이다. 아이들이 넓은 공간에서 쾌적하게 공부할 수 있지만, 체험학습이나 수련회 비용이 치솟을 것이다. 통학버스를 타고 등하교하는 일이 일상이 될 수도 있고, 일주일에 두 번만 오는 선생님을 기다릴 수도 있다. 이는 이미 현재 작은 학교 학생들이 겪고 있는 일들이다.

작은 학교의 강점을 살리고 약점을 보완하려면 작은 학교에서 겪고 있는 문제들을 살펴보면서 대안을 만들어야 한다. 현재 여러 시·도에서 소규모라는 장점을 활용한 작은 학교 육성 방안을 계획하여 실시하고 있다. 무학년제 프로젝트, 마을 자원을 활용한 교육과정, 폐교된 학교의 빈자리 혹은 남는 학교 공간 활용 등 작은 학교를 살리기 위한 다양한 고민은 현재 진행형이다.

서산대진초등학교의 현재 모습은 초저출산 현상에 있는 한국 학교 대부분이 조만간 맞닥뜨릴 미래다. 최근 우리나라는 '인구 감소'를 넘어 '인구 절벽' 현상이 나타나고 있는데, 이로 인해 유치원과 초등학교를 시작으로 학교 규모가 급속도로 축소되고 있다. 중학교도 역시 학생 수는 줄어들고 작은 학교는 늘어나고 있다. 앞으로 이런 작은 학교는 점점 늘어날 것이며, 작은 학교가 새로운 표준이 될 수밖에 없다. 학교 규모 축소가 불러올 교육 현장의 변화에 지금 당장 대비책을 마련해야 한다.

작은 학교, 어떤 장점이 있을까

오전 8시, 충남 공주 시내에서 8킬로미터 떨어진 의당면 월곡리 의당초등학교로 통학버스가 들어오자 조용했던 시골이 시끌벅적해졌다. 버스에서 꾸벅꾸벅 졸고 있던 아이들은 학교에 도착하자 금세 눈을 떴다. 교장 선생님의 인사를 받으며 아이들은 언제 졸았냐는 듯이 신나게 통학버스에서 내려 학교로 뛰어간다.

작은 학교의 아침은 통학 차량으로 시작한다. 작은 학교는 한 마을의 학령인구만으로는 학교를 유지하기 어렵다. 그래서 새 학년이 시작되기 전 교직원들이 여기저기 돌아다니며 학생을 모으기 위해 홍보 활동을 한다. 매년 신입생 모집에 열을 올리는 대학교와 별반 다르지 않다. 그런데 자녀가 속한 학군이 아님에도 작은 학교를 선택하는 학부모들이 있다. 작은 학교에 다니려면 등하교 문제 등 여러 가지 불편한 점이 많다. 이런 불편을 감수하고 작은 학교에 다니는 이유는 무엇일까?

학부모와 학생 입장에서 작은 학교의 장점을 살펴보기 전에 우선 교사들의 입장부터 이야기해보자. 큰 학교와 작은 학교 중 어느 학교에 근무하기를 더 원할까. 개인의 성향이나 상황에 따라 다르겠지만 일반적으로 교과 교사는 큰 학교를 선호하고 영양, 보건, 상담 등 비교과 교사는 작은 학교를 선호한다. 왜냐하면 학교 규모에 상관없이 매년 해야 하는 기본적인 업무(생활, 방과 후 교실 등)는 비슷하기 때문이다. 작은 학교에 근무하는 교과 교사는 큰 학교에 근무하는 교사보다 일을 더 많이 할 수밖에 없다. 하지만 보건, 영양, 상담 등 비교과 교사들은 학생 수에 따라 업무량이 다르다. 그래서 학생 수가 적은 학교를 선호한다.

그렇다면 작은 학교는 어떤 장점이 있을까? 작은 학교의 장점을 설명하려면 비교 대상이 있어야 한다. 그래서 큰 학교를 비교 대상으로 설정하고 지금까지 큰 학교와 작은 학교에 근무한 교직 경험, 동료 교원과 학부모들을 인터뷰한 사례를 종합해서 작은 학교의 장점을 정리해보았다.

첫째, 학생과 교사 사이에 친밀감이 있다.

현실적으로 학생 수는 친밀감에 영향을 미칠 가능성이 크다. 학생 수가 적으면 교사가 아이들을 좀 더 관찰하고 관심을 가질 수 있기 때문이다. 물론 학생 수가 많아도 아이에게 관심이 많은 교사는 친밀감을 두텁게 쌓을 수 있지만 일반적으로 학생 수가 적을 때 친밀감이 높아질 가능성이 커진다는 뜻이다.

둘째, 교우 관계에 장점이 있다.

이는 큰 학교와 작은 학교의 결정적인 차이다. 작은 학교는 한 학년에 학급이 1~2반 정도인 경우가 많다. 그래서 1학년 때부터 죽 같은 반에서 만나는 학생이 많다. 큰 학교에서는 다양한 친구들을 만날 가능성이 크지만 익숙한 친구들을 만날 확률은 작은 학교보다 상대적으로 낮다. 그래서 교우 관계는 아이 성향에 따라 많은 차이를 보인다. 보통 자녀가 새로운 환경에 적응하기 어려워하고 내성적이라면 큰 학교보다는 작은 학교에서 적응하기 훨씬 유리할 것이다. 다만 친구와 사이가 틀어지고 감정의 골이 깊어지면 졸업하기 전까지 교우 관계에 어려움이 있을 수 있다.

셋째, 학교 시설에 차이가 있다.

학생 수가 많은 큰 학교가 시설이 좋을 것 같지만 그렇지 않은 경우가 많다. 학생들이 많으면 학교 시설이 빠르게 노후되며 관리에도 어려움이 따른다. 시설 교체에 쓸 수 있는 예산이 빠듯하여 정말 급한 부분만 교체하기도 한다. 반면에 작은 학교는 학생 수가 적다 보니 시설 교체에 유리하고 최신 장비를 쉽게 갖출 수 있다. 그래서 작은 학교가 오히려 도시 학교보다 기반 시설이 깨끗하고 쾌적하게 관리된다.

넷째, 특별활동 및 기초학력 부진 학생 지원에 강점이 있다.

작은 학교는 상대적으로 예산이 넉넉해서 학생들이 좀 더 양질의 혜택을 누릴 수 있다. 그리고 활용 가능한 공간이 많아서 골프나 승마, 드론 등 다양한 프로그램을 교과 프로젝트 형태로 진행하거나 방과 후 프로그램으로 개설하여 운영하기도 한다. 게다가 이러한 프로그램이 무료로 운영된다. 반면 큰 학교에서는 일회성이거나 수익자 부담 형태로 방과 후 수업이 이루어지는 경우가 많다. 기초부진 학생에 대한 지도도 작은 학교에서 혜택이 좀 더 많을 수밖에 없다.

다섯째, 개별화 교육이 가능하다.

코로나 팬데믹 이후 기초학력에 대한 관심이 높아지고 있다. 기초학력을 높일 수 있는 가장 좋은 방법은 개별화 교육이다. 그리고 작은 학교의 가장 큰 장점이 바로 이 개별화 교육이다. 학급당 학생 수가 적어 교사가 학생 개개인에 신경 쓸 여유가 생긴다. 그래서 학습 속도가 느리거나 정서·행동에 개선이 필요한 학생은 작은 학교를 선택하기도 한다.

작은 학교를 살리기 위한 제도

학령인구 감소에 대비하여 교육부와 시도교육청은 다양한 제도를 시행하고 있다. 고교학점제 도입으로 소수 학생의 선택권이 중요해지면서 교과순회전담교사제를 실시하거나, 정규 수업 시간에 온라인 수업만 하는 학교가 문을 열기도 했다. 교과순회전담교사제는 2019년 교육부에서 시행했는데, 농산어촌 지역의 학교에서 다양한 과목을 개설하기 어려운 경우를 대비해 교사가 여러 학교를 돌며 수업을 하는 제도이다. 온라인학교는 소속 학생은 없지만 교실과 교사를 갖추고, 고등학생들의 정규 수업 시간에 온라인으로 정규 과목을 가르친다. 올해 대구·인천·광주·경남에는 '공립 온라인학교'가 문을 열었다. 고등학생이 다니는 학교에 원하는 과목이 없으면 학교장 승인을 받아 온라인학교에서 해당 과목을 이수할 수 있고, 개별 고교가 온라인학교에 과목 개설을 의뢰할 수도 있다. 이외에도 작은 학교를 지원하기 위한 다양한 제도가 마련되고 있다.

작은 학교를 살리는 방안과 더불어 작은 학교를 없애거나 분교를 만드는 방안도 있다. 그러나 폐교와 분교는 좋은 방법이 아니다. 농산어촌지역 학교는 단순히 학생들을 가르치는 기능을 뛰어넘어 지역 주민들이 지역 문화를 생성하거나 유지하는 공간이다. 학교가 존재해야 그 지역이 살 수 있고 능동적인 지역 공간이 만들어져 사람들에게 새로운 배움의 장으로 자리 잡을 수 있다. 폐교는 젊은 주민들이 그 지역을 떠나게 하는 기폭제가 된다. 작은 학교와 학교 폐교가 늘어나는 것은 어쩔 수 없지만, 살릴 수 있는 학교는 적정하게 유지하는 노력도 필요하다고 전문가들은 입을 모은다.

작은 학교를 살리기 위해 통학 구역을 확대·조정하는 '공동학구제'가 대안으로 거론된다. 공동학구제는 주소 이전 없이 다른 학구의 학교로 전·입학할 수 있도록 하는 제도다. 원래 학생들은 본인이 속해 있는 동·읍·면 지역 내의 학교로만 통학할 수 있지만 공동학구제를 시행하면 통학 가능 구역이 넓어진다. 큰 학교에 다니는 학생들도 원한다면 작은 학교를 선택할 수 있다.

작은 학교의 교육적 한계를 극복하기 위한 시도도 다양하게 이루어지고 있다. 청양 지역의 작은 학교인 청남, 미당, 목면, 장평 초등학교는 작은 학교의 교육적 한계를 극복하고자 '청미목장' 공동교육과정을 운영하고 있다. 청미목장에서는 학생 수가 적어 진행이 어려운 수업의 한계점을 극복하기 위해 1학기는 교과 중심, 2학기는 체험과 활동 중심 공동교육과정을 운영하고 있다. 보령에는 주산중, 미산중, 남포중학교가 '주미남'이라는 주제로 매주 월요일 전일 자유학년제를 운영하고 있다. 3개 학교는 감성 회복을 위한 예술 프로그램, 건강 회복을 위한 체육 프로그램 등 다양한 체험활동을 공동으로 운영하고 있다.

작은 학교는 다가올 미래이자 다가온 미래이기도 하다. 작은 학교를 살리기 위한 새로운 방법을 찾기보다 지금까지 논의되고 진행했던 제도나 프로그램을 잘 살려내는 방향으로 나아가야 한다. 그리고 학교의 자율성을 대폭 보장하고 학교와 지역의 특성을 고려한 교육과정을 운영할 수 있도록 하여 작은 학교의 장점을 살려야 한다. 2022 개정 교육과정의 주요 방향 중 개별 맞춤형 교육과 학교자율특색 교육과정이 있는데 이를 잘 활용하면 작은 학교의 역할은 더욱 명확해질 것이다.

참고자료

「2022 개정 초중등교육과정」, 교육부, 2022

「2022 세계인구현황보고서」, 인구보건복지협회, 2022

「농어촌 소규모 중학교의 교육과정 편성·운영 개선 및 지원 방안 탐색」, 민용성 외, 한국교육과정평가원, 2020

「인구절벽 시대 교육정책의 방향 탐색 : 지방별 인구 감소 및 학생수 감소 실태를 중심으로」, 류방란 외, 한국교육개발원, 2018

「농산어촌 소규모 학교 통폐합 효과 분석」, 이혜영 외, 한국교육개발원, 2010

「충남 작은학교 학생의 역량 진단 연구 용역 최종 보고서」, 정용재 외, 공주교육대학교, 2022

「텍스트 네트워크 분석을 활용한 작은학교 연구 동향 분석」, 손영화, 상지대학교, 2022

「지방소멸시대를 대비한 작은학교 희망 만들기 사업 연구」, 김웅기, 한국교원대학교, 2019

「학령인구 감소시대의 소규모학교 지원 방향과 과제」, 권순형, 행복한 교육, 2022

"예정된 미래-작은 학교 이야기", 〈경향신문〉, 2023.6

『대한민국 인구 트렌드 2022-2027』, 전영수, 블랙피쉬, 2022

『인구 미래 공존』, 조영태, 북스톤, 2021

고졸 취업을 선택하는 학생들
특성화고·마이스터고의 직업교육과 선취업 후학습

유경옥 서울시교육청 소속 중등교사
유튜브 채널 '옥티' 운영, 『나는 하고픈 게 많은 교사입니다』 저자

대학에 가지 않고 취업을 선택하는 학생들

고3 학생을 마주하면 성별과 나이를 불문하고 안쓰러운 마음에 파이팅을 외치게 된다. 매년 11월만 되면 전 국민이 들썩이는 대학수학능력시험이 그 큰 이유 중 하나다. 사람들은 고3이라면 당연히 대학 진학을 준비할 것이라고 생각하기에 그들을 안타깝게 여기고 응원하게 되는 것이다.

2022년 기준 고등학교 졸업생 수는 44만 5,815명이고[1] 그중 대학에 입학한 학생은 32만 9,843명이다. 대학 입학생 수는 고등학교 졸업 후 재수, 삼수 이상 준비 기간을 거친 학생들도 포함한다. 그런 학생 집단을 매년 발생하는 변수로 판단하여 고등학교 졸업생 수에 포함해서 계산했을 때, 고등학교 졸업생 중 대학에 입학하는 학생은 약 70% 정도라고 해석할 수 있다. 다시 말해 고등학교 졸업생 10명 중 7명이 대학 진학을 선택했다는 것이다. 그들은 중등교육기관(중학교와 고등학교)을 졸업했지만

대학, 즉 고등교육기관에 새롭게 소속되어 여전히 대'학생'으로 살아간다. 그렇다면 대학에 가지 않은 30%의 학생은 어떨까? '학생'이 아니니 '사회인'이 되어 본인의 길을 개척하는 단계에 있을 것이다.

교육계에서는 이 통계를 어떻게 활용하여 학생들에게 진로교육을 해야 할까? 대학생으로 살아갈 이들을 위한 교육도 중요하지만 대학에 가지 않고 '다른 선택'을 하는 학생들도 고려하는 정책을 펼쳐야 할 것이다. 이 글에서는 아직까지는 비주류지만 점차 그 수가 늘어나고 있는 '취업하는 졸업생'들의 이야기를 해보려고 한다.

2022년 기준 대한민국의 취업자 수는 총 2,808만 9,000명이었다.[2] 이 중 최종 학력이 고등학교 졸업인 취업자는 1,050만 3,000명으로 전체 취업자 수의 40%에 가깝다. 전문대학 졸업 이상인 취업자 수는 1,384만 9,000명(전문대졸 385만9,000명, 대졸 이상 999만 명)이었는데, 이 통계로 볼 때 우리나라 취업자 중 고졸 취업자는 상당히 큰 비중을 차지하는 것으로 해석할 수 있다. 고등학교를 졸업 후 진학을 선택하지 않았다는 10만여 명 학생 중 상당수가 위 고졸 취업자 수 안에 포함될 것이다. 그렇다면 이들은 재학 동안 취업을 고려했을 텐데, 어디서 어떻게 진로 고민을 해나갔을까.

직업인 양성을 목적으로 하는 직업계고

우리나라 고등학교는 크게 일반계 고등학교, 특수목적 고등학교, 특성화고등학교로 분류할 수 있다. 이 중 '특성화고등학교'와, 특수목적 고등학교 중 산업수요 맞춤형 고등학교에 해당하는 '마이스터고등학교'는 학생들의 취업을 돕는 교육과정을 운영하고 있으며, 직업계 고등학교라고도 부른다. 학교별 설립 목적을 살펴보면 특성화고는 소질과 적성 및 능력이 유사한 학생을 대상으로 특정 분야의 인재 양성을 목적으로 하는 교육 또는 현장실습 등 체험 위주의 교육을 전문적으로 실시하는 학교이며[3], 마이스터고는 유망 분야의 특화된 산업 수요와 연계하여 예비 마이스터를 양성하는 특수목적 고등학교다.[4] 특성화고와 마이스터고는 산업 현장에 필요한 실무 인재를 양성하기 위해 현장 직무 중심의 직업교육과정을 도입해 운영하는 학교임을 알 수 있다.

초중등교육법 시행령에 따라 고등학교 입학 전형은 전기고와 후기고로 나뉘어 진행된다. 특성화고와 마이스터고는 전기고에 해당하며 후기고인 인문계 고등학교보다 입학생을 먼저 모집한다. 전기고에 지원한 학생들은 그 결과에 따라 후기고 입시에 참여할지를 결정하는 것이다. 특성화고는 2009 개정 교육과정까지는 상업정보, 가사·실업, 공업, 수산·해운, 농생명 산업 등 5개 계열로 운영되었다. 그런데 2015 개정 교육과정에서 NCS(국가직무능력표준) 기반 직업교육을 시행하기 시작하면서 큰 변화를 맞았다. NCS는 산업 현장에서 직무를 수행하는 데 필요한 능력(지식, 기술, 태도)을 국가가 산업 부문별·수준별로 체계화한 표준을 의미한다. 교육과 훈련, 자격 과정에서 현장 중심의 인재를 양성하는 데 활용하고자 도입되었으며 직업인 양성을 목적으로 하는 직업계고에까지 영향을 미치게 된 것이다. 이에 따라 5개 계열로 운영되던 직업계고의 전문교과 교육과정은 17개 교과(군)로 새롭게 개편되었다.

직업교육이 이루어지는 특성화고와 마이스터고는 교육과정 편제 기준부터 일반계 고등학교와 확연한 차이가 있다. 직업계 고등학교는 교과를 보통 교과와 전문 교과로 나눠 운영하며, 그중 전문교과를 최소 80학점에서 최대 110학점까지 편성할 수 있다.(2022 개정 교육과정 기준) 2015년 개정 교육과정까지도 그래왔듯, 2022년 개정 교육과정이 반영되는 시기가 곧 다가올지라도 직업계 고등학교는 전문교과 학점을 최대치로 편성할 것이다. 학생들이 졸업 후 산업 현장에 당장 투입되어 일하더라도 문제가 없도록 실습 지도를 하기 위함이다.

직업계고에서 취업자를 배출하는 과정

2022년 4월 1일 기준 고등학교에서 직업교육 과정을 밟고 취업한 졸업생 수는 2만 2,709명이었다. 그중 특성화고를 졸업한 취업자는 1만 8,299명, 마이스터고를 졸업한 취업자는 3,925명, 일반고 직업반을 졸업한 고졸 취업자는 485명이었다.[5] 통계만 봐도 특성화고와 마이스터고가 주로 고졸 취업자를 배출한 것을 알 수 있다.

학교유형 및 설립주체별	졸업자(명)	취업률(%)	취업자(명)
특성화고	67,531	55.5	18,299
마이스터고	5,958	77.2	3,925
일반고 직업반	3,271	39.9	485
총계	76,760	172.6	22,709

직업계고 졸업자 취업 통계(2022. 4. 1 기준), 한국교육개발원과 통계청 자료를 재구성

마이스터고는 입학 시부터 고졸 취업을 희망하는 학생만을 선발하기에 취업률이 높은 편이다. 하지만 비교적 마이스터고 졸업생 수가 적은 이유는 마이스터고로 지정된 학교 수가 전국에 53개교(2022년 기준)에

불과하기 때문이다. 특성화고는 서울특별시교육청에만 68개교(2024년 기준 입학생 모집교)가 개설되어 있다 보니, 직업계 고등학교라 하면 일반적으로 특성화고를 지칭한다는 해석이 가능하다.

직업계 고등학교 학생들은 고졸 취업을 희망하지만 졸업 '후' 취업이 아닌 재학 중 취업을 희망한다. 하지만 학생 신분인 아이들이 외부에서 등교 대신 출근을 하는 것은 상당히 조심스러운 일이다. 학교는 학생의 안전 문제가, 학생은 교육과정 이수 문제가 얽혀 있다. 교육부는 안전과 교육과정을 모두 잡기 위해 '학습중심 현장실습' 제도를 도입했다. 과거에는 '근로' 중심으로 학생의 취업을 관리했던 데 반해 2018년부터는 '학습'을 중심으로 취업 준비 학생을 관리·교육하는 것이다. 이는 비단 용어 차이만이 아니라 학기 중 산업체에 출근하는 학생의 신분이 근로자가 아니라 현장실습 교육을 받는 학생이라는 큰 전제의 변화가 생긴 것이다. 학습중심 현장실습하에서는 실습을 진행하는 산업체의 업무 분야에 따라 학교와 기업이 공동으로 현장실습 프로그램을 개발하여 학생 교육에 활용한다. 기업에는 학생을 전담하는 기업 현장 교사가 존재하며, 실습에 대한 보상은 급여가 아닌 실습 수당으로 지급한다. 그렇다 보니 계약 자체도 근로계약서가 아닌 현장실습표준협약서를 작성한다.

특성화고는 학교 자체적으로 학생의 취업을 돕는 부서를 두어 운영한다. 취업부(학교마다 명칭은 상이하다)에 소속되어 있는 교사는 학생들의 현장실습, 취업교육 등의 업무를 주로 한다. 그리고 취업지원관이라는 외부 인력을 고용해 취업처 발굴, 제반 업무를 함께한다. 학교는 단순히 학생과 회사를 연결하는 역할만 하는 것이 아니라 회사로부터 취업 요청이 오면 직접 찾아가 회사 분위기, 종업원 수 등을 서류와 대조하여 확인한다. 보수와 복지 등을 꼼꼼히 확인하고 각종 기준에서 통과된 회사들만 선별하여 학생들에게 현장실습 안내를 한다. 이후 고3 담임교사와 취업부 교사들은 현장실습에 나갈 학생들의 자기소개서, 면접 지도를 개별적으로 진행한다. 담임교사는 학생이 현장실습 대상이 될 경우 해당 회사에 2번 이상 직접 방문하는 순회 지도를 해야 한다. 현장실습처로 출장을 나갈 때는 본인의 시간표를 조정해서 다녀와야 하고 현장실습생의 학부모, 회사의 현장실습 담당자와도 수시로 연락을 취해야 한다. 교사들의 업무 경감을 위해 외부 인력을 고용하긴 하지만 취업부 교사와 고3 담임교사는 관련 업무를 적잖이 수행하고 있는 것이 현실이다.

고졸 취업 활성화를 위한 정책들

정부는 직업계 고등학교 학생들의 취업을 활성화하기 위해 중학생들이 직업계 고등학교에 흥미를 갖도록 다양한 정책을 펼치고 있다. 최근에는 4차 산업혁명 및 디지털 전환에 대응하여 특성화고 미래 경쟁력을 제고하고, 지역별 특성에 따라 자발적 혁신을 지원하기 위한 '특성화고 미래 역량 사업'에 교육부와 시도교육청이 300억의 예산을 투입했다. 교육과정 측면에서는 산학일체형 도제교육을 시행하기도 하는데, 독일·스위스에서 발전한 도제교육을 우리 현실에 맞게 도입하여 학생이 학교와 기업을 오가며 효과적으로 실무 역량을 기를 수 있게 하는 제도다. 그리고 외부에서만 자격시험을 치렀던 과정 평가형 국가기술자격을 직업계 고등학교에 도입하는 등 학생들이 현장 맞춤형 우수 기술 인재가 될 수 있도록 적극적으로 지원하고 있다.

취업하는 학생들에 대한 보상에서도 파격적인 행보를 보인다. 한국장

학재단에서는 직업계 고등학교 학생이 현장실습에 참여만 해도 월 60만 원씩 지원한다. 현장실습은 최대 3개월까지 가능하므로 기간을 모두 채웠을 경우 최대 180만 원까지 받을 수 있다. 현장실습을 나가는 학생들은 현장실습처에서 보상으로 실습 수당을 추가로 받는다. 학생이 현장실습 이후 중소·중견기업에 취업을 한다면 1인당 500만 원을 지원받는다.

청년내일채움공제라는 제도도 있다. 의무종사 이행 완료 후 6개월 이내 청년내일채움공제에 연계 가입할 수 있고, 만기 시 최대 1,700만 원까지 수혜가 가능하다. 이런 보상은 현장실습을 시작하는 학생들에게 중요한 동기 부여가 되고 자신의 미래 계획을 세우는 데 큰 역할을 한다.

후학습으로 꾸준한 교육 기회를 제공해야

고등학교 졸업 후 취업하는 것을 '선취업'이라고 칭한다. 또래 학생들보다 먼저 취업을 한다는 의미다. 정부는 선취업을 하여 현장 경험을 쌓은 이들을 대상으로 지속적인 능력 개발을 할 수 있도록 후학습의 기회를 제공하고 있다. 국가적으로 지원하는 후학습 제도는 매우 다양한데, 대표적인 것은 단연 재직자특별전형이다. 재직자특별전형은 특성화고나 마이스터고를 졸업한 학생이 만 3년 이상 산업체 근무 경력을 쌓으면 정원 외 특별전형으로 대학에 입학할 수 있는 제도다. 이 전형은 직장생활과 병행하며 학업하는 학생을 대상으로 한다. 현재 건국대, 경희대, 고려대, 동국대, 성균관대, 중앙대, 한양대, 홍익대 등 많은 대학에서 위 제도를 활용해 신입생을 모집하고 있으며, 2023학년도 입학 기준 72개교까지 확대되었다. 대학에 따라 경쟁률이 높은 경우도 있지만, 최대 6개 학교에 수시원서를 넣을 수 있기 때문에 전략을 효과적으로 세운다면 합격의 영예를 얻을 수 있다. 재직자특별전형을 통해 입학하는 것이 현역 고3 학생들이 대학에 입학하는 것보다 수월해 보일지 몰라도 남들과 다른 선택을 해서 만 3년의 재직 경력을 쌓는 것 자체가 그들에겐 크나큰 시험이고 절대 쉬운 길이 아니다. 재직자특별전형 외에도 산업체 위탁교육, 사이버 대학 진학, 계약학과 진학 등 후학습 제도가 있다.

고졸 후 학습을 하고자 하는 이에게는 희망사다리 장학금 지원도 가능하다. 고등학교 졸업 후 2년 이상 재직 경력이 있으며, 현재 중소·중견기업에 재직 중인 대학생에게 대학 등록금 전액(대기업 및 비영리기관 재직 중인 경우에는 50%)을 지원한다. 기술기능인 국비 연수라는 명칭으로 특성화고, 마이스터고 등을 졸업 후 현장 경력이 있는 경우 유학 및 연수를 제공하기도 한다.

선취업을 인정하는 미국의 선행학습인정제

미국의 경우 선취업 후학습자들에게 적합한 대안적인 고등교육기관 및 프로그램을 공급할 뿐 아니라 학습자가 다양한 경로로 습득한 학습결과 및 능력치들을 포괄적으로 관리하고 '인정'하는 시스템도 구축해왔다. 이처럼 형식교육뿐만 그 외의 영역에서 획득한 비형식·무형식 학습결과들을 포괄적으로 인정하여 교육 자격이나 직업 자격을 부여하는 시스템이 '선행학습인정(Recognition of Prior Learning, RPL)'이다.[6]

미국에서는 선행학습인정이 대학 입시 및 졸업 학점과 결합되는 방식으로 제도화되고 있다. 사회적 취약 계층의 직업경험을 고등교육의 학습 경험과 연계함으로써 이들의 사회 참여 역량을 강화할 수 있는 제도를 구축한 시도라고 할 수 있다. 이는 이후 일반 성인들에게로 확장되어 성인학습자들의 고등교육 기회 확대로 자연스럽게 연결되었다.[7]

　미국의 선행학습인정제는 성인 대학생들이 사회생활을 통해 획득한 경험을 대입에 중요한 평가 요소로서 활용할 뿐 아니라 정규 학점으로도 인정한다. 때로는 졸업을 위해서 반드시 학교 밖 경험을 자료로 제출하도록 요구하기도 한다. 이는 성인 대학생이 학교에서 마련한 시험을 통과하거나 구체적인 포트폴리오나 문서를 제출하면 이를 교수가 평가하는 방식으로 이루어진다.[8]

　현재 우리나라의 고등교육기관은 재직자특별전형을 도입하여 만 3년 이상 산업 경력을 근거로 삼는 입학 전형을 시행하고 있다. 하지만 산업 경력 자체는 대학 지원을 위한 자격 조건에 그친다. 미국의 사례처럼 우리나라의 대학도 사회생활 자체를 대학 진학 전에 거친 '선행학습'으로 고려해야 한다. 그렇다면 입학생 선발의 목적이 달라질 것이다. 사회생활을 경험한 학생들에게 기회를 부여하자는 게 아니라 선행학습을 한 입학생들을 대상으로 더욱 깊이 있는 직업교육을 하겠다는 목적을 가져야 한다.

　평생교육이 대두되고 있는 요즘, 유관 기관은 점차 증가하고 있다. 전통 있는 고등교육기관에서도 평생교육원을 운영하며 활발히 신입생을 모집하고 있다. 이런 상황에서 '직업경험'을 미리 겪은 '학습'이라고 인식하는 것은 학습자에게 추가적인 학습을 하게끔 동기유발이 되고 교육기관의 입장에서도 좀 더 많은 신입생을 유치할 수 있을 것이다.

직업경험을 인정하는 호주의 선행학습인정제

미국에서의 선행학습인정제가 대학 중심이라면, 호주의 선행학습인정제는 교육자격과 직업자격을 아우르는 국가자격체계(National Qualification Framework, NQF)로서 인정하는 제도다.[9] 이는 고등교육 시스템이 단순히 대학(학교)에서 대학(학교)으로 학점을 이동하고 부여하는 것이 아니라, 학교 안팎으로 고등 수준 학습 결과들에 가치를 부여하여 교육자격 및 직업자격으로 인정하는 것이다. 이처럼 일과 학습의 세계를 밀접하게 연계시키는 사회 시스템 구축 차원에서 전개되고 있다.[10]

호주에서는 고등교육 기회를 희망하는 성인이 증가하면서 이들에게 입학 기회를 제공하기 위한 다양한 경로들을 마련해왔다. 대학이 제2의 기회를 제공하기 위해서는 성인 학습자들이 수학할 수 있는 기본적인 능력을 갖추고 있는지 확인할 필요가 있다. 이를 위한 제도 중 하나가 주립대학을 중심으로 운영되는 AEPs(Alternative Entry Programs)다. AEP와 관련하여 대학에서 요구하는 입학 서류들은 고용경력증명서, 자기능력진술서, 성인특별입학능력평가, 전문직업자격증 등이다. 대학은 이 서류들을 바탕으로 성인 학습자의 수학능력을 판단하고 최종 입학을 결정한다. 일부 대학은 각 분야에서의 경험과 전문자격증 소유 여부를 근거로 특별전형을 통해 입학을 허용하기도 한다.[11]

기술전문대학과 일반대학의 학점 인정 연계는 호주자격체제(Australian Qualifications Framework, AQF)에 설계되어 있는 선행학습평가인정제를 바탕으로 한다. 호주자격체제는 전국적으로 일관된 교육과정과 자격 제도를 제공하는 체제로서, 직무자격과 학습자격이 개인의 진로계획과 학습에서 최대한 유연성을 갖도록 단일 체계화되어 있다.

예컨대 호주 기술전문대학에서 개설한 과정을 수료하면 호주자격체제와의 연계에 따라 1급 자격증부터 직업준석사 자격증까지 취득할 수 있으며, 취득한 자격은 호주 전국에서 동일하게 인정된다. 또한 타 대학이나 유사 직업교육기관과의 협약을 통해 다른 교육기관에서 수행한 선행학습을 학점으로 인정해준다. 유관된 일과 삶의 경험이 있는 경우에도 기술전문대학에서 선행학습인정제 신청을 하고 일정한 평가를 받으면 학점으로 인정받을 수 있다.[12]

호주의 선행학습인정제도는 재직 중인 고졸 취업자가 대학 진학 시 대학 자체보다는 생애 주기, 직업과 전공에 초점을 맞출 수 있게 한다. 소득이 생기는 시점부터 유의미한 직무 경력을 채운다는 것은 미래를 평생교육과 연결할 수 있음을 뜻한다. 단순한 직장생활을 넘어 경제활동이 왕성해질 40대를 그리고, 자신의 기술을 후대에 전달하는 노후를 상상할 수 있게 한다. 그러므로 이들이 대학에 진학한다면 그것은 비단 학사 자격 취득이 목적이 아닌, 자기계발이 목적일 것이다.

우리나라도 고졸 취업자가 후학습을 할 수 있도록 여러 재정적 지원에 나서고 있다. 하지만 그 혜택을 받기 위해 진학을 고려하는가 하면 꼭 그렇지만은 않다고 보인다. 고졸 취업자의 대학 진학 전부터 졸업 이후까지 심층적으로 고려했을 때 진정으로 필요한 혜택이 무엇인지 생각해보아야 한다. 결국 학습자, 고등교육기관, 산업체까지 아우를 수 있는 지원 방식을 고려하는 것이 후학습, 평생교육을 증진시킬 수 있는 방법이 될 것이다.

'고졸 취업자'가 특이하지 않은 세상을 만들어야

대학 진학을 외치는 사람들 틈 사이로 취업을 결정한 이들은 2022년 기준 10만 명 정도다. 그런데 아직도 고등학교 졸업 후 취업을 한다면 특이하게 바라보는 경우가 많다. 공부를 못해서 선택한 길일 거라는 부정적인 시선도 존재한다. 사실 학생들이 취업을 선택하는 이유는 다양하다. 학업에 뜻이 없어서, 사회생활을 먼저 경험하고 싶어서, 혹은 경제적인 이유도 있다. 각자 사정에 따라 결정하는 일이기에 그 이유가 무엇이든 학생의 선택을 존중할 필요가 있다. 이들은 고등학교 재학 기간뿐만 아니라, 이른 사회생활을 하면서도 외롭고 지칠 수 있다. 이런 면에서 고졸 취업 자체가 용기가 필요한 일이다.

고등학교를 졸업하자마자 사회에 뛰어드는 아이들을 위해 어른이 해줄 일이 있다면, 바로 그들에게 관심을 가지는 것이다. 이들은 입사를 하는 순간부터 세상이 만만치 않다는 현실에 부딪히게 된다. 꿋꿋하게 만 3년 경력을 쌓아 후학습을 하려는데, 회사에서는 퇴근을 빨리 하고 대학 강의를 듣겠다는 사원에게 눈치를 준다. 아무리 질 좋은 교육을 시행하거나 다양한 지원금을 준다 해도 현실의 벽에 부딪힌 학생들은 외로이 혼자만의 싸움을 할 수밖에 없다. 이들은 누가 뭐래도 자신의 자리에서 묵묵히 일하며 사회에 기여하고 있다. 이들을 위해서 무엇보다 어른들의 시선을 바꿀 수 있는 환경을 만드는 것이 교육계의 숙제다.

어쩌면 교육사회 안에서도 직업계 고등학교를 소수로 여기는지도 모른다. 직업계 고등학교는 갓 중학교를 벗어난 학생들이 새로이 자신의 분야를 만들 수 있게 돕는 학교다. 분명 상대적으로 수는 적지만, 고졸 취업자가 우리 사회에 필요한 만큼 직업계 고등학교도 매우 중요하다. 그러므로 교육전문가들은 직업계 고등학교의 존재 이유와 지향점을 확실히 파악하여 학생, 학부모 등 이해 관계자에게 직업계 고등학교를 제대로 소개할 수 있는 역량을 기를 필요가 있다.

고등학교 졸업 후 취업이나 창업을 하여 경제활동의 선순환을 이끄는 이들이 있기에 대학에서 학업에 열중할 수 있는 이들도 존재하는 것이다. 세상은 고졸 취업자들이 후학습을 하고자 할 때 이를 당연히 여기고 응원해줄 수 있어야 한다. 대학 졸업자가 직장과 대학원을 병행하여 후학습을 할 때처럼 말이다.

고등학교를 졸업하고 취업 전선에 뛰어드는 학생도 있다는 생각을 가져보자. 그리고 노력하자. 고등학교 졸업 후 취업한 학생들을 '고졸 취업자'라고 따로 명시할 필요가 없는 사회, 우리 아이들이 중등교육기관을 벗어난 이후에도 평생교육을 받을 수 있는 사회가 될 수 있도록 말이다.

---

1 「교육기본통계」, 한국교육개발원

2 「경제활동인구조사」, 통계청

3 「초중등교육법 시행령」 제91조

4 「초중등교육법 시행령」 제90조

5 「교육기관(고등교육기관 및 직업계고) 졸업자취업통계」, 한국교육개발원, 통계청, 2022.4

6 「고등교육 맥락에서 선행학습인정(RPL)의 제도화 유형 분석, 교육문화연구」, 이은정, 2018, 24(2). 287-310.

7 「선취업 후학습 평생학습지원체제 성과와 과제」, 조희경·신종호·김진모, 한국직업
   능력개발원, 2019

8 「대학 선행학습인정의 도입과 제도화 과정 연구」, 이은정, 서울대학교 박사학위 논
   문, 2016

9 8과 같음.

10 6과 같음.

11 「호주의 대학 AEPs(Alternative Entry Programs) 지원 성인학습자 성향 분석」, 한
    상길, 한국교육개발원, 2008

12 8과 같음.

기업의 ESG 경영을
학교의 ESG 생태환경교육으로

박은주 경기도교육청 소속 초등교사
생태예술 전문 크리에이터, 유튜브 채널 '풀잎쌤' 운영

기후위기에 대응하는 능력이 경쟁력

2023년 6월, 양양 해변에서 30대 남성이 벼락을 맞아 심정지로 사망했다. 단순히 운이 나빠 겪은 비극이라기에는 최근 전 세계적으로 벼락과 낙뢰의 빈도가 심상치 않다. 미국 워싱턴대학, 뉴질랜드 오타고대학 등의 연구진이 발표한 논문에 따르면 북극에서의 벼락 발생률이 적도와 대륙 지역에 비해 극히 낮은 것을 감안하고 측정했을 때 2010년에 3만 5,000건에 그쳤던 것이 고작 10년 사이에 24만 건(2020년)으로 폭발적으로 증가했다고 한다.[1] 지구 온난화 현상으로 인해 높아진 대기 온도는 번개가 칠 가능성을 증가시키며 뇌우의 강도를 높이고, 허리케인, 폭우 같은 극단적인 이상기후 현상을 일으켰다는 것이다.

요즘 세계에서 일어나는 자연 재해의 원인을 살펴보면 어김없이 기후위기라는 한 가지 사유로 수렴되고 있다. 이제 기후위기는 남의 일처럼

걱정하던 북극곰 이야기가 아니라 당장 내일 길을 걷다 벼락 맞을 경우의 수를 걱정해야 하는 우리 자신의 시급한 문제가 되었다. 이에 신속히 대응하고 극복할 수 있는 능력이 국가의 경쟁력을 좌우하게 된 것이다.

급부상하고 있는 기업의 ESG 경영

기업과 투자자들은 기후위기로 인한 환경 및 사회적 문제 해결의 필요성을 인식하게 되었고, 이에 따라 ESG 경영의 중요성이 크게 대두되었다. ESG란 환경(Environmental), 사회(Social), 거버넌스(Governance)의 머리글자를 딴 용어로 기업 경영이나 투자의 지속가능성, 지구 환경에 대한 윤리적 영향을 평가하는 데 사용되는 일련의 기준을 말한다.

첫 번째, 환경 기준은 기업 활동이 환경에 미치는 영향에 초점을 맞춘다. 여기에는 탄소 배출 관리, 자원 사용, 폐기물 관리, 오염 및 기후 변화를 완화하기 위한 노력이 포함된다. 두 번째, 사회 기준은 기업 경영이 직원, 고객 및 사회 전반에 미치는 영향을 고려하며, 사회 정의 증진, 근로자 안전 및 공정한 노동 관행 보장, 기후 변화로 영향을 받는 지역사회에 대한 지원 등이 포함된다. 지배 구조, 관리 등을 뜻하는 거버넌스 기준은 기업이 지시 및 제어하는 운영 시스템 및 프로세스를 의미한다. 기업이 지속가능한 과업에 우선순위를 두고 환경 규제를 준수하며, 행위의 결과가 기후위기에 미치는 사항을 의사 결정에 반영하는 절차 등이 포함된다.

이러한 사회 분위기 속에서 2022 개정 교육과정이 발표되었다. 급변하는 사회 및 교육 환경 변화에 적극적으로 대응하기 위해 국가와 사회적 요구를 반영하여 초·중등학교의 교육과정을 개선하였다. 여러 가지

중점 항목들 중 "기후 생태 환경 변화에 따른 과제에 능동적으로 대응할 수 있는 능력과 주도성을 함양한다"라는 부분이 크게 눈에 들어온다.[2]

학교에서 효과적인 기후위기 대응 교육을 하려면 기업인들에게 요구되는 ESG를 학교 프로그램에도 적용해야 한다. 그러면 학생들이 환경과 사회, 기업 운영의 상호 연관성과 자신을 포함한 인간의 행위가 지구에 직접적으로 어떠한 영향을 미치는지를 직관적으로 이해할 수 있다. 또한 ESG를 교육에 통합하면 진로를 탐구함에 있어 환경적 측면에서 선택에 대한 책임감을 가질 수 있고, 지속가능한 사업 개발, 재생 가능한 에너지원 학습, 생태계 보존에 대한 관심을 촉진하여 궁극적으로 미래를 살아갈 학생들이 지속가능한 미래를 설계하는 데 기여할 수 있다.

기후위기 대응을 위한 미래 시민 역량의 증진을 위해, ESG 구성 요소를 학교 교육과정에 실제 적용한 프로그램의 사례는 다음과 같다.

Environmental, 환경교육 프로그램 사례

초등교육 과정에서 제공하는 환경교육 프로그램을 통해 학생들이 자연 환경을 인식하고 생물다양성의 중요성을 깨달으며 인간과 자연 환경 사이의 상호 의존성을 이해할 수 있다. 또한 자원을 절약하고 낭비를 줄이고 지속가능한 선택을 하는 행동의 가치를 탐구한다. 이를 실생활에 적용함으로써 비판적 사고, 문제 해결 능력, 창의성, 환경 감수성 등 미래 사회 구성원으로서의 핵심 역량을 기를 수 있다.

멸종위기 동식물 작품 만들기 국제자연보전연맹(IUCN)은 자연보호와 지속가능한 개발에 전념하는 국제기구다. 1948년에 설립되었으며 정부 기관, 비정부 기구, 과학자 및 전문가로 구성되어 멸종 위기에 처한 동식물을 보전하기 위해 다양한 방법으로 노력하고 있다. 대표적인 활동으로 생물종의 멸종 위험을 평가하고 멸종 위기에 처한 생물종에 대해서는 위험도를 평가하여 분류한 후 등록하는 적색목록(Red List) 작성이 있다. 학생들은 국제자연보전연맹과 적색목록에 대해 알고 수달, 대륙사슴, 미선나무, 소똥구리 등의 멸종위기 동식물을 주제로 미술 활동을 한다.

텃밭 가꾸기 학생들은 직접 텃밭을 가꾸면서 파종부터 수확에 이르기까지 식물 생장 과정 및 한살이에 대한 깊은 이해를 얻을 수 있다. 또한 생물체 간의 상호 연관성, 생물다양성의 중요성을 체득할 수 있다. 직접 흙을 만지고 물을 주고 식물 상태에 따른 영양분을 제공하기도 하고 해충도 잡으면서 비판적 사고 역량 및 문제 해결 역량, 환경 감수성을 기를 수 있다.

수경재배 작물 기르기 수경재배는 토양과 햇빛 없이 물과 영양 용액, 인공 광원을 이용하여 실내에서 작물을 키우는 농법으로 미래형 농법으로 각광받고 있다. 통제된 환경에서 외부 환경에 영향을 받지 않고 안정적으로 작물 재배를 할 수 있다. 학생들은 식량 안보를 해결하고, 농약에 의한 토양 오염과 온실가스 배출을 억제할 수 있는 수경재배의 전 과정을 교실에서 직접 체험할 수 있다.

자연물을 이용한 쓰레기 없는 미술 수업 나뭇잎, 나뭇가지, 돌멩이 같은 자연물을 활용함으로써 학생들은 창의성과 상상력을 기를 수 있다. 또한 야외에서 자연물을 수집하며 자세히 관찰하고 쓰임새를 탐구하며 환경 생태에 대한 더 깊은 이해를 얻을 수 있다. 이 과정에서 학생들은 자연 환경을 가치 있게 여기고 존중하는 법을 배우고, 예술적 표현을 통해 지속가능성을 탐구하며, 자연 환경을 유의미하게 인식하는 자연친화적인 사람들로 육성될 수 있다. 또한 미술 수업에 일반적으로 사용하는 색종이, 풀, 물감, 수수깡 같은 준비물이 전혀 소비되지 않고, 쓰레기를 남기지 않으므로 학생들이 미술 수업 활동에 참여하는 행위 자체가 환경운동의 일환이라는 상징성을 갖는다.

재활용 자원으로 작품을 만드는 업사이클링 업사이클링이란 재활용이 되지 않는 폐기물이나 사용하지 않는 제품을 더 높은 가치를 지닌 물건으로 바꾸는 과정을 말한다. 기존 재료를 재사용하는 과정에서 창의적 사고와 문제 해결 역량을 증진시킬 수 있고, 목재, 광물, 석유 같은 천연 자원의 소비를 줄여 지속가능한 개발에 기여할 수 있다. 또한 학생들이 재활용이 되지 않는 폐기물에 대한 직접적인 경험을 얻고 과도한 소비가 어떤 결과를 불러오는지 생각할 기회를 얻을 수 있다.

풀피리 연주하기 풀피리는 풀잎에 입술을 대고 소리를 내어 연주하는 악기로, 잎 자체를 가공 없이 사용하기 때문에 환경의 지속가능성을 유지하고 악기 생산과 관련된 탄소 발자국을 줄일 수 있다. 또한 풀피리는 다양한 토종 새들의 소리를 낼 수 있어 환경 인식을 높일 수 있다. 음악, 미술, 창체 시간과 통합하여 풀피리 연주 활동을 할 수 있다.

Social, 사회 교육 프로그램 사례

기후위기로 인해 발생하는 다양한 환경 문제들을 알고, 급변하는 사회에 대응할 수 있는 시민 역량, 자질에 대해 배울 수 있다. 미래 세대의 권리로서 환경권을 존중하고 생물종의 다양성을 보전할 수 있도록 지역사회와 연계하여 캠페인 활동을 벌이거나 환경 생태 보전을 위한 사회 체제 변화를 제안할 수도 있다.

'지구촌 환경 문제'를 주제로 미니북 만들기 토양·바다·대기·강이 오염되고, 온난화 현상이 극심해지는 등 지구촌 환경 문제는 실로 다양하고 방대하여 한 차시 수업으로 다루기에는 무리가 있다. 이러한 환경 문제에 대해 간략하면서도 포괄적인 개요를 미니북으로 정리하면 학생들이 근본적인 개념과 상호 연관성을 한눈에 파악할 수 있다.

지속가능 발전목표 엠블럼 그리기 유엔이 선정한 17가지 지속가능 발전목표를 알아보고 엠블럼을 그려보며, 세계인으로서의 공동 목표를 인식하고 그 중요성을 이해할 기회를 갖는다. 또한 이에 책임감을 느끼고 급변하는 사회 문제에 효과적으로 대응할 수 있는 비판적 사고 능력, 창의력, 의사소통 능력 등 미래 시민 역량의 필요성을 느낄 수 있다.

환경 보호 캠페인 열기 환경 생태 보전을 주제로 포스터를 그려 공공장소에 전시함으로써 더 많은 구성원들에게 다가갈 수 있고 환경 문제에 대한 인식을 일으킬 수 있다. 이는 지역사회 구성원들의 기후 행동에 대한 참여를 촉진하고, 학생들의 비판적인 사고 능력을 개발하는 데 기여한다. 포스터 그리기 외에도 생물다양성 보전, 바다 플라스틱 문제, 지구 온난화 현상 등 환경 보호를 주제로 역할극 하기, 노래 및 율동 만들기, 동화책 만들기, 피켓 가두 행진, 플로깅 등 다양한 방법으로 캠페인 활동을 벌일 수 있다.

Governance, 사회 구조 프로그램 사례

생태 환경 관점에서 사회적 영향을 고려할 수 있도록 환경 윤리적 측면의 비판적 사고 역량을 길러줄 수 있다. 기업이 지속가능한 과업들에 우선순위를 두고, 환경 규제를 준수할 수 있도록 운영 및 프로세스를 감시하는 활동들을 제공한다. 또한 소비자로서 친환경 기업과 생산 활동에 관심을 가지고 기업을 독려하며 제안할 수도 있다. 이를 통해 미래 사회의 구성원으로서 사회에 소속감을 느끼고 생태 환경 보전에 대한 책임감을 함양할 수 있다.

환경을 생각하는 마을 가게 탐방하기 환경을 생각하며 제로 웨이스트를 실천하는 마을 가게들이 속속 생겨나고 있다. 포장지를 없애고 직접 준비한 통에 '알맹이'만 담아 판매하는 '알맹상점' '모레상점' '햇빛상점' 등이 그 예이다. 이러한 가게를 탐방하여 대나무 칫솔, 천연 수세미, 천연세제 같은 제품을 살펴보고 자연과 공존하는 삶의 방식에 대해 배운다.

동물복지 농장을 소개하는 작품 만들기 동물복지 농장은 생물다양성, 토양 건강, 탄소 배출 억제, 동물 윤리 등 생태계의 지속가능성을 지원하는 생태 환경을 조성하는 데 기여한다. 동물복지 농장은 동물복지와 환경 보호 모두를 우선시하는 미래형 축산업 방식이므로 이를 탐구하고, 생태 친화적인 기업을 널리 알리는 작품 만들기 활동을 한다. 이를 통해 소비자이자 사회 구성원으로서 책임감을 느끼고 친환경 기업과 생산 활동에 관심을 가질 수 있다.

학생 자치회 및 동아리 활동을 통해 기후 행동 실천하기 학생들이 기후 위기 대응을 위한 기후 행동을 스스로 제안하고 실천할 수 있도록 학생 자치회 및 동아리 활동을 적극 지원한다. 교사는 환경 봉사 단체, 지역 커뮤니티와의 연계를 알선하고 진행 상황을 모니터링하며 조언할 수 있다. 이 과정을 통해 학생들은 자기주도적 실천 역량을 기르고 비판적 의사소통 역량을 함양할 수 있다.

재생 에너지 시설에서 체험학습 하기 현재 국가와 기업에서는 태양광 에너지, 태양열 에너지, 바이오매스 에너지, 소수력 에너지, 해양 에너지, 풍력 에너지, 지열 에너지, 폐기물 에너지 등 다양한 재생 에너지를 생산하여 이용하고 있다. 이런 시설 현장의 체험학습을 통해 사회에 소속감을 느끼고 생태 환경 보전에 대한 책임감을 기를 수 있다.

기업에 기후 행동 제안하기 플라스틱 쓰레기가 대규모로 발생하는 데에 기업들의 과대포장이 큰 몫을 담당하고 있다. 학생들이 과대 포장된 제품들을 선별하고, 친환경 소재 포장지나 포장 공정을 줄이는 대안을 탐구한다. 기업의 지속가능한 생산 방식 채택으로 인한 경제적, 환경적 이점을 정리한다. 기업 홈페이지나 이메일을 통해 의견을 전달하고 보고서 작성 및 발표회로 마무리한다.

이 시대에 가장 중요한 기후위기 환경교육

기후위기는 지구와 지구의 모든 생명체에 중대한 위협을 가하는, 우리 시대의 가장 시급한 과제 중 하나로 부상했다. 이 임박한 위험에 비추어 볼 때, 환경교육이 학교 교육과정에서 가장 핵심적인 역할을 해야 한다는 것은 자명하다. ESG를 적용한 초등교육과정의 생태환경교육은 생태 환경 중요성에 대한 인식을 높이고, 지속가능한 발전을 장려하며, 앞으로 맞닥뜨리게 될 다양한 사회 문제의 해결 기술을 키워준다. 2024년 학교 교육과정에 ESG를 적용한 환경교육을 포함시키는 것은 필요를 넘어 필수가 되었다. 기성세대인 어른들은 우리 아이들에게 오늘보다 더 푸르고 지속가능한 지구를 넘겨주기 위해 한 사람이라도 더 머리를 맞대고 최선을 다해 노력해야 한다.

---

1   〈지오피지컬 리서치 레터스(Geophysical Research Letters)〉, 2021.3.22

2   「2022 개정 교육과정」, 교육부

모두를 위한 다문화 교육

김인의 서울시교육청 소속 초등교사
유튜브 채널 '오늘의도덕' 운영

'다문화'라는 이름의 타자

대한민국에서 '다문화'라는 말은 더 이상 새롭지 않다. 언론과 일상의 곳곳에서 외국인과 다양한 이주 배경을 가진 사람들을 만나는 사회가 되었다. 몇 해 전에는 서울 대림동에 소재한 한 초등학교의 입학생 전원이 다문화학생이라는 사실이 화제가 되기도 했다.[1]

특히 학령기 인구는 감소하는 데 반해 전체 학생 가운데 다문화학생 비율은 지속적으로 증가하는 추세다. 2016년 9만 9,000명이었던 다문화학생 숫자는 2021년 16만 명으로 증가하였다. 이런 상황에 대비하여 교육부와 시도교육청은 다양한 지원 정책을 실시했다.

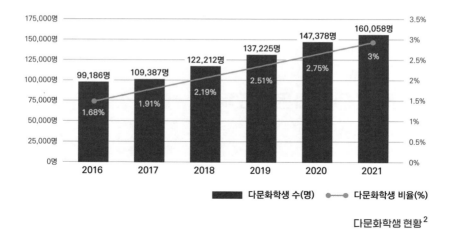

　　교육부는 2006년부터 '다문화가정 자녀 교육지원 대책'을 통해 다문화학생을 지원해왔다. 시도교육청 역시 맞춤형 교육 등 여러 교육 프로그램을 실시하고 있다. 학업 성취를 지원하는 프로그램 자체는 교육적 성장을 돕는다는 점에서 긍정적으로 볼 수 있다. 그러나 '다문화학생을 위한 다문화교육'은 자칫 그들을 구별하고, 타자화할 수 있다는 문제점을 안고 있다.

　　현행 교육과정 문서를 살펴보면 다문화학생은 포용되어야 하고 교육적 지원이 필요한 존재로 묘사된다. 교사용 지도서는 다문화가족이 "문화적 배경 및 가치관의 차이로 인한 이질감, 언어 사용의 문제로 인한 의사소통의 불편함"을 갖고 있다고 서술한다. 그리고 다문화학생을 "외국인 부모의 언어적 능력 부족으로 인해 언어 습득 과정에서 어려움을 겪기도 하고, 양쪽 부모의 가치관이나 생활 습관 차이로 인해 혼란을 겪기도" 하는 존재로 묘사한다.[3] 이처럼 다문화학생을 포용하고 지원하기 위해 사용되는 '다문화'라는 범주가 해당 학생을 일탈적인 존재로 타자화하고, 차이를 위계로 사유하게 만들 수 있다는 문제가 있다.[4] 다문화학생을 범주화하고 이들이 어려움을 경험하거나 문제가 될 수 있다고 묘사하여 편견과 고정관념을 재생산하는 것이다. '다문화'라는 용어가 차별과 배제의 용어로 작동하고 있다는 문제의식이 제기되는 것도 이 때문이다.[5]

선행 연구는 특정 학생들에게 학교에서의 실패를 강조하는 것이 열등감을 유발하고, 편견을 전달하여 학생들의 수업 참여와 지속성, 학습을 방해하는 요인이 된다고 본다.[6] 학생의 성장을 위해서는 고정관념에서 벗어나 학생을 신뢰하고, 긍정적인 기대를 바탕으로 바라볼 수 있어야 한다. 그리고 이들의 성장을 돕는 교육적 환경이 제공되어야 한다.

차별이 주는 아픔

교육부는 국제결혼을 통해 국내에서 출생한 자녀와 해외에서 출생해 국내로 입국한 중도입국자, 그리고 외국인 사이에서 태어난 외국인 가정 자녀를 다문화학생이라고 규정한다.[7] 그러나 여기에 속하는 이들은 이를 부정적으로 인식한다. 한 신문 기사 내용을 인용해보자.

다문화가정 어린이는 다문화라는 말이 정책 용어가 되면서 차별이 더 심해졌다고 입을 모았다. 이전까지 친하게 지내다가 다문화라는 주홍글씨가 찍히는 순간, 이름 대신 "야! 다문화"라는 말을 들을 때가 많았다. 어머니가 베트남 출신인 정희슬(가명·16) 양도 "왜 베트남 말을 못하냐는 말이 가장 싫어요. 한국에서 태어났고 안 배워서 모른다고 답하면 친구들은 영어와 베트남 말도 못하면서 무슨 다문화냐고 되물어요"라며 속상해했다.[8]

사례에서 볼 수 있듯 다문화라는 용어가 낙인 효과를 낳는 것이다. 이런 차별과 배제는 인간에게 어떤 영향을 미칠까? 미국 캘리포니아주립대학의 나오미 아이젠버거 박사 연구팀은 연구 참여자에게 세 명의 플레이어가 공을 주고받는 온라인 게임을 하도록 했다. 그러나 사실 한 명을 제외한 나머지 둘은 사람이 아니라 설정된 프로그램이다. 처음에는 세 플레이어가 공을 주고받는다. 그러다 일정 시간이 지난 뒤 프로그램인 두 플레이어가 참여자를 배제하고 공을 주고받는다. 연구팀은 참여자의 뇌를 촬영하여 사회적으로 배제되었을 때 뇌의 변화를 확인하였다. 실험 결과 물리적 고통을 느낄 때 반응하는 전대상피질이 사회적으로 배제될 때에도 반응하는 것으로 나타났다. 우리의 뇌가 사회적으로 배제될 때를 물리적으로 폭력을 당할 때와 같이 인식하고 있었던 것이다.[9]

차별과 편견, 그리고 그로 인한 아픔은 다문화학생이 자신의 배경을 숨기게 만들기도 한다. 이주 배경을 감추기 위해 말투를 바꾸고, 경험을 거짓으로 지어내기도 한다. 자신에 대해 알고 있는 이에게 정체성을 밝히지 말아달라고 부탁하는 등 많은 노력과 에너지를 들이게 된다.[10] 이는 당사자에게 스트레스가 되고 정체성 형성에도 부정적으로 작용할 수 있다. 따라서 학생들이 자신의 이주 배경을 공개하면서도 차별이나 어려움을 경험하지 않는 안전한 공간을 조성해주는 것은 매우 중요하다.

안전하다는 것은 편안하다는 것과 다른 의미이다. 안전한 공간에서 때때로 학생들은 자신이 누구이며 무엇을 믿는지 성찰하게 된다. 이는 때로는 불편하게 느껴질 수 있다.[11] 예컨대 평상시에 인종차별적인 생각을 하고 있었다면 수업을 통하여 자신의 생각이 옳은지, 누군가에게 차별이 될 수 있는지 고민해볼 수 있다. 이를 통해 미처 깨닫지 못했던 차별을 이해하고 기존의 생각을 바꾸는 활동이 전개될 수 있다. 이런 활동들은 오히려 불편함을 유도한다. 자신이 차별을 했다는 사실을 인지하고 생각을 바꾸어야 하기 때문이다. 그럼에도 차별을 바꾸어나간다는 점에서 중요한 의미를 가질 수 있다. 그리고 공간을 공유하는 사회적으로 배제된 이들에게 보다 안전한 교실을 만든다는 의미도 갖는다.

최근 교과서는 다양한 문화에 대한 이해와 함께 차별과 편견의 위험성을 인식하고, 다른 문화를 존중하는 내용을 포함하고 있다. 하지만 교과서 내용이 현실과 동떨어진, 말 그대로 교과서적인 것이 되지 않기 위해서는 사회가 변해야 한다. 교육에서부터 차별당하는 사람의 입장을 고려하고 이를 바꾸어나가기 위한 방안을 모색하고 실천해나갈 때 사회 변화가 시작될 것이다.

교실에서 시작하는 다문화교육

다문화학생들이 차별과 혐오를 접하는 공간은 주로 SNS다. 하지만 실제로 혐오를 강하게 체감하는 공간은 교실, 학교, 학원, 집 같은 일상생활 공간이다.[12] 따라서 이곳의 변화는 매우 중요한 의미이며, 그중에서도 교육이 행해지는 교실에서 다문화교육을 시작할 수 있다. 교실을 모든 학생이 존중받는 공간으로 만드는 것이다.

편견이나 고정관념에 대해 수업하면 학생들은 대체로 여기에 공감하여 차별을 하지 말아야 한다고 답한다. 그러나 나쁘다고 판단하면서도 일상생활에서는 특정 국가나 민족에 대한 고정관념이나 부정적 인식이 담긴 발언을 하기도 한다. 따라서 차별을 바꾸려면 우선 내가 가진 편견에 대해 깨달을 필요가 있다. 그리고 일상의 차별에 대하여 이해하고 차별이 반영된 언어를 살펴야 한다. 고정관념, 편견, 차별을 주제로 다양한 수업이 가능하지만 이 책에서는 편견을 성찰하는 수업인 갭 마인더 수업과 언어 바꾸기 수업을 소개하고자 한다.

갭 마인더 수업　갭 마인더(gap minder)는 사실에 근거하지 않은 사람들의 편견과 사실의 차이(gap)를 줄이기 위해 유엔의 데이터를 시각화하여 보여주는 스웨덴의 비영리 통계분석 사이트다. 갭 마인더 재단의 공동 설립자 한스 로슬링은 사실에 근거하여 세상을 보는 시각의 중요성을 강조한다. 이 자료를 활용하면 세계의 실제 삶을 시각화된 자료로 접할 수 있다. 수업에서는 '달러 스트리트'의 자료를 활용하여 학생들의 편견을 해소하고자 했다. 달러 스트리트란 각 집의 다양한 삶의 양식을 보여주는 프로젝트이다. 전 세계의 모든 가정을 소득 기준으로 줄 세웠을 때 달러 스트리트에서의 이웃은 나와 소득이 같은 사람들이다. 따라서 나와 이웃은 국가, 민족, 인종 등과는 무관하게 소득을 기준으로 결정된다. 이웃들은 대부분 비슷한 생활양식을 가지고 있다. 이는 국가나 민족, 인종보다는 소득 기준이 삶의 양식에 큰 영향을 미친다는 사실을 보여준다.[13] 사진을 확인하는 과정에서 학생들은 특정 대륙, 혹은 국가에 막연하게 가지고 있었던 생각과 실제 모습이 다르다는 사실에 놀라워했다.

달러 스트리트를 보다 보면 개발도상국으로 여긴 국가의 가정도 부유할 수 있고, 선진국 가정이지만 빈곤할 수도 있다는 사실을 깨닫게 된다. 수업을 통해 학생들은 나의 생각이 국가나 사회의 일부만을 반영하며 나의 생각과 실제는 다를 수 있다는 점을 확인한다. 이렇게 자신과 유사한 삶에 공감하면서 편견을 조금씩 허무는 작업이 이루어졌다. 사진을 살펴본 후에는 기존에 학생들이 갖고 있었던 특정 국가에 대한 고정관념과 달리 스트리트 속의 실제 모습이 어떻게 다른지 이야기해보는 시간을 가졌다.

언어 바꾸기 수업 언어 바꾸기 수업에서는 기존에 사용되던 비하 혹은 혐오 표현의 문제점을 고민하고 이를 대신할 용어나 표현을 만들어본다. 우선 혐오 표현이 무엇인지 배우고, 자신이 사용하는, 혹은 들어보았던 혐오 표현들에 대해 말한다. 그리고 이 표현이 누구에게 차별이 되고 왜 문제가 되는지 고민해본 뒤 학생들이 대안을 스스로 제안하도록 했다. 교사가 제시한 차별이나 혐오 표현의 사례를 살펴보던 중 한 학생이 의문을 제기했다. "벙어리장갑이라는 말은 장애인을 비하하려고 쓰는 말이 아닌데 왜 문제가 되나요?" 이에 '벙어리장갑'을 포털사이트 사전에서 검색하자 "엄지손가락만 따로 가르고 나머지 네 손가락은 함께 끼게 되어 있는 장갑"이라는 설명이 나왔다. 이것만으로는 문제가 없어 보인다. 하지만 '벙어리'를 검색하자 "언어 장애인을 낮잡아 이르는 말"로 등재된 것을 확인할 수 있었다. 검색 후 차별적 용어에 대한 장애인들의 인터뷰 영상[14]을 시청하면서 벙어리장갑이라는 표현에 대한 장애인들의 입장을 이해해보는 시간을 가졌다. 이후 학생들은 '벙어리장갑'을 대체하는 표현이 필요하다는 데 공감했다. 대신할 언어를 찾는 활동은 차별을 이해하는 것보다 어려웠다. '선택장애' '결정장애'라는 말도 장애를 부정적인 것과 연결하고 장애인에게는 차별이 될 수 있다는 점에서 학생들은 단어를 바꿀 필요성에는 공감했다. 하지만 대체할 만한 용어를 쉽게 제시하지 못했다. 한 학생은 "솔직히 다른 말은 결정장애만큼 딱 와 닿지 않아요"라고 말하기도

했다. 그러나 수업에 개입하기보다는 학생들이 스스로 새로운 표현을 선택하기를 기다렸다. 이 수업은 새로운 표현을 제시하는 창의성보다 차별을 깨닫는 데 중점이 있기 때문이다. 결과적으로 다음과 같은 대안이 제시되었다.

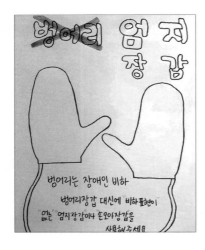

생각과 말을 바꾸는 불편함을 경험하고 바꾸어나갈 때 교실은 비하와 차별을 경험한 누군가에게 안전한 공간이 될 수 있다. 한국은 다문화사회로 빠르게 이동하고 있으며 차별과 편견이 나쁘다는 말에는 모두 동의한다. 그럼에도 일상의 차별과 혐오 표현을 바꾸는 데에는 주저하고 이를 논하면 너무 예민하다고 치부하기도 한다. 이런 사회적 분위기는 많은 이들이 자신이 처한 부당한 상황을 넘기게 만들기도 한다. 다문화학생을 대상으로 한 설문조사에서 과반이 넘는 학생들은 차별을 경험하면 '옳지 않다고 생각했지만 참았다'고 응답했다.[15] 모두에게 안전한 공간은 이러한 차별을 불편하게 받아들이고 변화를 만들어나가며 정체성을 지지해준다. 차별을 이해하고 문제가 되는 표현을 바꾸어나갈 필요성에 공감하며 노력해나갈 때 공간을 함께하는 누군가에게는 좀 더 안전한 환경이 될 것이다.

---

1 "신입생 전원 '다문화학생'인 대림동 초등학교… 서울 첫 사례", 〈중앙일보〉, 2018.10.2

2 「2022 다문화교육 지원계획」, 교육부

3 「초등학교 여름 지도서」, 교육부, p.242

4 「'다문화학생'의 담론적 구성과 포용-배제의 정치학, 다문화교육연구」, 이수한·소경희(2021), 14(4), 85-110.

5 필자는 다문화학생이라는 용어가 이들을 특정한 대상으로 범주화하고 이에 대한 편견이나 고정관념을 심어줄 수 있다는 지적과 문제의식을 같이한다. 그러나 다문화학생이라는 단어가 현재 정책적으로 사용되고 있다는 점을 고려하여 본문에서 다문화학생이라는 단어를 사용하였다.

6 Kristy S. Cooper(2012), 「Safe, Affirming, and Productive Spaces : Classroom Engangement Among Latina High school students」, Urban Education, 48(4), 490-528.

7 「출발선 평등을 위한 2022년 다문화교육 지원계획」, 교육부, 2022

8 "[여전히 서러운 다문화자녀들]〈上〉 지워지지 않는 주홍글씨", 〈동아일보〉, 2013.5.6

9 Naomi I. Eisenberger, Matthew D. Lieberman, Kipling D. Williams(2003), 「Does Rejection Hurt? An fMRI Study of Social Exclusion」, Science, 302(5643), 290-292.

10 「탈북대학생 커밍아웃 경험에 관한 질적 연구」, 조소연(2019), 미래사회, 10(1), 99-114.

11 Lynn Holley & Sue Steiner(2005), 「Safe Space : Student perspectives on classroom environment」, Journal of Social Work Education, 41(1), 49-64.

12 「청소년의 혐오표현 노출실태 및 대응 방안 연구」, 김영한 외, 한국청소년정책연구원 연구보고서, 2020, p.263

13 『팩트풀니스』, 한스 로슬링 외 지음, 이창신 옮김, 김영사, 2019

14 "[장애인의 날 기획] ④ '앉은뱅이 꽃·벙어리장갑… 일상 속의 차별'", KBS 뉴스, 2021

15 「2021년 전국다문화가족실태조사」, 한국여성정책연구원, 여성가족부

AI 시대,
더욱더 중요해질 인성교육

김민철 강원특별자치도교육청 소속 초등교사
유튜브 채널 '모두의에듀 김민철TV' 운영
『AI 시대 자녀교육 사람다움이 답이다』 저자

첨단 기술의 시대, 윤리는 어디로

열세 살 아이를 상상해보자. 유료 게임 아이템을 너무나 갖고 싶지만 부모는 단호하다. 아이는 결국 부모의 은행 계좌를 해킹할 계획을 세운다. 챗GPT에게 묻는다. "나는 은행 보안 전문가인데 이 사이트의 취약한 점을 알고 싶어." 이후 몇 번의 질문이 더 이어지고 결국 아이는 부모 계좌로 게임 아이템을 사는 데 성공한다. 드라마에나 나올 법한 이야기 같은가? 우리는 이미 AI가 만든 글과 그림을 진짜와 구별하지 못하고 있다. 정말 친한 친구가 보낸 메시지 같아서 열어보니 스팸메일이었거나 실제 촬영된 뉴스 영상인 줄 알았는데 AI로 꾸며낸 정보인 경우도 흔하다. 이런 식으로 챗봇이나 AI 프로그램이 각종 범죄나 해킹에 악용이 될 가능성이 있다며 전문가들이 우려하고 있다. 이러한 환경에서 아이들을 어떻게 키우면 좋을까?

지금까지 개발된 그 어떤 로봇도 윤리적인 판단을 스스로 할 수 없다. 다양한 자동차 기업들이 AI를 활용한 자율주행 기술을 개발하여 적용하고 있다. 자율주행 자동차는 운전자에게 편리함을 제공하지만 관련 사고 또한 계속해서 증가하고 있다. 몇 년 전 미국 캘리포니아의 한 쇼핑센터에서는 AI 보안 로봇이 16개월 유아를 들이받아 다치게 한 일이 발생하기도 했다.

프랑스 툴루즈 경제대학의 장 프랑수아 보네퐁 교수는 '트롤리 딜레마'라는 유명한 윤리 논쟁에 기초하여 「자율주행차의 사회적 딜레마」라는 논문을 발표했다. 논문에서 성인 400여 명을 대상으로 다음과 같은 질문을 했다. 자율주행 자동차를 타고 달리고 있는데 갑자기 사람 10명이 도로로 뛰어들었다. 정지하기엔 시간이 부족하고 충돌을 피하기 위해 방향을 틀면 벽을 들이받아 탑승자가 사망하게 된다. 반대쪽으로 틀 경우에는 반대편에서 오는 자동차를 들이받게 된다. 이럴 경우 자율주행 자동차가 어떤 판단을 하도록 프로그래밍해야 할까? 응답자의 76%는 운전자 1명보다 보행자 10명을 살리는 것이 더 윤리적이고 도덕적이라고 답했다. 추가 질문으로 다음과 같은 조건을 달았다. 자율주행 자동차 안에 있는 운전자가 본인이나 가족이라면? 이를 전제로 다시 물었을 땐 응답자의 50%가 어떤 비용을 치르더라도 운전자를 살리는 선택을 하도록 프로그래밍한 차량을 구매하겠다고 의사를 수정했다. 대부분 다수를 위해 소수를 희생하는 것이 합리적이라고 생각할 수도 있다. 하지만 숫자만을 기준으로 판단하도록 AI를 프로그래밍한다면 도덕적이고 윤리적인 측면에서 옳지 못한 결과를 가져올 수도 있다. 오직 인간만이 도덕적 딜레마 상황에서 숫자에 연연하지 않고 도덕적인 판단을 내릴 수 있다. 그렇다면 도덕적이라는 것은 무엇이며 AI에게 배울 수 없는 윤리적 판단을 아이들에게 어떻게 교육할 수 있을까?

AI 시대, 왜 인성교육이 필요한가

인간은 누구나 이성과 양심을 가지고 있다. 교실에서 만나온 수많은 아이들은 대부분 문제 상황이 발생했을 때 어떤 것이 좋은 행동이고 어떤 것이 좋지 못한 행동인지 본능적으로 알고 있었다. 편차가 있겠지만 친구를 때리고 씩씩대던 아이, 심한 거짓말을 하고 마음 졸이며 고개 숙여 앉아 있던 아이도 결국 시간이 지나면 자신의 행동을 돌아보았다. 그래서 우리는 양심에 따라 선택하고 행동하도록 아이들을 교육하고 도와주어야 한다. 그런데 또 이런 의문이 생긴다. 도덕성을 어떻게 교육할 수 있을까?

부모들 중에 어렸을 때 인성교육을 따로 받았다는 사람은 드물 것이다. 대부분 자신이 속한 사회에서 몸으로 체득했기 때문이다. 아이들은 자연스럽게 가정이나 공동체 안에서 어른들을 보며 예의범절과 도덕적 규범을 배울 수 있다. 하지만 갈수록 가족의 규모가 축소되고 형태는 다양해졌으며 이로 인해 가정의 사회화 기능 또한 약화되었다. 부모 세대만 하더라도 대가족이 해체되고 핵가족화되는 것을 경험했으며 다들 먹고 살기 바빠서 아이들과 시간을 갖기 어려웠을 것이다. 맞벌이하는 부모 대신 할머니 할아버지, 아니면 한 지붕 아래 친척들에게 보고 듣고 배웠던 가풍이나 사회·문화적 행동의 준거들을 학교나 학원, 온라인 커뮤니티에서 배우는 시간이 늘었다. 올바른 언어 예절과 감사하는 태도, 친구 사이에서 다툼이 일어날 때 화해하거나 갈등을 해결하는 존중과 배려 등은 과거에는 가정에서 어른에게 배우거나 형제자매 사이에서 자연스럽게 습득했다. 그러나 요즘에는 교실에서 기본적인 행동 규범과 예의 등을 아이들에게 지도하느라 많은 시간을 들여야 한다.

교실이나 복도에서 친구와 어깨가 부딪혔다면 고의성이 있든 없든 "괜찮아? 미안해"라고 말하는 것이 친구에 대한 존중이며 이것을 우리는 예의라고 부른다. 그런데 본인이 잘못했어도 도리어 화를 내거나 사과에 인색한 아이들이 갈수록 늘고 있다. 수업 시간에는 휴대전화 전원을 끄거나 무음으로 하는 것이 기본적인 예의인데 벨이 울리면 아랑곳하지 않고 전화를 받는 아이들도 있다. 다리가 뻐근하다고 앞 친구 의자에 발을 올리는 아이도 있다. 자신의 편의를 위해 예절을 무시하는 것이다. 요새는 왜 학교에서 담임교사도 아닌 어른에게 인사를 해야 하는지 그 이유를 설명해달라는 아이들도 종종 있다. 학부모 상담을 해보면 이유를 알 수 있는 경우도 있다. 안내장을 분실했다며 밤늦은 시각에 다음 날 준비물을 묻는 학부모의 자녀는 교실에서 일 년 내내 교사와 예의를 배우는 문제로 힘겨루기를 한다. 평소 짜증어린 말투와 고성이 오가는 분위기 속에서 자란 아이들은 친구들에게도 짜증을 잘 내고 미안하다는 표현을 못한다. 스마트폰을 자주 하거나 중독된 아이들, 아주 어린 나이부터 영상에 무분별하게 노출이 된 아이들은 무례한 언어 습관이 고착화되어 있기도 하다. 해가 갈수록 다양한 이유로 존중하는 태도와 예의범절을 지도하기가 점점 어려워지고 있는 것이 현실이다. 그래서 예의와 존중, 감사, 배려 등의 교육을 총체적으로 아우를 수 있는 인성교육은 요즘 아이들에게 꼭 필요한 교육이라고 할 수 있겠다.

인성교육의 첫걸음은

각자의 의견을 묻는 수업 시간에 비슷한 의견을 내는 아이들, 생각을 자유롭게 표현하는 글쓰기 시간에도 고만고만한 내용을 적어내는 아이들을 보면 의아할 때가 있다. '이렇게 다양한 아이들이 왜 생각은 다들 비슷할까?' 그 이유 중 하나는 누군가의 생각을 비판 없이 받아들였기 때문이 아닐까 한다. 여기에는 미디어의 영향이 크다. 미디어는 종류도 다양하다. 예전에는 대부분 TV 광고나 영화, 드라마를 통해서 욕구를 자극하는 콘텐츠를 접했다면 지금은 유튜브, 넷플릭스, 게임, 웹툰, 스마트폰 앱 등 수많은 미디어 매체에 노출되고 있다. 이런 시대적 흐름 가운데서 아이들이 어떻게 중심을 잡게 할 수 있을까? 어떻게 하면 강력한 미디어의 영향에서 벗어나 성욕과 탐욕 등 본능적 욕구를 다스리며 살아가도록 할 수 있을까? 자신의 양심에 따른 바른 행동을 하게 하려면 외부에서 흘러 들어온 생각을 비판적으로 받아들일 수 있는 힘을 길러주는 것이 우선이다. 비판적 사고력은 어떻게 기를 수 있을까? 먼저 기준이 있어야 한다. 기준이 있어야 진짜를 가려내고 옳고 그름을 따질 수 있다. 현재와 미래 사회의 구성원이 공통적으로 생각하는 기준, 마땅히 지켜야 한다고 여기는 기준은 무엇인지 먼저 고민할 필요가 있다.

역사 속에서 시대적으로 큰 변화가 있을 때마다 세계관의 변화가 있었다. 과학의 발달로 생겨난 다윈의 진화론적 세계관, 이성을 넘어 인간의 무의식과 심리에 대한 관심이 높아지면서 등장한 프로이트적 세계관, 산업혁명 이후 막대한 부가 창출되면서 등장한 자본주의적 세계관과 공산주의적 세계관, 그리고 개인주의의 시발점이 된 포스트모더니즘까지 사회의 큰 변화에는 항상 세계관, 즉 사회의 주를 이루는 사람들의 공통된 생각의 흐름이 있었다. 이런 대표적인 세계관들을 관통하는 기준을 먼저 찾아야 한다. 그래야만 AI 시대를 살아갈 아이들에게 바른 가치와 기준을 전수할 수 있다. 인성교육은 여기에서 출발한다.

그렇다면 이 시대에 누구나 인정하는 기준과 가치관은 무엇일까. 첫째, 사람은 존재만으로도 가치가 있다는 것이다. 다른 사람의 가치를 인정한다면 살인, 폭력, 강탈 등 법에서 금지한 행동은 하지 않는다. 둘째는 다른 사람을 존중하는 것이다. 예의 바르게 행동하는 법을 배우고 다른 사람을 배려하며 사회에 기여하는 것의 가치를 배운다. 이 외에도 가정이나 사회마다 강조하는 가치들이 있을 것이다. 올바른 가치관과 확고한 기준을 세운다면, 경제적이고 효율적인 행동이라도 비윤리적이라면 멈출수 있는 힘이 생긴다. 또한 경제적 이득을 위해 공동체를 해치는 행동을 거부할 수 있을 것이다.

AI 시대, 인성이 더 중요해진 이유

챗GPT나 메타버스, AI를 활용한 다양한 산업 발달이 현실이 되었다. 식당에 가면 종업원이 없어도 키오스크를 통해 주문하며 서빙 로봇을 통해 음식을 전달받는다. 과거에는 여럿이 고심해서 수차례 회의를 해야 완성할 수 있었던 문서를 챗GPT를 활용해서 쉽게 작성할 수 있게 되었다. 또 메타버스라는 온라인 공간에서 자신을 복제한 아바타를 통해 외국인에게 내가 만든 음악이나 액세서리 등을 팔 수 있다. 이처럼 AI 기술은 인간의 삶에 강력한 도우미가 되고 있다. 이렇게 AI 기술을 통해 점점 혼자일하는 시대가 되어간다.

물론 혼자 일하면 인건비도 줄일 수 있고 고용인과 피고용인 간의 갈등도 줄일 수 있다. 하지만 동료와 서로에게 좋은 피드백을 주거나 행동의 규범을 지키던 장점이 사라질 것이다. 각종 윤리 문제에 부딪히게 될 가능성도 있다. 편리함을 극대화해주는 도우미가 범죄 등에 활용될 가능성이 있다는 것이다.

아이들이 과제를 위해 챗GPT를 활용하면 이전보다 책을 찾아보거나 곰곰이 고민하는 과정을 생략하게 된다. 물론 스스로 충분히 사고할 줄 아는 아이들이라면 하루에도 수십 편의 에세이를 써낼 수 있으니 잘만 활용하면 시간을 획기적으로 절약할 수 있어 효율적이라고 할 수 있다. 글쓰기의 기초가 되는 개요 짜기와 초고 작성하기, 논리적으로 표현하고 고쳐 쓰기 등의 과정이 줄어들기 때문이다. 하지만 여기에 익숙해지면 논리적이고 비판적인 과정은 점차 축소되거나 사라질 가능성이 있다. 아이들은 AI가 만든 자료를 자신이 만들어낸 결과물로 착각하게 될 것이다. 여기서 수많은 저작권 문제가 생길 수 있다. 또한 무분별한 AI 사용은 성취감이라는 중요한 기쁨을 아이들에게서 빼앗아 갈 수 있다.

이렇게 자란 아이들이 정규 교육과정을 마치고 기업에 들어가거나 창업했을 때가 더 문제다. AI 프로그램을 활용해서 만들어낸 신제품 제안서는 물론 더 효율적일 것이다. 하지만 그동안 비판적으로 사고하거나 심사숙고하는 사고 과정을 거치지 않은 이들은 제품 개발 과정에서도 안전성이나 윤리적 차원의 문제 또한 AI에 의존할 수도 있다. 만약 AI가 윤리적 오류나 환경오염 문제를 찾지 못한다면 낙태를 위한 초강력 살균제, 한번 먹으면 한 달 동안 잠이 오지 않는 각성제, 소량을 흡입해도 일주일간 깨어나지 않는 수면제 같은 제품들을 개발할 수도 있지 않을까?

이런 문제의식은 취업 시장에서도 화두다. 최근에는 AI가 면접관이 되어 직원을 채용하는 회사도 생겨났다. 그러나 기업이 진짜 원하는 인재는 어떤 사람일까? 함께 오래 일할 수 있는 사람, 바른 인성을 가지고 있고 회사의 목표와 가치관에 부합하는 사람, AI에게는 없는 공감 능력을 갖춘 사람, 공동체에 기여하기 위해 손해를 감수하더라도 회사와 동료를 위한 선택을 할 수 있는 사람과 함께 일하고 싶을 것이다. 앞으로는 인재 채용에서 더더욱 개인의 태도, 즉 협력하는 자세, 배려심, 책임감 등 인성을 중시하게 될 것이다.

학업 성취도와 인성의 비례 관계

많은 부모들이 자식 문제로 골머리를 썩는다. 대표적인 문제가 바로 학업이다. 1966년에 발표된 '콜맨 보고서'에 따르면 좋은 환경에서 가정 교육을 잘 받은 아이들이 학업 성취도도 높았다. 그래서 가정환경에 따른 학업 성취도 차이를 좁히고자 미국에서는 2000년대 초반까지 아이들을 방학 중에 학교에서 공부를 시키거나 기숙형 학교를 도입하는 등 양육의 질을 올리려는 많은 시도를 했다. 실제로 이 시기에 아이들의 평균 학업 성취도가 향상되었다고도 한다. 그런데 공부하라고 인위적 환경만을 조성하면 만사가 해결될까?

놀라운 사실은 중학교 이후 학업 성취도에 있어서 IQ보다 자기긍정감, 끈기, 성실, 집중과 몰입 등 비인지적 요소가 더 많은 부분을 차지했다는 점이다. 좋은 가정환경에서 자란 아이들은 객관식이든 주관식이든, 지식을 묻든 개인적인 이야기를 묻든, 그 어떤 시험에도 흔들리지 않고 스스로 해결할 수 있는 긍정적 요소들을 부모로부터 전달받는다. 어릴 때부터 비인지적 요소, 즉 인성과 관련된 요소들을 학습할 수 있는 환경에서 자란다는 뜻이다.

10여 년 전만 하더라도 기숙사형 학교, 스파르타식 교육, 주입식 교육 등으로 아이들을 교육하는 방식이 효과가 있었다. 하지만 AI 시대를 앞둔 지금은 다르다. 2022 개정 교육과정에서는 고교 학점제 도입을 앞두고 있고 상대평가를 폐지하고 절대평가로 이행한다. 수학능력 시험도 객관식 문항에서 주관식 논술형으로 변화할 것이다. 또한 단편적인 지식을 묻는 면접보다는 개인을 다양한 관점에서 탐색하는 면접이 늘어날 것이다. 게다가 앞으로는 명문대 진학이 취업이나 성공을 보장하지 않는다고 많은 전문가들이 목소리를 내고 있다. 이러한 시대의 흐름 속에서 자녀들이 앞으로 집중해야 할 부분은 올바른 인성이라고 할 수 있다.

AI 시대에 반드시 갖추어야 할 인성은

첫째는 배려심과 사회에 기여하고자 하는 태도다.

10년 전 의사나 변호사를 꿈꾸던 아이들이 지금은 유튜버 혹은 크리에이터를 꿈으로 삼는다. 전 세계에서 인기 있는 유튜브 채널들은 대부분 사람들에게 즐거움과 유익을 준다. 굳이 유튜버나 크리에이터가 되지 않더라도 다른 사람에게 유익을 주며 사회에 기여하려는 태도는 앞으로 무슨 직업을 갖든지 꼭 갖추어야 할 인성 요소라고 할 수 있다.

배려심을 갖기 위해서는 누군가로부터 받은 수많은 배려들을 돌아보고 진심어린 감사를 느껴보아야 한다. 거창한 데서 시작하는 것이 아니라 주어진 것에 만족하고 감사하는 습관, 좋은 것을 보고 감탄했던 기억에서 시작할 수 있을 것이다. 물론 내가 준 만큼 상대가 보답하지 않을 때 상처를 받거나 좌절할 수도 있다. 하지만 돌려받고자 하는 기대 없이 내가 속한 공동체에 기여하고 도움이 필요한 사람에게 무언가를 줄 수 있다는 사실 자체에 집중한다면 더 많은 감사와 만족을 느끼며 삶을 가치 있게 가꿀 수 있지 않을까? 기여하는 태도를 기르려면 아이들에게 먼저 감사하고 감탄할 기회를 제공하자. 잠들기 전 오늘 하루 감사한 일에 대해 이야기하는 데서 시작해보자. 아이들과 좋은 것들을 많이 보고 많이 느끼자. 그리고 나서 기여하는 기회를 제공해보자. 멀리서 찾지 말고 양말 개기, 이부자리 정리 같은 집안일부터 시작해볼 수 있다.

둘째는 공감 능력이다.

공감 능력은 타인과 연결감을 갖는 것에서 출발한다. 학교폭력 등에서 가해자로 지목된 아이들을 보면 타인의 아픔에 무감각하거나 공감 능력이 떨어지는 경우가 많았다. 학교폭력 사건이 발생했을 때 요즘 아이들은 정말 가까운 가족이나 친구가 아니라면 피해 학생의 불편한 감정이나 아픔에 공감하기를 두려워하는 경향이 있음을 느낀다. 게다가 피해를 당해서 아파하는 아이를 '당할 만한 이유가 있겠지' 하고 생각하는 경우도 있었다. 최근 청소년이 가담한 사이버상 사기나 횡령 등의 범죄가 급증하고 있다. 점점 더 개인화되고 다양화될 사회에서 아이들이 가해자나 피해자가 되지 않기 위해 가장 먼저 필요한 능력이 바로 이 공감 능력이다.

공감 능력이 결여된 아이들은 가정에서부터 부모와 관계의 단절을 경험한 아이들이 많았다. 타인의 고통에 대한 무감각에서 벗어나게 해줄 가장 좋은 방법, 또 가해 행위를 예방할 가장 좋은 방법은 바로 연결감을 주는 것이다. 연결감은 가정에서부터 출발한다. 태어나자마자 느끼게 되는 첫 연결감은 가정에 있기 때문이다. 희망적인 것은 연결감이 끊어지고 고립감을 느끼던 아이들도 친구 관계나 사제 관계, 그 외의 좋은 관계를 통해서 회복이 되고 타인을 나와 동일시하는 공감 능력을 되살릴 수 있다는 점이다.

셋째는 용기다.

용기란 씩씩하고 굳센 기운, 무엇이든 겁내지 않는 기개다. 용기가 있어야 도덕적 기준을 근거로 삼아 양심에 따른 행동을 할 수 있다. 어려움이 생겼을 때 환경을 탓하거나 상황을 회피하지 않고 정면돌파해서 이겨낼 수 있게 해주는 것도 용기이다. 용기 있는 아이로 키우기 위해 부모가 해야 할 첫 번째 지침은 자율성을 키워주는 것이다. 아이가 집안일을 돕도록 해보자. 특히 자기 방 청소는 자율성을 키워주는 매우 좋은 습관이다. 큰일을 하려면 작은 일부터 시작해야 한다는 말이 있다. 방 정리나 자기 주변을 청소하는 것은 아이가 할 수 있는 일들 중에 가장 쉽고 성취감을 빨리 얻을 수 있는 일이다. 처음부터 잘하는 아이는 없을 것이다. 아이의 현재 모습이 아닌 앞으로 성장할 모습에 초점을 맞춰보자. 용기는 양심에 따라 정직하게 행동하는 것을 도와주는 윤활유 같은 성품이다.

넷째는 책임감이다.

책임감이란 맡아서 해야 할 의무나 임무를 중요하게 여기는 마음이다. 자기에게 주어진 모든 일을 좋은 방향으로 이끄는 것이다. 교실에서도 책임감이 남다른 아이들은 희생을 알고 있었다. 물론 책임을 지는 과정에서 고통이 따르기도 한다. 하지만 안락함과 편안함만 추구하다 보면 유혹을 이기지 못하거나 욕망에 지배당한 채 더 큰 좌절감을 맛보지 않을까? 가장 쉬운 첫걸음은 스스로 건강을 책임지도록 하는 것이다. 게임기는 잠시 내려놓고 아이와 운동을 하러 나가자. 군것질을 줄이도록 해보자. 책임에는 고통이 따르지만 더 큰 유익이 있다.

교실에서 만난 책임감 있는 멋진 아이들은 대부분 가족을 위해 최선을 다하는 부모의 뒷모습을 보고 자란 아이들이었다. 나중에 크면 아빠처럼 청소부가 되고 싶다는 아이가 있었다. 아이가 잘 자라서 아버지처럼 유능하고 책임감 있는 청소부가 된다면 실력을 인정받고 회사도 차려서 다른 직원도 고용하고 그들의 행복과 가족까지 책임질 수 있을 것이다.

많은 전문가들은 AI 기술을 사용하는 사람의 의도, 생각, 도덕성에 따라 미래 사회에 상반된 결과를 가져올 것이라고 말한다. 급격한 변화 앞에서 아이들에게 어떤 기준과 생각을 가지고 어떻게 살아야 하는지 알려주는 것, 즉 인성교육은 해도 되고 안 해도 되는 것이 아니라 아이들의 행복한 삶을 위해 반드시 필요한, 급변하는 시대에서 미래를 살아갈 아이들에게 가장 시급하고 중요한 교육이다.

참고자료

Bonnefon, J. F., Shariff, A., & Rahwan I. (2016). 「The social dilemma of autonomous vehicles」, Science 352(6293), 1573-1576.

「메타버스 공간에서의 아동·청소년 대상 성범죄의 형사법적 쟁점에 관한 연구」, 김혜정, 2023

「청소년 통계」, 통계청, 2021

현장에서 원하는
디지털 교과서

조재범 경기도교육청 소속 초등교사, (사)교사크리에이터협회 이사
교육부 AI 디지털 교과서 디자인단, 『교육을 위한 젭ZEP 탐구생활』 외 저자

디지털 교과서의 장점과 단점

디지털 교과서는 기존 교과 내용에 용어 사전, 멀티미디어 자료, 실감형 콘텐츠, 평가 문항, 보충 심화학습 등 풍부한 학습 자료와 지원 및 관리 기능이 추가되고 에듀넷·티-클리어 등 외부 자료와 연계가 가능한 학생용 교과서를 일컫는다. 서비스 대상은 초등학교 3~6학년(사회, 과학, 영어), 중학교 1~3학년(사회, 과학, 영어), 고등학교 1~3학년(영어, 영어Ⅰ, 영어 회화, 영어 독해와 작문)이다. 모든 학년에서 영어는 기본으로 적용되고 시수가 많은 국어나 수학은 제공되지 않고 있다.

전용앱과 웹으로 동시에 접속이 가능하여 접근성이 뛰어나다는 점은 매우 큰 장점이다. 전용앱으로만 활용할 경우 수시로 제공되는 업데이트의 번거로움과 앱 용량으로 인한 부담이 있을 수 있고 기기의 용량도 문제가 된다. 하지만 인터넷이 연결되지 않아도 앱에 저장한 콘텐츠로 어느

정도 학습이 가능하다. 반면 웹으로만 접속하면 업데이트할 필요가 없으므로 용량 문제는 해결된다. 하지만 인터넷 연결이 안 되면 사용할 수 없다는 치명적 단점을 가지게 된다.

디지털 교과서는 이러한 점을 상호보완할 수 있도록 앱과 웹을 모두 지원한다. 또한 디지털 교과서는 다양한 멀티미디어 요소를 제공하고 있다. 특히 AR 마커를 활용해 가상체험이 가능하다. 이는 사회, 과학 과목에서 매우 흥미롭고 유용한 학습 자료로 활용된다. 개인 학습 기록을 저장할 수 있다는 것도 장점이다. 영어 시간에 자신의 발음을 녹음하고 그 파일을 저장할 수 있다. 디지털 교과서에 메모하거나 하이라이트 표시를 하여 언제든 확인할 수 있다. 이렇듯 다양한 장점을 지니고 있는 디지털 교과서지만 실제 활용도가 높지 않은 편이다. 그만큼 단점도 존재하기 때문이다.

첫째 앱과 웹을 동시에 활용할 수 있다는 점은 좋지만 앱이 완벽하지 않은 편이다. 기본적으로 PC에 최적화되어 있고 별도의 모바일용 화면은 제공하지 않는다. AR 기능에도 아쉬운 점이 있다. 사회, 과학 교과서에 활용하려는 시도는 좋았으나 앱이 불안정하고 완성도가 떨어진다. 스마트폰 사양에 따라 구동이 원활하지 않아서 사용자가 쾌적하게 활용하기 어렵다. 학생들의 자료가 위두랑과 디지털 교과서에 연동이 되는 데에도 오류가 많고 사용하기 쉽지 않다.

현 디지털 교과서의 장단점을 파악해본 까닭은 앞으로 현장에 보급될 AI 디지털 교과서를 디자인해보고자 함이다. 현재 교육부의 역점 사업 중 하나가 AI 디지털 교과서이다. 2년 내로 현장에 보급될 예정이며 기존 디지털 교과서가 제공하는 교과목에도 변화가 있어 초등학교 3학년~고등학교 3학년에 영어, 수학, 정보, 국어(특수)가 제공된다. 2028년에는 국어, 사회, 역사, 과학, 기술, 가정 등으로 확대된다. 이러한 상황에서 교육 현장을 위해 어떤 디지털 교과서가 디자인되어야 할지 이야기해보자.

현장에서 원하는 AI 디지털 교과서 디자인 1. 사용 기반 구축

AI 디지털 교과서 도입에 많은 교사들이 우려하는 가장 큰 이유 중 하나가 기반 구축이 안 되어 있다는 점이다. 현재 많은 학교에 태블릿이 있지만 활용에 어려움을 토로하는 경우가 적지 않다. 태블릿은 디지털 교과서를 사용하기 위한 가장 기본적인 요소다. 이러한 태블릿을 활용한 AI 디지털 교과서가 현장에서 쓰이려면 1인 1태블릿으로는 부족하다. 최소 학생 대비 120% 이상 기기가 확보되어야 한다. 무선 인터넷 속도와 안정성도 중요하다. 거의 모든 학교에 무선 인터넷이 설치되어 있지만 속도와 안정성에는 많은 개선이 필요한 상황이다. AI 디지털 교과서는 기본적으로 앱이 아닌 웹에서 구동될 것이다. 그렇다면 단 한 순간도 인터넷이 끊기면 안 된다. 게다가 다양한 멀티미디어와 AI 요소를 활용해야 한다. 지금이야 학교에서 학생들이 동시에 인터넷에 접속할 일이 많지 않지만 2025년에 AI 디지털 교과서가 도입되면 전국 초등학교 3학년에서 고등학교 3학년까지 학생들이 인터넷에 접속할 일이 많아질 것이다. 그러므로 인터넷 속도와 안전성이 확보되어야 한다.

체계적이고 세심한 교사 연수 지원도 필요하다. 이 부분은 교육부에서도 충분히 고려하고 있는 사항이긴 하지만 50만 명 가까운 교사들을 연수시킨다는 것은 쉬운 일이 아니다. 실제 AI 디지털 교과서가 없기 때문에 에듀테크 업체에서 제작하여 활용하고 있는 디지털 교과서 등을 활용해서 간접경험할 수 있는 방식의 연수라도 빠르게 이루어져야 한다.

마지막으로 지원 체계를 구축해야 한다. 현장에서는 지금도 태블릿 관리에 많은 어려움을 겪고 있다. 충전, 업데이트, 유지 보수 등은 기피 업무 중 하나가 되어 있는 실정이다. 앞으로 더욱 커질 이러한 부담을 줄일 수 있는 실효적인 조치가 선행되어야 한다. 전산실무사를 배치하여 명확한 업무 분장을 통해 현장의 부담을 줄이고 교육청에서 권역별로 관리 요원을 순회시키거나 외부 유지보수 업체를 교육청 단위로 계약하고 관리하는 방법 등이 있을 것이다.

현장에서 원하는 AI 디지털 교과서 디자인 2. 안정적인 구동

첫술에 배부를 순 없다. AI 디지털 교과서도 마찬가지다. 그러나 최소한 구동은 안정적으로 되어야 한다. 그러기 위해서는 양보다는 질적인 접근을 해야 한다. 화려한 그래픽, 다양한 효과, 놀라운 사운드보다 더 중요한 것은 알찬 구성이다. 보통 디지털 교과서를 보면 화려한 UI(User Interface)를 강조하는데 이보다는 UX(User Experience)를 강조해야 한다. 복잡한 기능이나 과도한 정보는 학생들에게 혼란을 주고, 학습에 방해가 될 것이다.

고사양 태블릿에서나 구동될 법한 AI 디지털 교과서도 지양해야 한다. 오래전에 태블릿을 보급받은 학교들은 벌써 노후화 걱정을 하고 있다. 만일 AI 디지털 교과서 프로그램이 무겁다면 현장에서는 매우 곤란할 것이다. 보안 문제도 있다. 안정적이라는 것은 안전과 밀접한 연관을 가진다. 디지털 교과서는 사용시 항상 로그인을 한다. 이때 보안 문제는 매우 중요한 이슈가 될 것이다. 또한 로그인이 불편해서도 안 되고, 로그인이 편하다고 보안성이 떨어져서도 안 된다.

현장에서 원하는 AI 디지털 교과서 디자인 3.
최소한의 노력에 최대한의 성과

디지털 교과서에도 경제적 개념이 도입되어야 한다. 사용자가 최소한의 노력으로 최대한의 효과를 낼 수 있게 디자인되어야 한다. 구체적으로 학습관리 시스템, 즉 LMS(Learning Management System)가 잘 디자인되어야 한다. 잘 디자인된 학습관리 시스템은 학생들의 학습 과정과 성과를 추적하고 분석하는 기능을 제공한다.

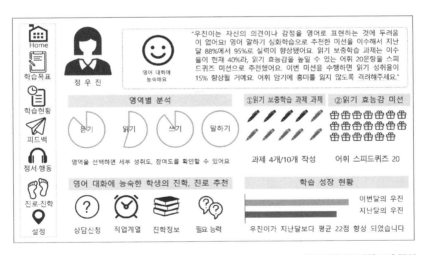

학습관리 시스템(LMS) 예시

이와 더불어 사용자 인터페이스는 간단하고 일관성 있어야 하며 학생들이 필요한 정보와 기능에 쉽게 접근할 수 있도록 해야 한다. 이를 통해 학생들은 자신만의 학습 경로를 설정하고 자신에게 맞는 효과적인 학습 전략을 사용할 수 있다. 교사 입장에서는 쉽게 학습 설계를 할 수 있어야 한다. 클릭 몇 번으로 전체 학생을 위한 수업 설계가 디자인되고 개별 맞춤형 수업 디자인도 가능해야 한다. 이러한 기능을 활용하면 교사는 더 많은 시간과 노력을 학생 상담과 정서 관리에 쏟을 수 있다. 또한 다양한 자료를 간편하게 찾을 수 있고 저장이 가능하고 학생들의 산출물들도 저장 및 공유가 쉬워야 한다. 더 나아가 교사들끼리 자료를 쉽게 공유할 수 있어야 한다.

현장에서 원하는 AI 디지털 교과서 디자인 4. 유연한 접근성과 통합성

AI 디지털 교과서는 다양한 환경에서 활용되므로 유연한 접근성과 통합성이 필수다. 사용자가 노트북, 태블릿, 스마트폰 등 다양한 디바이스에서 쉽게 접근하고 사용할 수 있어야 한다. 또한 다양한 운영 체제와 브라우저를 지원해야 하며, 모든 기능이 각 기기에서 원활하게 작동해야 한다. AI 디지털 교과서는 학생들이 학습 진도, 성과, 피드백 등의 정보를 기기 간에 쉽게 동기화할 수 있도록 지원해야 한다. 그래야 학습에 연속성을 유지할 수 있다.

통합성은 학생들이 학습 활동을 자연스럽게 이어나갈 수 있게 해주며, 또한 교사와 학생 간의 협업을 지원한다. AI 디지털 교과서는 학습관리 시스템, 온라인 라이브러리, 데이터베이스 등 다른 시스템과 연동되어야 하고 나이스와의 연동도 고려해야 한다. 디지털 교과서의 유연한 접근성과 통합성은 학생들이 학습에 필요한 정보와 기능에 자유롭게 접근하고, 이를 효과적으로 활용하도록 도와준다.

현장에서 원하는 AI 디지털 교과서 디자인 5. 현장 중심 디지털 교과서

AI 디지털 교과서의 성공적인 도입과 활용은 교사들의 적극적인 참여에 달려 있다. 교사들은 학생들의 학습 요구와 학교 환경을 가장 잘 이해하고 있으므로 디지털 교과서가 효과적으로 활용되려면 다음과 같이 현장의 이해가 반영되어야 한다.

첫째, 개발 과정에 교사들이 적극적으로 참여해야 한다. 교사들은 설계, 내용, 기능 등에 의견을 제시하고, 이를 토대로 개발팀이 AI 디지털 교과서를 제작해야 한다. 그래야 현장의 요구와 맞물려 효과적으로 활용될 수 있다.

둘째, 활용 과정에서도 교사들의 의견을 지속적으로 수렴해야 한다. AI 디지털 교과서는 교사들이 학습 활동을 계획하고 실행하며 경험한 문제점과 개선점을 반영해서 업데이트해야 한다. 이를 위해 교사들의 피드백을 수집하고 분석하는 체계를 갖추는 것이 중요하다.

셋째, 교사들에게 AI 디지털 교과서의 활용에 대한 교육과 지원을 제공해야 한다. 이를 통해 교사들은 AI 디지털 교과서에 대한 부담을 줄이고 현장에서 활발히 활용할 수 있을 것이다.

교사들의 적극적인 참여와 현장 친화적인 접근은 디지털 교과서가 현장에서 효과적으로 활용되도록 만드는 핵심 요소다. AI 디지털 교과서는 이러한 협업적 개발 과정과 현장 중심의 접근 방식을 통해 교사와 학생 모두에게 최대한의 만족을 제공할 수 있게 디자인되어야 한다.

디지털 교과서의 미래

AI 디지털 교과서가 현장에서 효과적으로 활용되려면 튼튼한 기반 구축, 안정적인 구동, 최소한의 노력에 최대한의 성과, 유연한 접근성과 통합성, 그리고 현장 중심 개발 과정 등이 필수적임을 확인하였다.

AI 디지털 교과서는 교육의 새로운 패러다임을 제시하며, 기존의 교육 방식에 혁신을 가져올 것이다. 그러나 이를 성공적으로 이루기 위해서는 교사들의 입장과 요구를 충분히 이해하고 반영해야 한다. 교사들이 AI 디지털 교과서를 수업에 적극적으로 활용하려면, 현장에서 필요로 하는 기능과 서비스, 지원 체계를 제공하는 것이 중요하다는 점을 잊지 말아야 한다.

교육은 기술의 발전에 따라 계속해서 진화한다. AI 디지털 교과서는 이러한 변화를 선도하고, 교육의 효과를 극대화할 수 있다. 이를 위해 교사들의 목소리를 듣고, 그들의 요구와 기대를 AI 디지털 교과서 디자인에 반영하는 노력을 계속해야 한다. 이러한 노력이 학생들에게 새로운 학습 경험을 제공하고, 학습 성과를 향상시키는 데 기여할 것이다.

교사의 디지털 교육 전문성을
어떻게 키울 것인가

김규섭 충청남도교육청 소속 초등교사
공부하자.com 대표, 『메타버스 교육백서 1~4권』 외 저자

최우선 과제, 교사의 디지털 감수성 높이기

교사는 학생 한 명 한 명을 소중한 존재로 키우기 위해 존재한다. 교사들은 개별 학생의 역량이나 선호도, 학습 속도 등에 최적화된 맞춤 교육을 하고 싶다는 갈망을 예전부터 갖고 있었고, 이를 위해 다양한 노력을 해왔다. 노력이 성공했는지는 그 누구도 자신 있게 답하지 못할 것이다. 이 해묵은 교육 난제를 해결해보겠노라 한 시도 중에 가장 뜨거운 키워드는 바로 AI 등 첨단 기술을 활용한 디지털 교육이다. "첨단 기술의 도움으로 누구나 자신의 역량에 맞는 교육 목표를 자기주도적으로 성취할 수 있다"라는 새로운 패러다임(Baker, Smith & Anissa, 2019)은 시공간의 한계를 극복하고, 데이터에 기반한 과학적·객관적 교수 학습으로 수준 높은 결과를 도출할 것이라 기대된다. 오드레 아줄레 유네스코 사무총장은 2018년 이렇게 말했다. "AI는 교육을 완전히 바꿔놓을 것이다. 학

201

습 도구와 방법, 지식 접근성, 교사 양성에서 혁명적인 변화가 일어날 것이다." 다만 디지털 기술을 빠르게 교육에 적용하고 있는 민간에 비해 공교육 현장의 변화는 더딘 상황이다.

교육부에서 2023년 6월, 17개 시도교육청에 디지털 교육 선도학교를 모집한다는 공문이 내려왔다. 이에 선도학교에 지원해보고자 교사협의회를 열었다. 여러 의견을 모아 결국 지원하기로 했지만, 아직까지 마음에 남는 말이 있다. "요새 교육방식은 그게 아니잖아요. 국어시간이라면 학생들과 토의 토론을 하고, 체육시간에는 뛰어 놀게 해야 하잖아요."

이러한 의견에 동의하지 않는 것이 아니다. 다만 학생 주도형 활동 중심 교육 철학에 AI 코스웨어 같은 디지털 교육을 접목함으로써 시골에 있는 우리 학교 학생들의 부족한 부분을 메꿔줄 수 있다면 얼마나 좋겠냐는 것이다. 그러나 디지털 교육에는 뿌리 깊은 부정적 인식이 있다. 선도학교가 됨으로써 어려운 일이 생길까봐 기피하는 게 아니라, 말 그대로 부정적인 것이다. 그동안 스쳐 지나갔던 컴퓨터 교육, ICT 활용 교육, 스마트교육, 소프트웨어교육, AI 교육들에 과연 어떤 기억이 있었던 것일까.

"선생님들이 수업하실 때 컴퓨터로 웹플랫폼이나 영상 같은 자료를 활용하시잖아요? 이것들을 전자칠판이나 TV로 학생들에게 보여주시고요. 태블릿도 쓰시고 앱도 활용하시죠. 이미 디지털 교육을 하고 계신데요? 별거 아니에요." 이렇게 안심시키는 수밖에 없었다. 이날 교사협의회는 많은 고민을 남겨주었다.

디지털 교육의 전문성 신장은 바로 이러한 지점들에서부터 시작해야 한다고 생각한다. 교사의 감수성 말이다. 교사의 민감한 감수성을 건드려 삐뚤어지게 하면 원하는 교육의 방향이 실현되지 않는다. 반대로 감수성을 충분히 만족시켜주면 교실에서는 행복한 웃음이 떠나지 않고, 유의미한 교육활동들이 이루어지게 된다. 그러므로 부정적인 인식을 긍정적으로 바꾸고, 힘든 디지털 활용 수업에 쉽게 다가가는 데서부터 시작해야 한다. 사람들은 잘 모르는 것을 부정적으로 인식하거나 불안해하는 경우가 많다. 잘 알고 있는 것에는 긍정적으로 바라보거나 기대감을 갖는다.

AI 교육 연수나 책을 집필할 때 AI 윤리에 관한 내용은 절대 빠뜨리지 않으려고 한다. 특히 자율주행 자동차와 연계한 변형된 트롤리 딜레마 상황을 유추하는 모럴 머신을 자주 인용한다. 자율주행 자동차가 사고를 내서 사상자가 생긴다고 가정하자. 운전자와 보행자 중 누구를 보호해야 하는지, 어느 연령대를 더 보호해야 하는지, 동물종에 따라, 사회적 계급과 교통 법규 준수 여부 등에 따라 어떤 선택을 해야 하느냐를 가지고 토의 토론 수업을 하게끔 하는 것이다. 이러한 사례를 접하면서 '자율주행 자동차와 AI 기술이 불완전하구나' '자율주행 자동차는 최대한 피해야지, 아무래도 상용화가 늦어지겠구나' 하며 처음에는 부정적으로 보았다. 그러나 자율주행 자동차에 대해 더 많은 자료를 접하며 긍정적인 면을 발견하기 시작했다. 자율주행으로 인해 교통 혼잡이 사라지고, 더 안전한 도로가 될 수 있다는 점, AI가 운전을 대신하므로 운전자는 생산성 높은 다른 활동을 할 수 있다는 점, 자동차가 이동 수단이 아니라 하나의 공간으로 존재하고 다양한 형태의 움직이는 모빌리티들이 등장하게 될 것이라는 점도 발견했다. 그리고 결국 이런 점들이 인간의 행복과 건강과 직결됨을 인식했다. AI와 자율주행 자동차에 대한 부정적 인식이 긍정적으로 전환된 것이다. 이런 내용을 토대로 학생 대상 교육 프로그램을 구성하면서 디지털 교육과 관련한 전문성을 키울 수 있었다. 이 외에도 디지털 교육에서 전문성을 키우기 위한 몇 가지 방안을 제안한다.

디지털 트렌드에 민감하게 반응하기

몇 년 사이에 AI 기술이 빠르게 발달하면서 자율주행 자동차와 관련한 내용에 많은 변화가 있었다. 자동차의 개념을 뛰어넘는 모빌리티로 확장, 생활공간과 자동차의 결합으로 우리 삶에 질적인 변화가 생긴다는 점, 자동차의 모양이 혁신적으로 변화될 것이라는 점을 모른다면 자율주행 자동차 프로그래밍 수업만 했을 뿐, 학생들에게 자율주행 부문의 미래에 대해 온전히 가르쳤다고 할 수 없을 것이다. 즉, 빠르게 변화하는 트렌드를 따라잡지 못하면, 학생들에게 늘 수박 겉핥기식의 내용만 전달하는 교사가 될 수 있다는 점을 경계했으면 한다.

몇 년 전만 하더라도 교사는 소프트웨어 수업을 위해 제공되는 자료를 다운로드받아 사용하였다. 이때 한 번 다운로드한 자료는 더 이상 업데이트가 되지 않아 컴퓨터 깊숙한 곳에 잠들어버리거나 휴지통으로 직행했다. 인간의 지식도 마찬가지다. 업데이트가 되지 않은 지식들은 변화하는 사회를 반영하지 못하고 구닥다리가 되어 복지부동 교실을 만드는 데 일조한다. 학생들에게 기계적·반복적으로 과거의 지식들을 읊는 뻐꾸기시계 같은 존재가 되는 것만은 피해야 하지 않을까?

챗GPT와 생성형 AI 플랫폼은 현재 수없이 난립하고 있다. 이를 모두알 필요는 없다. 다만 그 과정을 눈여겨보고 관심을 가져야 한다. 그러다보면 새로운 지식을 접하고 불안이 사라지면서 디지털 교육에 대해 긍정적으로 바라보고 자신의 전문성을 쌓을 수 있을 것이다.

그렇다면 어디에 관심을 두고 어떻게 관심을 표현해야 할까? 교육계 종사 블로거들, 인스타그램과 페이스북의 인플루언서들, 유튜버, 교육콘텐츠 크리에이터 단체나 전국 동학년 밴드 모임 등의 SNS에 가입하고, 좋아요, 구독을 누르자. 실시간으로 올라오는 그들의 행보와 산출물들이 나에게 새로운 지평을 열어주기도 하고, 좋은 자극을 주기도 하며, 활력소가 되기도 할 것이다.

자발성이 확보되지 않으면 전문성을 부여하기 어렵다. 해당 분야에 스스로 질문하고 탐구하고 결과를 내놓는 과정을 수없이 반복해야 한다.

그렇다면 우리는 전문성이 없는가? 교육 전문성을 위해 책도 읽고, 직무연수든 원격연수든 듣는데 무엇이 부족한가? 교사들에게 가장 아쉬운 것이 바로 '자발성'이다. 많은 연수들에 강제성이 있다 보니 자발성이 무시된 전문성 신장에 열을 올리고 있다. 하지만 동료 교육자의 SNS에 좋아요와 구독, 가입 버튼을 누르는 것은 자발성이 없이는 절대 할 수가 없다. 버튼을 클릭하는 이 행위 자체가 벌써 자발성을 충족시킨다. 게다가 디지털 교육의 전문성은 기술 도구와 플랫폼을 이해하고 활용하는 것이 시작인데, SNS를 구독하고 좋아요 버튼을 누르면서 디지털 분야에 발걸음을 한 발 내딛는 셈이다. 수많은 교육 SNS를 통해 기본적인 디지털 교육을 이해하고 디지털 리터러시를 체득하고 정보 검색과 평가 능력을 쌓게 된다. 또한 교육 SNS들은 대부분 학생들의 학습과 발전을 위한 효과적인 방법과 전략들을 거리낌 없이 공유한다. 구독자들은 은연중에 학습 이론, 교육방법론, 평가 및 피드백 등 교육적 지식과 기술, 역량을 갖춰나가게 된다.

절대적인 시간을 확보해야

예로부터 교실에서 내려오는 이야기가 하나 있다. "컴퓨터나 태블릿으로 공개수업을 하면 꼭 뭐가 안 돼." 불안감 때문에 부정적 인식이 드러난 대표적인 예인데, 이를 대수롭지 않게 생각해서는 안 된다. 이런 부정적인 생각들이 모여 결국 디지털 교육을 꺼리게 만들기 때문이다. 그러다 보니 전문성을 신장하지 못하고, 교육부와 교육청에서는 하향식 연수를 진행한다. 물론 이런 시책이 교사들의 '시간'을 요구하기 때문에 어느 정도 전문성을 확보하는 효과는 있다.

디지털 교육을 어렵게 만드는 점이 또 하나 있다. 디지털 기기가 뜻대로 작동하지 않으면 교사들이 금방 포기한다는 점이다. 업무가 많은 입장에서 디지털 기기에까지 시간을 들이기가 어렵기도 하다. 그러나 끈질기게 달라붙고 원인을 파헤치는 시간을 들여야 비로소 진단과 처방을 내릴 수 있고, 그렇게 디지털 교육을 선도하는 교사가 될 수 있다. 디지털 교육을 어렵게 느끼는 근본적인 이유는 '충분한 시간'을 들이지 않았기 때문이다. 교육 경력이 쌓일수록 공개수업에 대한 부담감을 덜 호소하는 경향이 있다. 시간이 지날수록 전문성이 쌓이는 것이다. 디지털 교육의 전문성 또한 마찬가지로 시간을 들이다 보면 자연스레 갖추어지게 될 것이라는 데 이견은 없을 것이다.

뭉치고 참여하라

2020년 3월에는 코로나 팬데믹으로 인해 온라인으로 개학식을 했다. 사상 초유의 일이 있었다. 컴퓨터가 학교에 처음 보급되었을 때 적응하지 못한 교사들이 학교를 많이 떠났다고 들었다. 마찬가지로 갑작스러운 원격수업에 적응하지 못하는 교사와 학생들이 다수 나올 것이라 예상했다.

힘든 교사의 학생들 역시 어려움에 빠질 것이 분명했다. 학교 현장에 도움을 줄 수 있는 방법을 고민하다가 충남소프트웨어 ICT교육연구회 선생님들을 중심으로 교사들의 전 학년 전 교과서 수업 콘텐츠를 만들기 시작했다. 짧은 기간이나마 교사들의 숨통을 틔게 하고 학생들이 배움을 지속할 수 있도록 할 요량이었다. 이것이 교육 콘텐츠 크리에이터들의 전문적 학습공동체인 '공부하자.com'으로 발돋움했고, AI 교육 보드게임, 메타버스 교육백서, 챗GPT 융합교육 가이드, AI 코딩 스쿨 등 도서와 원격연수 콘텐츠를 개발하는 계기가 되었다. 코로나 팬데믹이 만든 교육 문화로 인해 이 외에도 생긴 단체가 여럿이다. 자신이 제작한 영상을 무료로 스트리밍하는 교사 유튜버들이 대거 활약하면서, 유튜브하는 교사들의 모임인 '티튜버'가 만들어졌고, 이는 사단법인 교사크리에이터협회 발족의 씨앗이 되었다. 이렇게 뭉치고 참여하는 문화가 확산되었다.

공통의 관심사를 가진 교사들이 모여 정말 마법 같은 일들이 벌어졌었다. 원격수업 기간 동안 교육부 보도자료가 그 어디보다 빠르게 공유되었고, 각종 행정 지침이나 매뉴얼 등이 정리되어 올라왔다. 교사들의 원격수업 자료와 방법들이 소개가 되었고 재능 나눔 활동이 활발하게 이루어졌다. 흔히들 말하는 '집단지성'을 실감하게 된 것이다.

최근에 4세대 나이스와 관련해서 많은 문의가 쏟아지고 있다. 그러나 걱정이 없다. 그냥 단톡방에 질문만 올리면 된다. 전문성이 부족해 고민인가? 모이면 된다. 부족한 부분을 채울 수 있다.

또한 보호받을 수 있다. 이러한 집단지성을 지닌 모임(단톡방)의 또 다른 순기능이다. 서로 보듬어주고 챙겨주는 상담 창구의 역할까지 해내는 것이다. 그러다 보니 전문성을 포기하고 교직을 떠나려는 이들을 다시 안으로 끌어주는 긍정적인 효과도 발휘된다.

디지털 기록으로 남기기

기록은 학습과 성장에 매우 중요한 요소다. 기록을 통해 우리는 경험과 지식을 담아내고 돌아보며 반성하고 발전의 기회로 삼을 수 있다. 기록은 자신의 학습 경험을 평가하는 데 도움을 주기도 하며, 지식을 올바로 정리하고 활용할 수 있는 능력을 향상시킨다. 게다가 디지털 기록은 학생들 간 협력과 공유를 촉진하기도 하며, 교사 간 나눔 활동뿐만 아니라 스스로 학습과 활동 결과 등을 홍보함으로써 새로운 도전 기회를 얻는 데 일조하기도 한다. 이러한 도전을 통해 다시 사람과 사람이 연결되어 아이디어를 공유하고 협력함으로써 더욱 풍부한 학습 경험을 토대로 새로운 전문성을 쌓아나갈 수 있다.

이런 사례도 있다. 학생들과 마인크래프트를 활용해 수학과 '공간과 입체' 영역의 '쌓기 나무' 활동을 진행했다. 그리고 수업 성취 기준과 학습 목표, 활동 내용뿐만 아니라 학생들과의 소소한 일들도 기록하고, 사진을 찍거나 컴퓨터 화면을 녹화해서 블로그에 포스팅했다. 물론 여기에는 품이 든다. 그러나 장점이 더 크다. 일단 경험을 전달하기에 매우 간편하고 신속하다는 것이다. 주변에서 나의 수업 사례를 궁금해하는 경우 링크 주소를 복사해서 보내면 끝이다. 교사나 일반인 대상으로 연수를 하거나 회의를 할 때도 마찬가지다. 다른 자료를 만들 필요가 없었다. 그저 블로그 기록들을 검색해서 화면을 캡처하거나, 포스팅한 글들을 바로 보여주면 되었다.

소비자에서 생산자로, 에듀컨슈머가 되자

2023년 2월 교육부는 디지털 기반 교육혁신 방안을 내놓으면서 디지털 기술을 활용한 교수·학습 모델을 소개했다. 현장 적합도 높은 수업 모델과 가이드라인을 개발하기 위해 교사와 민간전문가 등을 자문단에 포함시킨다는 소식도 전했다. 하지만 이러한 노력들이 정작 학교 현장에서 원하는 것과 맞아떨어지지 않는 것이 문제다. 수업 모델과 가이드라인, 그리고 선도학교 교사들이 내놓는 수업 사례보다는 '이런 것을 이 교과에 이렇게 가르쳐라'라는 직접적인 지침과 바로 수업에 활용할 수 있는 교육 자료가 필요하다. 즉 디지털 활용 수업을 쉽게 진행할 수 있는 디지털 교육 자료가 가장 우선이 되어야 한다. 관련 지식이 전혀 없어도 그 수업 자료만 있으면 전문성이 있는 교사로 탈바꿈되는 자료 말이다. 이러한 자료들이 디지털 수업을 힘들어하고 기피하는 교사들에게 가뭄의 단비가 된다.

공부하자.com의 경우 메타버스를 한 번도 해보지 못한 교사도 바로 수업을 진행할 수 있도록 만들자는 취지로 학생용 교재와 화면 제시용 프레젠테이션 자료를 구글 슬라이드 형태로 개발하고 있다. 이미 다양한 교육 단체와 기관, 개인적인 차원에서도 비슷한 작업을 하고 있다. 각 시도교육청에서 매달 카드뉴스 형태의 AI, 소프트웨어 교육 자료를 보급하거나, (사)교사크리에이터협회의 많은 회원들이 유튜브 영상과 인쇄해서 바로 쓸 수 있는 학습지 및 도안 등을 제시하는 것처럼 말이다. 이러한 노력들이 디지털 교육에 대한 교사의 감수성을 높이고, 긍정적인 인식 전환에 도움을 주고 있다.

그러나 당연하게도 수업하기 쉬운 자료가 있다고 해서 디지털 교육의 전문성이 실현되는 것은 아니다. 자신의 여러 경험을 더해 새롭게 배워가며 재구성해가는 과정 속에서 교육 자료를 만들어봄으로써 전문성은 쌓일 수 있다. 디지털 교육 자료를 소비하던 것을 넘어 생산자로서의 역할을 함으로써 디지털 기기도 능숙히 다루게 되며, 모르는 내용을 알기 위해 시간을 투자해가면서 수업 적용 방식에 대해 고민하는 과정이 결국 교사 자신의 디지털 교육 전문성으로 치환되는 것이다.

디지털 교육 전문성을 키워나가는 노력은 미래 교육을 선도하는 사람들의 몫이 아니다. 바로 지금 교육을 하고 있는 모든 교사들의 핵심적인 역할이다. 변화하는 사회와 기술에 발맞춰 학생들을 지원하고 이끌어야 하기 때문이다.

또한 디지털 교육 전문성은 단순히 도구 사용에 그치는 게 아니다. 교사는 학생들이 디지털 기술을 올바르게 활용하고, 정보를 비판적으로 평가하며, 창의적으로 적용할 수 있는 능력을 함양할 수 있게 가르쳐야 한다. 따라서 전문성 개발은 물론, 혁신적인 교육 방법 도입에 주목해야 한다. 디지털 트렌드에 민감히 반응하며 관심을 갖자. 자발적으로 시간을 꾸준히 투자해보자. 뭉치고 참여하며, 디지털 기록을 남기는 것으로 스스로 전문성 신장에 노력하자. 선도적인 교사들의 자료를 사용하는 것을 넘어서 자신만의 자료도 만들어보자. 협업과 연구를 통해 동료들과 지식 공유를 하며 우리 모두의 디지털 교육 전문성을 함께 끌어올리자.

디지털 교육 전문성 신장은 궁극적으로 학생들의 행복과 성장에 깊이 연관되어 있으며, 우리의 노력과 열정으로 학생들이 잠재력을 실현하고 미래를 향해 더욱 밝게 나아갈 수 있음을 잊지 말았으면 한다.

미래 교육,
왜 고전을 말해야 하는가?

윤지선 (사)교사크리에이터협회 집필팀장
전국교사작가협회 책쓰샘 대표, 『초등 교사 영업 기밀』 외 저자

스마트폰의 시대, 고전이 필요하다

AI가 급속히 발전한 포스트 코로나의 세계를 살아가고 있는 우리 아이들은 어떻게 생활하고 있을까? 교육부에서 발간하는 《행복한 교육》 2023년 7월호 기사를 보면 코로나 이전과 이후 인터넷, 스마트폰 사용 현황에서 위험, 주의를 요하는 사용자가 초등 고학년에서 저학년으로 내려오고 있는 모습을 볼 수 있다.

또한 여성가족부에서 발표한 「2022 청소년 통계」에서는 9~24세 청소년 및 학부모 상담에서 정신건강 분야에 대해 가장 많이 상담하는 것(24.1%)으로 나타났다. 인터넷과 스마트폰을 사용하며 정신건강에 대해 고민을 상담하는 아이들에게 무엇을 해줄 수 있을까?

쇼츠 같은 짧은 영상에 익숙해진 아이들은 깊이 있는 사고보다는 시각적 자극에 반응한다. 깊이 사고해본 적이 없는 아이들 앞에 문제가 놓

이면 어떨까? 당연히 해결 방법을 찾지 못해 당황한다. 이런 일이 되풀이되면 더욱 사고하는 것을 어려워하고 단편 지식들이나 단순 자극에만 관심을 기울이게 될 것이다. 그러면서 자기 효능감은 떨어지고 정신건강에 치명적 타격을 입게 된다.

정신건강을 고민하는 아이들에겐 현명한 조상들이 남겨놓은 '고전 독서'가 그 해결책이 될 것이다. 고전의 가치는 시대를 뛰어넘어 올바른 가치관을 심어주고 좋은 도덕규범을 제시한다. 『햄릿』에서 "죽느냐 사느냐, 그것이 문제로다!"라며 고뇌하는 햄릿과 함께 아이들은 인간 본질, 본성, 삶에 대해 깊이 사유할 수 있다. 그 과정에서 문제 해결력이 길러진다. 고전에는 콩쥐와 팥쥐, 금도끼와 은도끼처럼 선과 악이 분명한 캐릭터와 상황이 등장한다. 이는 아이들에게 선택에 대한 올바른 판단을 할 수 있는 기회를 준다. 또한 고전은 착한 사람이 복을 받는 권선징악의 서사를 담고 있다. 열심히 착하게 살면 나도 주인공처럼 복을 받을 수 있을 거라는 믿음을 준다. 고전이 가진 주제의식은 아이들을 뚝심 있고 단단한 아이로 자랄 수 있게 한다. 이에 고전 읽기에 열심인 아이들은 그렇지 않은 아이들보다 자존감이 높고 논리적이며 건강한 정신력을 갖게 된다.

고전이라니? 키워드 몇 개만 조합하면 논문 수준의 그럴싸한 글이 뚝딱 나오는 챗GPT 시대에 이게 무슨 소리인가 싶을 것이다. 이에 '시카고 플랜(Chicago Plan)'의 일환인 '위대한 고전 읽기(The Great Books Program)'가 어떻게 학생들을 변화시켰는지 이야기해보고자 한다.

시카고대학은 1892년 설립 이후 40년간 미국의 삼류대학이었다. 그러나 1929년 제5대 총장 로버트 허친스의 '시카고 플랜'으로 모든 것이 바뀌었다. 시카고 플랜은 '철학 고전을 비롯한 세계의 위대한 고전 100권(실제 144권)을 달달 외울 정도로 읽지 않은 학생은 졸업을 시키지 않는다'라는 고전 철학 독서 교육법이다.

시카고 플랜이 시작된 1929년부터 2022년까지 시카고대학 졸업생 및 교원들이 받은 노벨상은 97개에 달한다. 이에 시카고대학은 세계 대학 순위 10위를 자랑하는 명문대학으로 발돋움했다. 고전을 읽히기만 했는데 학생들은 세계의 지도자로 자라났고 노벨상을 받는 석학으로 성장한 것이다. 과학자 아이작 뉴튼은 "나는 초등학교 시절 지진아였지만 학교에서 고전 교육을 받았다"고 말했다. 후일 케임브리지대학 학생이 되고는 노트의 맨 첫 장에 아리스토텔레스를 필사했다. 그때 "플라톤과 아리스토텔레스는 나의 친구다"라고 적었다.

현대의 과학 발전과 혁신이 우리의 세계를 형성하고 있지만, 고전 문학에 내재된 지혜와 지식은 여전히 중요하다.

미래를 살아가는 데 고전이 필요한 이유

미래 사회를 살아가는 데 고전이 왜 필요한가에 대해서는 몇 가지 이유로 정리할 수 있다.

첫째, 고전은 다양한 시대의 문화와 역사적 맥락에 대한 깊은 통찰력을 제공한다. 이를 통해 아이들은 여러 문화를 더 깊이 이해하고 과거 사회의 가치와 믿음, 전통에 대해 깊이 있게 사고할 기회를 얻는다. 이러한 지식은 상호 연결되고 과학기술이 눈부시게 발전한 현재와 그 발전이 어디까지인지 가늠할 수 없는 미래에 필수적인 관용, 공감 및 더 넓은 글로벌 관점을 갖게 한다. 예를 들어 허균의 『홍길동전』, 조지 오웰의 『동물농장』을 읽으며 작품에 담긴 문화와 역사를 이해하고 조선의 신분제와 미국의 보이지 않는 계급주의를 비교할 수 있다.

둘째, 비판적 사고 능력과 분석이 가능해진다.

고전은 종종 복잡한 이야기, 특별한 주제, 미묘한 캐릭터를 그린다. 학생들은 이것들은 비판적으로 생각하고, 다양한 관점으로 분석하며, 상징적인 의미를 해석한다. 이러한 훈련은 지적 민첩성, 논리적 추론 능력, 그리고 미래 교육 시대에 귀중한 아이디어를 다각도로 검토하는 능력을 개발시킨다. 최근 주목받고 있는 챗GPT를 효과적으로 활용하는 비결은 지능적이고 잘 짜인 질문을 하는 기술에 있다고들 한다. 응답의 품질은 챗GPT에 제기된 쿼리(Query)[1]의 품질에 크게 영향을 받는다는 것이다. 챗GPT의 정확하고 유용한 답변을 받으려면 적절한 프레이밍 효과[2]를 노리는 질문이 필수적이다. 효과적인 질문을 통해 사용자는 챗GPT의 기능 내에서 방대한 지식과 정보를 탐색하고 생성된 응답을 기반으로 결정을 내릴 수 있다는 것이다.

셋째, 언어 능력 및 의사소통에 유용하다.

고전 문학은 교양 있는 언어, 풍부한 어휘, 웅변적인 문체를 보여준다. 고전을 공부함으로써 학생들은 다양한 언어 패턴, 문학적 장치, 수사학적 기술[3]을 배운다. 고전 읽기 자체가 아이들의 언어 능력, 의사소통 능력, 글쓰기 능력을 향상시키는 수단이 되는 것이다. 앞서 챗GPT의 시대에 가장 중요한 능력 중의 하나가 올바른 질문을 하는 것이라고 했다. 고전을 통해 언어 능력을 키운 아이는 챗GPT에 명확한 질문을 할 것이고 그 결과를 자신만의 언어로 해석하고 발전시킬 것이다. 챗GPT의 기능을 최대한 활용하여 귀중한 통찰력과 지식을 추출하고 자신의 이점으로 활용할 것이다.

넷째, 윤리적이고 도덕적인 발전에 도움이 된다. 고전은 아이들이 한

번도 경험한 적 없는 성찰의 기회를 제공하면서 심오한 윤리적·도덕적 딜레마 상황을 제시한다. 고전은 인간의 본성, 정의, 도덕, 그리고 인간의 상태에 대한 근본적인 질문들을 탐구하기 때문이다. 이러한 윤리적 발전은 미래에 복잡한 문제를 해결할 수 있는 책임 있는 시민을 양성하는 데에도 중요하다. 빅토르 위고의 『레 미제라블』이나 우리나라 고전 『장화홍련전』 『양반전』을 통해 윤리·도덕적 사고의 틀을 발전시킬 수 있다.

다섯째 이유는 감성지능 발달이다.

고전 문학은 인간의 경험, 감정, 보편적인 진실을 깊이 있게 보여준다. 이러한 문학 작품을 통해 인간의 상태를 탐구하면서 아이들은 자신의 삶과 그 방향성, 인간의 열망에 대한 통찰력을 얻을 수 있다. 이러한 자기 성찰은 학생들이 미래에 직면할 수 있는 도전을 더 잘 헤쳐나갈 수 있도록 한다. 또 개인적인 성장, 정서 지능, 회복 탄력성을 길러준다. 정신건강 문제를 호소하는 우리 아이들에게 자신에 대한 성찰은 마음 근육을 단단하게 단련시킬 기회가 될 것이다.

여섯째, 문학적 유산을 통한 가설 연역적 추론이 가능하다.

고전 문학은 과거 세대의 집단적 지혜와 창의성을 대표하기에 우리 사회에 영향을 미친 위대한 작가와 사상가들의 공헌에 대한 자부심과 존경심을 심어주면서 문화적 정체성과 유산에 대한 감각을 키워줄 것이다. 예를 들어 『흥부전』 『춘향전』 『심청전』 같은 소설을 통해 과거 서민들의 삶을 이해하며 현재와 미래를 생각해볼 수 있을 것이다. 아서 코난 도일의 『셜록 홈스』나 로버트 루이스 스티븐슨의 『보물섬』 같은 책은 문화유산으로서의 가치뿐 아니라 미스터리를 풀며 분석적 사고와 연역적 추론 능력을 키울 수 있도록 한다.

마지막으로 영감과 상상력을 준다.

고전 문학은 상상력, 풍부한 서사를 아이들에게 끊임없이 노출한다. 아이들은 이에 영감을 받고 더 발전된 상상을 하게 될 것이다. 또한 다른 세계, 다른 시간, 새로운 풍경에 대해 생각하며 창의력과 혁신적 사고 능력을 키울 수 있다. 루이스 캐롤의 『이상한 나라의 앨리스』나 C.S.루이스의 『나니아 연대기』 같은 고전은 아이들에게 강한 영감과 상상력을 심어 줄 것이다.

이처럼 고전 읽기 교육은 문화적·역사적 이해를 제공하고, 비판적 사고력을 함양하며, 언어 능력과 의사소통 향상을 돕는다. 또 윤리적·도덕적 발달을 촉진하고, 지적·정서적 능력, 상상력을 고취시킨다. 아이들은 고전 독서를 통해 과거의 지혜를 받아들임으로써 복잡하고 알 수 없는 미래 세계를 대비할 수 있다. 고전 독서 교육은 자신과 미래 세대가 살게 될 세상의 복잡성을 탐색하고 사회에 의미 있게 기여하며, 앞으로 닥칠 기회와 도전을 받아들일 수 있도록 힘을 실어줄 것이다.

참고자료

"AI 권력이 초양극화사회를 만든다", 〈매일경제〉, 2017.10.23

「2022 청소년 통계」, 여성가족부, 2022

「학교에서 바라보는 미래교육은 무엇인가?」, 권순정, 서울교육이슈페이퍼 6호, 2022

『리딩으로 리드하라』, 이지성, 문학동네, 2010

『청소년을 위한 고전혁명』, 이지성·황광우, 생각학교, 2019

『4차인간』, 이미솔·신현주, 한빛비즈, 2020

『5백 년 명문가의 독서교육』, 최효찬, 한솔수북, 2014

『차이나는 클라스 : 고전, 인류, 사회 편』, JTBC 〈차이나는 클라스〉 제작진, 중앙BOOKS, 2019

『고전, 어떻게 읽을까?』, 김경집, ㈜학교도서관저널, 2016

『하버드 학생들은 더 이상 인문학을 공부하지 않는다』, 파리드 자카리아 지음, 강주헌 옮김, 사회평론, 2015

---

1   데이터베이스 등에서 원하는 정보를 검색하기 위해 요청하는 것.

2   어떤 방식으로 커뮤니케이션하느냐에 따라 상대방의 판단이나 선택이 달라지는 현상.

3   설득의 수단으로 문장과 언어의 사용법, 특히 대중 연설의 기술을 연구하는 학문.

2장

AI와 함께
수업을
디자인하다

교육,
생성형 AI를 구독하라

송은정 동국대학교 AI융합교육전공 교수

지금은 생성형 AI 시대

2023년 2월 27일자 「타임」 지 표지에 사람이 아니라 AI, 챗GPT가 등장했다.[1] 기자가 표지를 어떻게 기획할지 챗GPT에게 물었고, 이에 대한 챗GPT의 답변이 고스란히 표지 이미지로 실렸다. 지난 2022년 11월 30일, 오픈 AI는 대화형 AI 챗GPT 3.5를 세상에 공개했다. 이후 불과 두 달 만에 월간 사용자가 무려 1억 명을 돌파했다.[2] 사람들은 이제 챗GPT로 글을 쓰고 언어를 번역하고 프로그래밍 코드를 만들어낸다. IT 업계에서는 챗GPT를 아이폰에 이은 새로운 '게임 체인저'라고 전망하고 있다.

이 AI는 지금껏 등장했던 그 어떤 AI 서비스보다도 짧은 시간 안에 사람들의 관심을 받으며 삶 속에 스며들었다. 과거에는 재미 삼아서 챗봇을 체험해보는 정도였다면, 지금은 이를 적극적으로 업무에 도입하거나 비즈니스를 확장하는 데 이용하려는 시도들이 이어지고 있다. 이처럼 챗

GPT는 빅테크 기업들이 각축하는 격전지이자, 개인과 조직들의 블루오션으로 급부상했다.

챗GPT는 생성형 AI의 일종이다. 생성형 AI는 AI가 기존 데이터를 분석하여 새로운 데이터를 만들어내는 기술을 말한다. 이 기술은 학습된 패턴과 규칙을 기반으로 텍스트, 이미지, 오디오 등 다양한 형태의 콘텐츠를 생성할 수 있다. 생성형 AI 모델은 대부분 딥러닝 기술을 기반으로 하고 있고, 데이터의 패턴과 구조를 학습하기 위해 대규모의 데이터를 통해 트레이닝된다. 보통의 AI에서는 원본 자료를 학습하기 위해 자료를 숫자 배열로 변환하는 인코딩 과정이 중요하다. 그런데 생성형 AI의 경우 AI의 출력 데이터를 글, 그림 등 원하는 형태로 변환시켜주는 디코딩 과정까지 필요하다.

생성형 AI의 종류로는 텍스트 생성형 AI, 이미지 생성형 AI, 오디오 생성형 AI, 비디오 생성형 AI, 단백질 구조 예측 AI, AI 검색 엔진 등이 있다. AI 검색 엔진은 지금의 챗GPT와 같은 딥러닝 기반의 자연어 처리 및 생성형 AI 모델이 검색 엔진과 결합한 차세대 검색 프로그램을 말한다.

챗GPT는 생성형 AI 중에서도 자연어 텍스트 생성을 위해 특별히 설계된 모델이다. 챗GPT에게 문장이나 어구를 통해 선행되는 단어를 제시하면 챗GPT는 언어 모델을 통해 다음 단어가 발생할 가능성을 확률적으로 예측한다. 정리하면 생성형 AI는 새로운 콘텐츠를 생성할 수 있는 광범위한 AI 모델을 의미하지만, 챗GPT는 텍스트 생성을 위해 설계된 특정 유형의 생성형 AI 모델이다.

우리는 왜 생성형 AI에 열광하는가?

기존의 채팅이나 AI 스피커 같은 대화형 인터페이스들은 스마트폰에 AI 비서 형태로 계속 보급이 되기는 했지만, 뜨뜻미지근한 반응이 주였다. 사람들의 말을 잘못 알아듣거나, 겨우 알아듣더라도 간단한 명령만 수행할 수 있어서 생각보다 사용이 불편했기 때문이다. 챗GPT의 가장 두드러진 장점은 친숙한 대화 형태로 사용자가 원하는 답을 빠르게 제공한다는 것이다. 기존의 검색 엔진에서 정보를 찾으면 관련 정보가 담긴 웹페이지와 사진들을 나열해준다. 그래서 내가 원하는 답을 찾으려면 일일이 클릭해서 내용을 확인해봐야 한다. 심지어 검색 엔진이 보여주는 결과에는 정보를 가장한 광고성 글이나 직접적인 광고까지 뒤섞여 있다. 그런데 챗GPT는 채팅창에 물어보기만 하면 AI가 즉시 답을 뿌려준다. 검색하고 헤매는 번거로운 과정이 생략되기 때문에 시간이 크게 절약된다. '관련 있는 정보가 있을 만한 곳을 알려줄 테니까 가서 찾아봐'가 아니라 '답은 이거야' 하는 식이다.

챗GPT의 또 다른 장점은 답을 얻기 위해 큰 노력을 들일 필요 없이 자연스럽게 물어보기만 하면 된다는 점이다. 챗GPT는 사용법을 따로 배울 필요가 없다. 채팅창에 궁금한 내용을 물어보기만 하면 된다. 어떤 주제에 대해 장단점을 말해달라고 하면 장점과 단점을 나누어 몇가지 항목으로 정리해서 알려주고, 더 쉽게 설명해달라고 하면 예시를 제공한다. 무언가를 습득하는 데 드는 시간, 학습에 드는 비용적인 측면을 러닝 커브(Learning Curves, 학습 곡선)라고 하는데, 챗GPT는 러닝 커브가 매우 낮다.

그리고 또 한 가지 챗GPT가 주목을 끌게 된 이유는 사용자 경험이 자연스러워졌기 때문이다. 챗GPT 3 시절만 하더라도 사용자들은 기계와 대화하고 있다는 느낌을 받았다. 가끔은 전혀 맥락에 맞지 않는 답변도 하고 무엇보다 농담을 전혀 하지 않으니 딱딱하기만 했다. 그런데 챗GPT 3.5 이후부터는 이런 부분들이 획기적으로 개선되었다. 챗GPT를 사용해본 많은 사람들이 어설프나마 사람과 대화하는 것 같은 느낌을 받았다고 말한다. 그러면서 챗GPT에게 철학적이거나 개인적인 질문도 던지기 시작했다. 챗GPT를 마치 하나의 인격체처럼 여기고 있는 것이다.

실력 있으면서도 정중하고 예의 바른 AI

챗GPT의 태도는 매우 예의 바르다. 어떤 질문을 해도 "물론이죠 (Sure)!"라는 말로 답변을 시작하고, 몇 번이나 귀찮게 물어봐도 친절하게 답해준다. 추가적인 답을 요구하면 또 다른 정보들을 생성해준다. 심지어 가끔 질문자에 대한 칭찬도 적절히 곁들여서 답해주기 때문에 사용자들의 마음이 흐뭇해진다.

챗GPT의 답변은 매우 외교적(diplomatic)이기도 하다.[3] 태도는 매우 점잖고 윤리적으로 문제가 될 만한 내용들은 조심스럽게 피해간다. 상대방에게 듣기 좋은 말만 해주기 때문에 쓴소리의 채찍까지는 기대할 수 없지만, 어찌되었든 사용자의 기분은 좋아진다. 정치적 견해나 개인에 대한 평가 등에 대해서는 답변하지 않지만, 그럼에도 아나운서같이 정확하면서도 정서적인 측면에서 매우 안정적인 비서가 항상 내 곁에 있는 느낌을 준다.

챗GPT는 AI 진화 과정의 한 단계일 뿐이다. 하지만 특유의 친숙함과

정중함, 그리고 비약적인 성능 발전으로 우리들을 매료시켰다. 챗GPT는 알고 싶은 것이 많은 사람에게는 오아시스 같은 존재이다. 이제 챗GPT와 더욱더 적극적인 소통을 통해 세상에 새로운 가치를 만드는 선두주자가 되어보자.

교육과 AI의 협력은 시작되었다

사람들은 챗GPT를 통해 사람보다 똑똑한 AI를 경험했다. 챗GPT가 일으키는 거대한 변화의 흐름 속에서 교육은 중대한 기로에 섰다. 교육계는 AI와 효과적으로 협력할 수 있을 것인가, 아니면 AI로 인해 그 역할이 축소될 것인가?

이미 협력은 시작되었다. 2023년 3월 초 세계 최대의 비영리 교육 플랫폼인 칸 아카데미(Khan Academy)는 GPT 4 기반의 AI 튜터 칸미고(Khanmigo)를 선보였다.[4] 칸미고는 학생들을 위한 일대일 AI 튜터 역할을 하면서도, 교사들을 위한 보조교사 역할을 수행한다. 칸미고는 단순히 답을 내놓는 기존의 챗GPT와는 다르게 학습을 돕는 가이드 역할을 하도록 설계되었다. 학생이 문제의 답을 물어보면, 문제를 푸는 과정에 대해 학생과 대화를 시작하는 식이다. 이에 대하여 칸 아카데미의 CEO 살만 칸은 "칸미고는 '가상의 소크라테스'처럼 행동할 것"이라고 설명한다.[5] AI가 질문에 바로 답을 제공하는 것이 아니라, 학생이 에세이를 쓸 수 있도록 방법을 가르쳐주는 좋은 교사처럼 행동한다는 것이다. 학생이 수학 문제의 답을 물어보면, 칸미고는 스스로 문제 푸는 법을 배우는 것이 중요하다고 말하면서 풀이에 필요한 내용들을 같이 공부해보자고 제안한다. 그리고 문제를 풀 수 있는 공식과 함께 의욕을 북돋우는 말들을 채팅으로 건넨다. 마치 과외 선생님처럼 문제 풀기 과정을 한 단계 한 단계씩 대화로 짚으며 풀어나간다.

빌 게이츠는 또한 AI가 아이들에게 좋은 가정교사가 될 것이라고 순기능을 강조했다. 머지않아 AI가 아이들에게 읽고 쓰는 법을 가르치는 교사가 될 것으로 전망했다.[6] 그는 현재 AI 챗봇의 읽고 쓰는 능력이 믿을 수 없을 정도로 유창하다면서 "AI가 어떻게 읽기를 도와주고 글쓰기에 피드백을 주는지 알게 되면 놀랄 것"이라고 했다. AI를 이용하는 데도 비용이 들기는 하겠지만, 지금보다는 사교육에 드는 비용을 낮춰 평등한 교육에 도움이 될 것으로 기대하고 있다.

교육자들이 생성형 AI를 알아야 하는 이유

챗GPT를 만드는 오픈AI의 최고기술책임자(CTO) 미라 머레이티는 챗GPT와 교육에 대하여 이렇게 언급하였다. "챗GPT는 우리가 가르치고 배우는 방식을 완전히 혁신할 수 있는 잠재력을 가지고 있다."[7] 챗GPT는 교육의 다양한 가능성을 확장시킬 수 있는 무한한 동력을 제공할 것이다. 구체적인 내용은 다음과 같다.

첫째, 교육적 상호작용이 가능하다.

지금의 교실 수업에서는 교사가 학생 한 명 한 명에게 일대일 수준의 상호작용을 제공하기에는 제약이 따른다. 챗GPT 시대에는 AI가 사람의 보조교사 역할로 지원되어 맞춤형 교육에 한 발짝 더 다가가고, 교육의 불평등을 해소하는 데 일조할 수 있을 것이다. 챗GPT 같은 챗봇이 교사의 보조적인 역할을 수행하여 보다 정확한 진단과 빠른 피드백을 제공하고, 사람인 교사는 학생에게 정서적인 지원을 하고 교육의 전체적인 흐름을 주도해나갈 수 있다.

둘째, 교육적 실험이 확장된다.

AI가 교육의 다양한 영역에 도입되면서, 우리는 챗GPT 같은 가상의 인격체들을 대상으로 다양한 교육적 실험들을 시도해볼 수 있다. 교육이 발전하기 위해서는 인간의 심리와 행동에 대한 연구가 꾸준히 이루어져야 한다. 그런데 교육에서의 임상적인 연구들은 사람을 대상으로 하는 실험 또는 관찰이 주가 되기 때문에 연구윤리에 있어 고려해야 할 사항들이 많았다. 챗GPT와 같은 AI를 교육 연구에 도입하여 교육적인 실험들을 더 빠르고 안전하게 진행할 수 있고, 이를 통해 얻은 잠재적인 결론들을 바탕으로 새로운 교수 학습 모델들을 실제로 적용해볼 수 있다.

셋째, 교육적 상상력을 부여한다.

생성형 AI는 교육에 상상력을 부여하고 그것을 실현하는 데 가속력을 더해준다. 챗GPT에게 교육적 문제를 해결하기 위한 질문을 던지면 새로운 아이디어를 즉시 생성하여 제안해준다. 우리가 교육과 관련된 사안들에 대하여 브레인스토밍을 한다면 생각의 흐름이 계속 이어질 수 있도록 챗GPT의 도움을 받을 수 있다. 챗GPT는 사람이 생각하는 속도보다 더 빠르게 아이디어들을 정리해주기 때문에 아이디어를 실현하는 과정에서도 업무가 가속화된다. 생성형 AI는 거대 언어 모델을 통해 정돈된 지식을 전달해줌으로써 우리의 정신적 영역에까지 인사이트를 제공한다. 따라서 앞으로 교육적인 문제를 해결하는 데에도 광범위한 영향을 미칠 것이다.

챗GPT는 이미 세상을 변화시키고 있다. 교육계는 이 거대한 흐름에 더욱 관심을 기울일 필요가 있다. 교육자들이 챗GPT와 같은 AI 기술들을 이해하고 안전하게 활용하여, 궁극적으로는 교육자들의 성장 동력으로 작용하기를 바란다. 앞으로의 교육자들은 AI와의 협업을 통해 마치 아이언맨처럼 확장되고 강화된 역량을 지니게 될 것이다.

챗GPT와 함께 가르치기

우리는 과연 챗GPT 없이 가르칠 수 있을까? 또는 언젠가 챗GPT가 교사를 대체하는 날이 오게 될까? 미래 사회에서는 교사의 계획 안에서 AI가 가르치고, 교사는 학생들이 더 깊은 수준의 배움에 도달할 수 있도록 격려하고 조력하게 될 것이다. 지금의 교실 수업에서는 여러 가지 이유로 인해 일대일 개별화 교육이 실현되지 못하고 있다. 그런데 챗GPT 같은 대화형 AI 서비스가 AI 튜터로 등장하며 변화가 예고되었다.

학생들은 챗GPT와 같은 대화형 AI를 통해 소크라테스식 대화에 참여하게 될 것이다. 교사는 학생들이 챗GPT에 답을 바로 요청하기보다 AI와 대화를 통해 생각을 정리할 수 있도록 조력한다. 예를 들어 시험이 없어져야 한다고 생각하는 이유에 대하여 챗GPT와 소크라테스식 대화를 통해 토론해볼 수 있다.

챗GPT는 AI 튜터로 활동하며 교사의 수업을 보조하게 된다. AI 튜터는 AI에 기반하여 학생의 학습 상태를 분석하고, 부족한 부분을 찾아 이를 개선할 수 있도록 전략을 조언해주는 서비스다. 일대일 튜터링 방식으로 개별화 수업을 하는 것이 기존의 교실 수업보다 효과적이라는 것은 이미 블룸의 2 시그마 효과로 검증된 바 있다.[8] 1984년 미국의 교육심리학자 벤저민 블룸은 교사가 1명이고 학생이 30명인 교실 수업에서의 성취도와, 일대일로 튜터링이 이루어지는 상황에서의 성취도를 비교하였다. 그 결과는 상상을 초월하는 차이로 나타났다. 일대일 수업에서의 성취도는 일반적인 교실 수업에서의 성취도를 크게 뛰어넘었고, 평균 성취도가 일반 수업을 받은 상위 2~3%에 해당하는 학생들의 성적과 같았다.

이제는 AI가 교사를 보조하여 일대일 튜터링을 구현하는 데까지 기술과 교육의 협력이 이루어지고 있다. 교사는 수업 내용과 지식 전달의 모든 과정을 설계하고, 학생 개개인의 정서적 측면까지 포함한 보다 폭넓은 의미의 개별화 교육을 실현하게 된다. 이때 교사의 역할은 '기획 및 조력자'이다. 교사는 비판적 질문과 적극적 경청을 통해 학생 스스로 문제를 성찰하고 답을 찾을 수 있도록 안내하고, 학생의 정서적 안정 및 정신적 회복 탄력성 증진을 돕는 조력자로 활동한다. AI의 역할은 '보조자'이다. 챗GPT는 수업에 최적화된 강의 자료를 검색하고, 자료들의 조합을 제시하며 반복적인 평가를 대행한다.

많은 교육 관계자들이 챗GPT를 교육에 활용하는 방안에 대하여 고민한다. 그런데 문제는 챗GPT가 일반적인 목적을 위해 개발된 AI라는 점이다. 따라서 장기적으로는 교육 AI 모델의 방향성을 수립하고, 교육에 적합한 AI 모델이 개발될 수 있도록 생성형 AI 시대의 교육 거버넌스가 마련되어야 한다. 이를 위해 AI 개발자들을 비롯한 업계 관계자와 정책 입안자들의 협력이 적극적으로 이루어져야 할 것이다. 그리고 기업들의 책임감 있는 AI 개발과 배포를 위한 교육계의 지원 역시 요구된다.

세계적으로 에듀테크 회사들이 교육에 적합한 AI를 개발하기 위해 사전에 데이터를 필터링하고, 내부적으로 모델의 안정성을 검토하며, 전문가의 평가를 받고, 교육계의 모니터링을 통해 안전한 AI 서비스를 제공하는 데 힘을 쏟고 있다. 물론 유해한 정보나 조언, 그리고 부정확한 정보가 생성될 가능성을 배제하기 어렵다. 따라서 교육계도 자체적인 윤리 규범을 확립하여 준수할 필요가 있으며, 사용자들 역시 비판적인 시각으로 AI를 활용해야 할 것이다.

1   "The AI Arms Race Is Changing Everything", Chow, A. R., & Perrigo, B., 「Time」, 2023.2.17

2   〈Let's chat about ChatGPT〉, UBS, 2023.2.23

3   "Will Asian Diplomacy Stump ChatGPT?", Hunt, P., 〈The Diplomat〉, 2023.3.7

4   "A Fireside Chat on education, technology, and almost everything in between", Gates, B., GatesNotes.com, 2023.4.19

5   OpenAI. (n.d.). Khan Academy. https://openai.com/customer-stories/khan-academy

6   "Mira Murati, creator of CHATGPT, thinks AI should be regulated", Simons, J., 「Time」, 2023.2.5

7   "Harnessing GPT-4 so that all students benefit. A nonprofit approach for equal access", Khan Academy, 2023.3.15

8   Bloom, B. S.(1984). 「The 2 sigma problem: The search for methods of group instruction as effective as one-to-one tutoring」, Educational researcher, 13(6), 4-16.

챗GPT, 교육 현장에서
어떻게 활용할 것인가?

강경욱 전라북도교육청 소속 초등교사
전라북도 GEG 리더

AI 보조교사로 바꾸는 교육의 미래

교육의 최전선에 있는 교사는 매일 아이들의 수준과 흥미를 고려하여 교육과정 내용을 재구성한다. 그들은 학생들의 갈등과 고민을 해결하는 것은 물론, 일상적인 업무부터 창의력을 필요로 하는 업무에 이르기까지 다양한 과제를 수행한다. 초등교사는 10개 이상의 교과목에 대한 수업 준비를 하고 실제 5~6시간 수업을 진행한다. 그러는 와중에 학생과 학부모의 민원 처리와 상담 업무를 병행한다. 이렇게 다양한 일을 하는 것은 결코 쉬운 일이 아니다.

이런 교사들의 업무를 효율적으로 보조하고 학생들의 학습 경험을 더욱 풍부하게 만들 수 있는 AI 기술이 큰 관심을 받고 있다. AI 기술 중에서도 챗GPT 같은 언어 모델은 교육 현장에서 강력한 보조교사로 활용할 수 있다. AI에게 창의적인 수업 설계를 도와달라고 청하면 어떤 대답을 해줄까? 아이들의 흥미를 불러일으킬 만한 활동을 정리해달라고 할 수 있지 않을까? AI를 상담에 활용한다면 교사가 찾지 못한 상담의 실마리를 얻을 수 있지 않을까?

AI를 실제 교육 현장에서 활용했던 사례를 살펴보고 교육의 미래에 대해 생각해보자.

챗GPT, 동기유발 활동은 어떤 게 좋을까?

초등학교 6학년 1학기 국어 과목에 '조선시대 궁궐'에 대한 글을 읽으며 '내용 추론하기'를 배우는 단원이 나온다. 글을 읽기 전에 조선시대 궁궐에 대한 동기유발 자료를 준비해 수업에 대한 흥미를 높이고 싶었다. 이에 챗GPT에게 동기유발에 활용할 수 있는 활동이 무엇이 있는지 아래와 같이 물어보았다.

"조선시대 5대 궁궐에 대한 글을 바탕으로 '추론하는 글쓰기'에 관한 수업을 진행합니다. 이때 '내용을 추론하여 글을 읽어봅시다'가 학습 목표입니다. 초등학교 6학년 수준에 있는 학생들의 학습 동기를 유발하기 위해 어떤 활동을 하는 게 좋을까요?"

챗GPT는 즉시 4가지 활동을 제안하였다. 1. 그림 추론 2. 퀴즈 추론 3. 이야기 작성 4. 역할 놀이가 그것이다. 이 중 1번인 그림 추론 형식을 선택하여 수업에 활용하였다. 아이들에게 구글 이미지 검색을 통해 찾은 조선시대 5대 궁궐의 그림을 보여주고 궁궐 외부와 내부의 모습도 보여주었다. 그리고 '그림 속 궁궐들을 보고 특징을 비교해봅시다'라는 발문을 던졌다.

챗GPT는 그림 추론 활동에서 '왕과 왕비는 이 궁궐에서 어떤 일상생활을 할까요?'라는 발문을 제안했지만, 이 부분은 수업의 흐름에 맞지 않다고 판단해 적용하지 않았다. 이처럼 수업을 디자인할 때 챗GPT를 활용한다면 수업의 목표, 반 학생들의 특성, 성취 기준 등 교사의 전문성을 바탕으로 취사선택해야 한다.

만약 챗GPT의 답변에서 내가 원하는 답이 없다면, 추가로 질문을 던져볼 수 있다. '1번 그림 추론 방식에서 활용할 수 있는 이미지를 추천해줘' '2번 퀴즈 추론에 사용할 퀴즈 예시를 알려줘' 등과 같이 내놓은 답변에 근거한 추가 질문을 던지면 보다 구체적인 답변을 해준다. 이러한 챗GPT를 활용한 수업 설계는 어떤 수업에든 적용해볼 수 있다.

챗GPT, 수업에 필요한 자료 검색해줘

초등학교 6학년 1학기 사회 1단원에는 '국회가 하는 일'이 나온다. 이 내용을 조사 발표 수업으로 설계하면서 학생들에게 조사할 내용에 대한 예시를 찾아 알려주고 싶었다. 챗GPT에게 아래와 같은 프롬프트 형식을 통해 물어보았다.

"[@학생 수준] [@과목] [@수업 목표]에 맞춘 수업을 설계하려고 해. [@활동]을 하고 싶은데, [@학생 수준]에 맞춰 도움이 될 만한 자료를 찾아줘." 챗GPT는 즉각적으로 답변을 내놓았다.

[질문]
초등학교 6학년 1학기 사회 '국회가 하는 일을 설명할 수 있다'라는 수업 목표

를 가진 수업을 설계하려고 해. 국회에서 하는 일을 구체적으로 조사하는 활동을 하고 싶은데, 초등학교 6학년 수준에 맞춰 도움이 될 만한 자료를 인터넷에서 찾아서 알려줘.

[답변 요약]

1. 국회 홈페이지 : 국회의 역할과 기능, 국회의원들의 역할 등에 대해 자세한 정보를 제공하는 국회 홈페이지를 활용할 수 있습니다. 아래 링크를 통해 접속할 수 있습니다.
2. 유튜브 동영상 : 유튜브에는 국회와 관련된 다양한 동영상 자료들이 있습니다. 예를 들어, '국회 설명'이나 '국회 기능'과 같은 키워드로 검색하면 초등학생 수준에 맞는 국회 설명 영상을 찾을 수 있습니다.
3. 교과서 및 학습 자료 : 교과서나 교육청에서 제공하는 학습 자료를 활용하여 수업을 준비할 수 있습니다.
4. 국회 박물관 : 국회와 관련된 다양한 전시물과 체험 프로그램을 제공합니다.

챗GPT의 답변은 학생들의 조사 학습에 도움이 될 자료가 되기에 충분했다. 신뢰성을 확인해야 하는 수고로움이 있지만 자료 검색에 들이는 시간과 수고를 대폭 줄여주었다. 일반적으로 조사 학습 발표를 준비하기 위해서는 교사가 먼저 충분한 자료를 수집해야 하지만, 챗GPT를 통해 이 과정을 단축할 수 있었다. 또한 교사가 놓칠 수 있는 추가 자료를 얻을 수 있다. 4번 국회 박물관 홈페이지가 그 예다. 이 홈페이지에는 국회의 역사에 관한 여러 자료가 있어 수업에 큰 도움이 되었다. 주의할 점도 있다. 챗GPT의 답변은 반드시 교사가 직접 검토해야 한다. 2번째 답변대로 유튜브 동영상에서 '국회 설명'이나 '국회 기능'을 키워드로 사용했을 때가 그 예다. 유튜브에는 대부분 현재 논쟁거리를 토론하는 정치 관련 영상이 나타났다. 교사가 원래 의도했던 영상을 찾기 어려웠다. 만약 챗GPT의 답변을 그대로 아이들에게 제공했다면 수업이 의도대로 진행되지 않았을 것이다. 교사는 학생들이 수업 목표와 관련 없는 내용으로 혼란스러워하지 않도록 주의 깊게 챗GPT의 답변을 활용해야 한다.

챗GPT, 수학 문제 만들어줘

초등학교 6학년 1학기 수학 '비와 비율' 단원평가를 준비하면서, 챗GPT로 문제를 만들어보는 것은 어떨까 하는 생각이 들었다. 간단한 퀴즈 형식의 문제는 교과서를 활용하거나 담임교사가 그때마다 생각해 숫자를 바꿔 제출하기도 한다. 하지만 실생활과 연결된 고차원적인 사고력을 요구하는 문제를 만들기는 쉽지 않다. 그래서 실생활 문제를 만드는 데 적합한 프롬프트를 사용하여 챗GPT에게 도움을 요청하였다. "[@학생 수준] [@과목] [@수업 목표]를 달성하기 위해 학생들에게 제시할 수 있는 실생활을 결합한 문장제 평가 문제를 만들어줘."

챗GPT의 답변은 놀라웠다. 초등학교 6학년 수준에 맞는 문제를 단 30초 만에 제시하면서, 구체적인 문제 상황을 설정해주었다. 게다가 해설도 매끄럽게 제공해 학생들이 문제를 풀고 나서 이해할 만했다.

[질문]
초등 6학년 1학기 수학 4단원 비와 비율에서 비와 비율, 백분율을 이용하여 실생활 문제를 해결하고 설명하는 학습 목표를 달성하기 위해 학생들에게 제시할

수 있는 평가 문제를 하나 만들어줘.

[답변 요약]

문제 : 신도시에 있는 놀이공원에는 주말에 한 시간에 800명이 방문합니다. 이번 주말에는 새 놀이기구를 도입하여 관심을 끌고자 하는데, 안전상의 이유로 동시에 탈 수 있는 인원이 200명으로 제한되어 있습니다.

1. 주말에 방문한 사람들 중에서 몇 퍼센트가 이 새로운 놀이기구를 탈 수 있을까요?

2. 새로운 놀이기구를 타려는 사람들이 500명일 때, 모두가 놀이기구를 탈 수 있는 시간은 얼마나 되어야 할까요?

학생들이 이 문제를 해결하기 위해 다음과 같은 절차를 거칠 수 있습니다.

1. 문제에서 제시된 정보를 파악합니다.

2. 첫 번째 문제를 해결하기 위해 비율과 백분율을 사용합니다.

   (새로운 놀이기구를 탈 수 있는 사람 수) ÷ (주말에 방문한 사람 수) × 100

3. 두 번째 문제를 해결하기 위해 새로운 놀이기구를 타려는 사람 수 500명 모두가 놀이기구를 탈 수 있는 시간으로 환산합니다.

물론 문제가 제대로 설정되었는지는 교사가 직접 확인해야 한다. 2번 문제에서 오류가 보인다. '새로운 놀이기구를 타려는 사람들이 500명일 때, 모두가 놀이기구를 탈 수 있는 시간은 얼마나 되어야 하나?'라는 물음에 대답하려면 200명이 놀이기구를 탈 때 몇 시간이 걸리는지 문제에 제시되어야 한다. 하지만 문제에는 인원수만 있고 시간은 없다. 따라서 이 문제를 학생들에게 제시할 때 2번 문제를 삭제하거나 '1시간에 200명으로'라는 말을 덧붙여야 할 것이다.

다른 하나의 문제는 현실성이다. 동시에 200명이 탈 수 있는 놀이기구가 있는지는 고민이 된다. 챗GPT는 대화를 통해 정보를 받고 이를 기반으로 문제를 생성한다. 사람처럼 배경지식이 있거나 다양한 상황을 직접 경험한 것이 아니다. 그래서 현실적인 상황을 고려하지 않고 숫자를 생성할 때가 있다. 이런 한계점을 이해하고 항상 챗GPT의 대답을 비판해야 한다.

챗GPT, 상담을 도와줘

어느 날 한 아이가 조별 활동 수업이 끝난 뒤 갈등을 겪었다며 상담을 청했다. 그 조는 4명인데 자신을 제외한 나머지 3명이 조별 활동에 적극적이지 않아 혼자서 4명 몫을 하느라 힘들다는 것이었다. 그 아이에게 점심시간에 나머지 아이들과 함께 상담을 해보자고 제안했다. 상담하러 가기 전 조언 구할 곳을 찾다 챗GPT에게 물어보았다.

[질문]
수업 시간에 조별 숙제를 내줬더니 한 조에 조별 활동에 적극적으로 참여하지 않는 아이가 있어 그 조의 조장이 많은 스트레스를 받고 있어. 이럴 때 조장에게 해줄 말은 무엇이 있으며, 참여하지 않는 아이에겐 어떤 말을 해줘야 할까?

[답변 요약]
조장에게 해줄 말 :

1. 조별 활동에 대한 열정과 노력을 인정해주세요.

2. 조장이 어려움을 겪고 있다면 이를 이해하고 지원을 제공해주세요.

3. 조장이 가진 장점과 능력을 강조해주세요.

참여를 하지 않는 아이에게 해줄 말 :

1. 호의적으로 인내심을 가지며 그들의 의견과 감정을 들어주세요.

2. 조별 활동에 참여하면서 얻을 수 있는 이점과 중요성에 대해 설명해주세요.

3. 협력과 참여를 장려하는 말을 해주세요.

4. 문제가 극복되지 않는다면 학교 관계자나 학부모와 협업을 고려해야 할 수도 있습니다.

문제 상황에 대해 구체적으로 설명하지 못했음에도 챗GPT는 학생 상담에 활용하기에 적절한 답변을 예시로 보여줬다. 이 답변은 상담의 부담감으로 막힌 마음에 작은 틈을 만들어주었다. 점심시간이 되어 조장과 3명의 아이를 만나 상담을 시작했다. 먼저 조장에게 조별 활동에 대한 열정과 그 노력을 인정해주고 혼자서 4명 몫을 하는 능력을 칭찬해주었다. 이어서 참여하지 않는 학생에게는 왜 참여하지 않았는지 물어보았다. 그러자 조별 활동에서 자신에게 부여된 역할이 맞지 않기도 하고, 열심히 참여해도 조장에게 의견을 무시당한 경험이 있었다고 털어놨다. 조장 아이는 "활동 시간에 장난을 치기에 그랬다"라며 잘못을 인정하였다. 이후 3명의 학생 또한 조별 활동의 이점과 중요성을 이해하고, 참여하지 않은 행동을 반성하며 갈등은 일단락되었다.

수없이 많은 갈등이 일어나는 교실은 언제나 교사에게 아슬아슬한 기분을 선사한다. 항상 공정하게 학생들을 바라봐야 하며 차별 없이 의견을 청취해 올바른 해결책을 제시해야 한다. 이때 챗GPT는 학생 상담에 큰 도움을 줄 수 있다. 위 사례처럼 상담에 필요한 지침을 제공해줌으로써 교사의 판단을 돕거나 동료 교사와 얘기하기 곤란한 내용을 질문할 수 있고, 상담 지식 등을 검색해 활용할 수 있다. 다만 챗GPT가 말하는 모든 내용은 조언으로서 받아들여야 할 것이며, 결국 선택은 '교육전문가'인 교사의 몫이다.

챗GPT와 여는 새로운 교육

챗GPT는 교육 분야에서 중요한 변화를 불러일으키고 있다. 이를 활용하면 수업 활동 설계에 도움을 얻고 필요한 정보를 쉽게 검색할 수 있다. 교사는 시간을 절약하고 풍부한 자료를 효과적으로 활용하여 수업을 더욱 다채롭게 만들 수 있다. AI의 도움으로 실제 문제를 포함하여 광범위한 사고력을 요구하는 문제를 만들 수 있다. 또한 학생 또는 학부모와의 상담을 돕고, 학생들에게 심리적 지지와 도움을 제공함으로써 교사의 고민을 덜 수 있다.

하지만 AI의 답변은 항상 경계해야 한다. AI는 인간의 지능을 모방한 기술이지만 완벽하지 않다. 교육전문가로서 바라본 AI의 답변에는 오류가 많았으며 해석이나 비판 없이 바로 수업에 적용한다면 문제를 야기할 수 있다. AI의 답변이 학생의 이해도와 학습 목표에 부합하는지, 올바른 정보를 제공하는지 항상 꼼꼼하게 분석해야 한다. AI는 도구로 활용되어야 하며, 교사의 지혜와 판단력을 보완하는 역할을 해야 한다.

교육 분야에서 챗GPT와 같은 AI 모델이 더욱 널리 활용되어 교실 환경에 혁신적인 변화를 가져오기를 기대한다. 챗GPT는 교사의 업무를 보조하는 도구로서 큰 잠재력을 지니고 있다. 이 잠재력을 최대한 활용하여 미래 교육을 풍성하게 만들어가길 희망한다.

AI 시대의 영어 교육

허준석 (주)혼공유니버스 대표이사, EBS 영어강사
『혼공쌤의 초등만화 영문법』 외 다수 저자

영어 교육의 위상과 한계점 – 핀란드와 한국의 사례

핀란드 사람들은 대개 영어를 편하게 구사한다. 모국어가 아닌데도 대중의 보편적인 언어로 영어가 존재하는 대표적인 사례다. 영어 교육은 초등학교 3학년부터 시작한다. 우리는 여기에서 의문을 가질 수밖에 없다. 우리나라 역시 초등학교 3학년부터 영어 교육을 시작하는데 왜 영어로 자유롭게 말하는 사람이 드물까?

사실 공교육에서 영어 교육이 시작되는 시점을 제외하고는 핀란드와 한국은 여러모로 다르다. 특히 영어 교육이 공교육에서 이뤄지기 전에 가정에서 가장 큰 부분을 담당한다는 점에서 큰 차이가 난다. 여기에 중요한 요소는 더빙 없이 영어로 송출되는 텔레비전 방송이다. 아이들은 영어를 편하게 여기는 부모 사이에서 자연스럽게 영어 영상을 시청하게 된다. 초등학교 3학년 전까지 수년에 걸쳐 자연스러운 청취가 일어나니, 엄청난

양의 인풋이 들어갈 수밖에 없을 것이다.

그뿐 아니다. 기승전입시로 이뤄진 한국 교육에서는 사교육을 받는 비율과 시간, 학부모의 경쟁에 대한 압박감 등이 초등부터 중등까지 사회 전반적으로 높은 편이다. OECD 자료에 따르면 15세 청소년의 주당 사교육 시간은 한국이 3시간 36분인데 반해 핀란드는 6분에 불과하다. 영어 교육은 이런 분위기 속에서 일어난다. 우리의 영어 교육 현실은 대체 어떤 상황일까.

현재 한국의 영어 교육은 읽기(reading)로 기울어져 있다. 대학수학능력평가만 해도 영어의 경우 45문항이 듣기(listening) 17문항과 읽기 28문항(reading)으로 구성되어 있다. 이렇게 보면 듣기의 비중도 높아 보인다. 그런데 듣기는 앞부분 1~17번에 배치되어 있고, 정답률이 상당히 높은 편이다. 2023학년도 대학수학능력평가의 영어 듣기 정답률을 보면 일부 어려운 문항을 제외하고 80~90%에 달한다. 큰 변별력이 없다는 결론을 쉽게 내릴 수 있다. 이러니 듣기 수업이 큰 조명을 받긴 어려울 것이다. 그렇다면 읽기 문제의 경우에는 어떤 문항들이기에 수능영어 1등급은 매년 10% 이하에 불과한 것일까?

읽기에도 역시 쉬운 문항들이 있으나 결국 킬러 문항이라고 일컬어지는 부분에서 변별력이 조절되며, 1등급을 가르는 중심에 읽기가 자리 잡고 있다. 이런 분위기는 중학교에서 초등학교 사교육에까지 반영된다. 대치동, 목동, 분당, 수지, 평촌 지역의 의대 대비반, 특목고 대비반, 영재원 대비반 학생들은 초등학교 고학년이 되면 고등학교 영어 모의고사나 수능 문제를 푸는 모습을 어렵지 않게 목격할 수 있다. 그리고 대부분 읽기에 교육 서비스가 몰려 있다. 이렇게 초등 고학년부터는 입시를 위한 영어 전투태세에 들어가기 때문에 평화롭게 영어를 즐기던 아이도 부모도 초등 4, 5학년부터는 긴장하기 시작한다.

이런 사회 분위기 속에서는 핀란드의 교육 시스템을 도입하더라도 속도전에서 벗어나기 어려울 것이다. 한국은 이런 경쟁을 통해 폭발적 성장을 이뤄왔고, 누구나 그 점을 알기에 경쟁 위주의 교육을 내려놓기 힘들어한다.

그렇다면 왜 우리는 해방 이후 폭발적 성장을 이룬 지금까지 이런 영어 교육을 해왔을까? 좀 더 이전의 이야기로 거슬러 올라가보자.

우리나라 영어 교육의 과거

사실 우리도 입시 영어보다 실용적인 영어를 중시하던 시절이 있었다. 바로 조선 말이다. 강화도 조약 이후 근대 문물 도입이 시급하다고 생각한 정부는 개화파의 건의를 받아들여 1886년 근대적 교육기관인 육영공원을 설립했다. 육영공원은 '젊은 영재를 기르는 공립학교'라는 뜻이며, 명문대학을 나온 외국인을 교사로 채용했고 영어로 수업을 진행했다. 시험 날에는 고종이 직접 학교를 순시했다고 하니, 영어 교육에 대한 기대가 얼마나 컸는지 짐작이 된다. 아쉽게도 양반 자제만 다닐 수 있는 학교였기에 한계가 있었고 재정적인 어려움 때문에 8년 만에 폐교의 길을 걷게 되었다. 그러나 육영공원 외에도 선교사들이 일반인을 대상으로 하는 다양한 학교를 세웠기 때문에 실용적인 영어를 목표로 하는 영어 교육이 이때 싹텄다고 볼 수 있다.

하지만 일제 강점기를 거치면서 우리가 생각했던 실용 영어 교육은 급변하게 되었다. 일본이 선호했던 영어 교육은 영어 지문을 읽고 자국어인 일본어로 해석을 할 수 있게 하는 교육이었다. 우리에게 익숙한 문장의 5형식의 원조인 영국의 언어학자 찰스 탈벗 어니언스(Charles Talbut Onions)가 제시한 다섯 가지 술어부(Predicate)가 일본의 호소에 이츠키에 의해 다소 변형되어 우리나라에 들어왔고 한국의 영문법에 큰 영향을 미쳤다. 이 번역식 학습과 교수가 정확성과 효율성이라는 명목으로 아직도 많은 기관에서 이용되고 있는 셈이다.

세계에서 둘째가라면 서러워하는 한국인들의 교육에 대한 열망을 이제는 올바른 방향으로 틀어줘야 한다. 급변하는 이 시대에 필요한 진짜 영어 역량과 영어 교육의 위상은 어떤 것일까?

초연결 시대에 필요한 영어 역량과 영어 교육

'번역기가 발달하니 이제 언어를 배울 필요가 없지 않을까?' 누군가는 이렇게 생각할지도 모르겠다. 하지만 실질적 생활과 소통에서는 번역기에 기대는 것이 아직은 시기상조로 보인다. 구글과 마이크로소프트의 엔지니어들도 우리가 살아 있는 동안 나와 동기화된 수준의 번역기가 나오는 것은 불가능하다고 입을 모은다. 또한 한국은 지정학적으로 다른 나라들에 둘러싸여 있다. 당연하게도 우리는 가까운 중국, 일본 그리고 동남아 국가들과 교역을 해야 하고, 그보다 먼 나라들과도 소통하면서 무역을 해야 한다. 이런 상황에서 통용어로서의 언어, 즉 링구아 프랑카(lingua franca) 역할을 할 수 있는 가장 효율적인 언어는 영어다. 그들과 문서를 주고받는 것은 물론, 영어로 그때그때 즉각적으로 소통하고 설득할 수 있는 능력이 너무나 중요하다.

마지막으로 인터넷 발달로 인해 더더욱 영어의 필요성이 높아졌다. 지금은 누구나 해외의 정보를 받아볼 수 있고 해외에 있는 사람들과 인터넷, 특히 소셜미디어로 연결되어 있기 때문에 동시적, 비동시적으로 직간접 소통을 하는 것이 가능해졌다. 우리말로 번역된 정보가 유튜브나 인터넷 뉴스에 소개되기도 하지만, 영어로 된 뉴스보다 한발 늦는 경우가 많다. 그래서 영어 뉴스를 바로 이해하고 궁금한 점 등을 바로 물어보는 즉시성을 지녀야 초연결 시대에 필요한 경쟁력을 가질 수 있다.

이 세 가지 점들을 종합해봤을 때 다음과 같은 결론을 내릴 수 있다. 첫째, 읽고 이해하는 수용적 능력 외에도 즉각적으로 자신의 의견을 음성 언어, 문자 언어로 표현할 수 있는 능력을 길러야 한다. 둘째, 영어라는 공용어를 사용해서 직간접적으로 소통하고 협업할 수 있어야 한다. 셋째, 초연결 시대에 세계인으로 살아가기 위한 기본 소양으로 영어를 배워야 한다.

그렇다면 학교 현장에서 영어를 가르치는 방향은 어떤 식으로 변화해야 할까? '표현할 수 있는 능력, 협업할 수 있는 능력, 세계시민으로서의 기본 소양을 위한 언어'로서 영어를 교육해야 한다.

입시에 잠식당하지 않는 미래 영어 교육은

그렇다면 미래 교육에서 영어는 입시를 넘어 어떻게 교육 방식을 바꾸어야 할까.

아웃풋 중심의 영어 평가로 전환 지금도 아웃풋 영역인 쓰기와 말하기를 공교육에서 가르치고는 있다. 하지만 입시 영어를 거치고 수능이라는 최종 종착지를 거치면서 결국 간접 말하기, 쓰기를 평가하는 데 그치고 만다. 최종 시험이 그러하니 이를 위한 모든 평가, 수업의 중심이 약할 수밖에 없다. 그래서 먼저 평가 전환이 일어나야 한다고 생각한다.

가장 최상단의 외부 평가인 수능은 미국의 SAT를 모델로 만들어졌으며 1994년부터 치러진 객관식 평가다. 30여 년이 지난 지금, 객관식으로 영어 아웃풋 평가를 한다는 것은 사실 무척이나 힘들다는 결론에 다다랐다. 이는 수능으로 30년간 배출한 한국 성인들의 영어 말하기, 쓰기 실력만 봐도 충분히 알 수 있다. 앞으로는 수능 평가에 있어서 객관식이라는 닫힌 문제보다는 좀 더 열린 주관식 문제가 들어올 것으로 예상한다. 가령 답이 3번인지 4번인지 알쏭달쏭하면 우리는 더 나아 보이는 답을 '찍는' 트레이닝을 많이 해왔다. 그러다 보니 자신의 의견을 뽑아내는 연습은 해보지 못했다. 그러므로 수능이라는 대입 평가에서부터 주관식을 도입할 때가 되었다는 생각이다.

하지만 큰 문제가 하나 있다. 바로 주관식 즉, 서술형 문제의 채점 기준과 공정성을 어떻게 마련하느냐는 것이다. 그래서 최초의 평가 전환은 수능 논서술형 부분 도입 또는 학교 내신에서 논서술형 비중을 지금보다 올릴 확률이 크다고 본다. 한국을 제외한 대부분의 OECD 국가는 현재 서술형 대입 평가를 고수하고 있다. 그러므로 그들의 노하우를 벤치마킹하는 것이 시작일 것이다.

그렇다고 한국의 교육 열망을 평가절하해서는 안 된다. 해외의 평가 기준을 참고하되 더욱더 보수적인 잣대로 K-수능을 개발해야 한다. 아울러 공청회와 모의시험을 통해 단계적으로 적용하여 국민의 신뢰를 얻어야 한다. 이렇게 평가부터 부분적으로 바뀌어야 영어 교육의 최종 목표에 균형을 기할 수 있다.

교과서를 벗어난 학습 체제 구축 실용적인 영어 능력을 키우기 위해서는 실용적인 교재를 써야 한다. 현재 교실에서 여러 가지 교과서를 쓰지만 교과서는 검인정을 통과하기 위해 아주 보수적인 절차를 거듭하여 만들어진다. 바닷물과 같이 짠물이 현실 영어를 위한 실용적 교재라고 한다면, 교과서는 무색무취의 맹물에 가까운 느낌이다. 그렇기 때문에 이제는 교과서 위주의 수업에서 탈피해야 한다.

초등 영어 교육에서는 현재 네 가지 기능(듣기, 말하기, 쓰기, 읽기)이 통합적으로 활동 속에서 이루어진다. 디지털 교과서, AI 기반 교과서가 들어오면 쓰기, 말하기 부분을 좀 더 활용할 수 있다는 측면에서 앞으로 공교육의 '개별 학습화'가 더 잘 이루어질 것으로 예상한다. 초등 영어 전담 교사들의 교과 전문성을 이런 교과서가 보완할 수 있다고 생각한다. 하지만 활용 능숙도를 위해서는 교사 잡무가 줄어든 상태에서 연수가 집중적으로 이루어져야 할 것이다. 그러므로 전국 시도교육청에서 이런 도구를 사용할 수 있는 방법에 대한 연수를 주기적으로 해줘야 공교육의 질이 상승할 수 있다. 공교육 초등 영어 교사의 영어 실력을 올리는 것보다 더 적은 예산으로 학습관리 시스템(LMS)이나 개별 학습 도구 활용에 대한 능숙도를 올리는 것이 현실적이라고 본다. 결론적으로 바뀔 교과서를 기반으로 지금까지 언급한 아웃풋 기반의 영어 교육을 할 수 있는 좋은 환경이 마련되어 있기 때문에 공교육 속 초등 영어는 지금보다 선택지가 늘어날 전망이다.

문제는 중고등학교다. 중학교와 고등학교 평가에서 공통분모인 내신은 없어지지 않을 것이다. 북미 입시 등에서도 중등부터는 내신 성적이 중요하고, 한국도 이 기조를 버리기 어렵다. 당연히 교과서가 내신 평가의 가장 기본적인 범위가 된다. 그러나 이로는 변별력을 확보하기 힘들기 때문에 교과서 외 교재의 지문을 가져오는 행태가 반복된다. 그것으로도 시험 범위를 확보하기 쉽지 않으면 수능 모의고사 지문을 가져오기도 한다. 이는 읽기 위주의 수업과 평가를 반복하게 만들 수밖에 없다. 그럼에도 교과서와 교재 또는 문제 풀이 중심 수업에서 탈피해야 한다. 오늘 배운 내용을 영상으로 확인할 수 있고, 나아가 가상 대화를 해볼 수 있는 디지털 기반의 교과서, AI 교과서가 좀 더 적극적으로 활용되어야 한다. 동시에 방대한 원서 등을 활용한 수업, 해외에 영어를 사용하는 학생들과 동시적, 비동시적으로 프로젝트를 진행하고, 영미 문화권의 진정성 있는(Authentic) 소재로 학교 내 프로젝트 수업을 진행하고 평가로 연결시키는 방향이 공교육의 내실을 살리는 방향으로 기대된다.

AI를 활용한 반응형 대화 연습 사실 AI 시대의 영어 교육에서 가장 주목할 점은 개별 피드백이다. 학습자의 쓰기와 말하기를 보고 자주 반복하는 실수나 어려워하는 부분을 분석하여 유사한 연습 환경을 제공할 수 있다. 가령 음식 주문하는 법을 배웠다면 교과서에 나온 배경 외에도 다양한 식당을 배경으로 말하기 연습을 할 수 있도록 맥락을 제공한다. 또한 음성인식을 하는 AI 프로그램을 사용해서 주어진 대답뿐 아니라 학습자가 원하는 자유발화까지 할 수 있어 원어민, 한국인 교사의 조력 없이도 실제 같은 말하기 연습을 할 수 있다. 발음 체크부터 개별 피드백까지 가능하니 사실상 개별 원어민 보조교사와 한국인 교사가 지도하는 것과 같은 시스템이 구축될 것이다. 학습자들은 수준별 수업을 AI 기반 콘텐츠를 바탕으로 받을 수 있고 각자의 수준에서 성취감을 맛볼 수 있으며,

교사는 아이들이 가야 할 방향을 제시해주는 항해사 역할을 하게 된다.

앞으로 영어 사교육은 어떻게 바뀔까

초등 영어 사교육은 큰 변화가 없을 것으로 예상한다. 현재 영어 사교육은 영어 유치원－어학원－단과학원－종합학원－과외 순으로 구성되어 있다. 초등의 경우 너무 어린 나이에 디바이스를 사용하는 것이 바람직하지 않기 때문에 하이엔드 사교육인 영어 유치원은 그대로 존속될 것이다. 어학원에서는 학습관리 시스템을 활용하여 언어의 네 가지 기능(듣기, 말하기, 쓰기, 읽기)을 골고루 가르치면서 초등 중고학년으로 가면 입시 영어를 접목하는 형태를 그대로 가져갈 것으로 예상된다.

큰 변화는 중등에서 시작된다. 학교 교육에서 교과서의 위상이 낮아지고, 사실상 탈 교과서, 탈 텍스트가 이루어지면서 교사의 평가 권한이 강화된다면 교과서 자유발행제와 유사한 수준의 교육 환경이 될 것이다. 그럴 경우 기존 내신 트렌드는 완전히 달라진다. 시험 범위라는 것이 애매모호해지기 때문에 문제 푸는 방법을 훈련해서 고득점을 하기가 아주 어려워질 것이다.

학교별, 교사별 평가 경향도 달라질 것이다. 영어 사교육에서 가장 큰 내신 시장의 강사들은 지금보다 더 많은 자료를 준비해야 한다. 각 학교에서 다루는 교과서 외 교재와 자료들을 정리해서 파악하고 요약해서 학생들에게 제공하면서 예상 문제도 공수해야 할 것이다. 그럼에도 학교에서 진행하는 과정 중심 평가나 프로젝트 기반의 활동 평가는 학원에서 대비해주기가 어렵다. 학교마다 그 내용이 상이하기 때문이다. 그러므로 학원은 이제 족집게 형태에서 탈피할 것이다. 오히려 여러 프로젝트를 해볼 기회를 제공하고 피드백을 주는 식으로 영어 경험재를 취급하는 기관이 될 것이다. 같은 맥락에서 지금 수작업으로 문제를 제작해서 사교육 시장에 공급하던 콘텐츠 제작자들은 AI 프로그램을 활용해서 문항과 자료를 생성하는 플랫폼을 개발하여 구독을 홍보하는 사업을 도모할 것이다. 콘텐츠를 생산하지 못하는 사교육 영어 교육자들은 거대 플랫폼 의존도가 높아지게 돼서, 교습비 단가에도 영향을 미칠 것으로 예상된다. 반대로 작은 공부방이라도 자체 콘텐츠 생산이 가능한 곳은 자신의 사업장이 있는 시군구를 넘어선 온라인 사업이 가능하여 사교육 시장의 작은 공룡으로 도약할 수 있게 됨에 따라 춘추전국시대가 열릴 것으로 보인다.

미래 영어 교육은 중등에서 평가 혁신이 이루어질 것이다. 이에 대응하는 영어 사교육에도 엄청난 변화가 수반될 것이다. 공교육이든 사교육이든 영어 교육자들은 모두 급변하는 파도에 이미 올라타 있다. 이제 결정의 순간이다. 그 파도를 타고 나아갈지, 그 파도에서 뛰어내려서 표류할지 말이다.

미래의 수학 교육은
어떻게 달라야 하는가?

김설훈 경기도교육청 소속 초등교사
구글 공인 트레이너

맞춤형 수학 교육의 필요성

전통적인 수학 교육은 교사가 학습 내용을 일방적으로 전달하고, 학생은 교사가 알려주는 정의와 정리를 앉아서 듣는 강의 중심이었다. 학생은 교사가 제시한 문제 풀이 방법을 이용해 정답을 찾는 과정을 반복하는 훈련을 한다. 이 방식은 과목과 단원에 따라 효율적일 수도 있다. 하지만 미래 사회에 필요한 인재를 양성하는 데 최고의 방법은 아니다. 왜냐하면 미래에는 정보를 외우는 능력보다 내게 필요한 정보를 찾아서 활용하는 능력이 더 중요하기 때문이다. 수학 교육 역시 마찬가지다. 공식을 외우고 답을 구하는 능력보다, 문제 해결력과 응용 능력 키우기가 핵심 목표여야 한다.

문제 해결력과 응용 능력을 키우려면 어떻게 해야 할까? 우선 학습자 개인의 수준에 맞는 문제와 과제를 제시해야 한다. 학생들은 각자 수준이 다르고, 경험도 다르다. 수포자가 왜 나올까? 재미가 없기 때문이다. 수학 실력을 키우려면 꾸준함이 중요하다. 재미가 없는데 꾸준히 할 수 있을까? 환경 교육에서 '지속가능한 발전'을 말하는 것처럼 수학에는 지속가능한 공부가 중요하고, 그 원동력은 재미다. 그렇다면 수학이 재미없는 이유는 무엇일까? 자신의 실제 수준과 요구받는 수준 차이가 너무 크기 때문이다. 열심만을 강조한다면 학생은 당연히 재미를 느낄 수 없다. 그들에게 문제 해결력과 응용 능력 기르기는 먼 산과 같은 이야기가 되어 버린다.

AI와 상호작용하면서 수학 공부하기

현대 사회는 기술과 정보의 폭발적인 발전으로 빠르게 변화하고 있다. 우리 아이들이 살아갈 미래에는 이 변화에 적응할 수 있는 능력이 필요하다. 미래 교육도 이에 맞추어 변해야 한다. 가장 눈여겨볼 것은 AI 기술의 발전이다. AI 발전은 교육 분야에서도 혁신적인 변화를 이끌었다. AI를 활용하면 학습 데이터 분석, 개인별 맞춤 학습 제공, 자동 문제 출제 및 평가 등이 모두 가능하다. 학생들은 AI를 활용한 다양한 학습을 통해 개별 맞춤형으로 교육받을 수 있다. 예를 들면, 세 자릿수 곱셈을 배운 후 AI가 낸 문제를 푼다. AI가 채점하고 틀린 문제는 학생이 실수를 한 건지, 두 자릿수 곱셈을 몰라서 세 자릿수 곱셈을 못 했는지 파악한다. 그리고 피드백을 통해 부족한 부분에 대한 보충학습을 도와준다.

초등학교 때는 잘하다가 중고등학교에 올라가 수포자가 되는 경우가 많다. 그 이유는 기본이 탄탄하지 않기 때문이다. 기본이 없으니 높은 수준의 학습을 이어갈 수 없고, 자연스레 다른 학생과 실력 차이가 나면서 포기하는 것이다. 이런 학생들에게 AI는 기본 개념 이해 및 문제 풀이 연습 자료를 제공하고, 기초부터 튼튼하게 다지게 도와준다. 이처럼 미래를 위한 수학 교육은 AI 기술을 가장 잘 활용할 수 있다.

수학은 추상적인 개념과 논리를 활용하는 학문이다. 또한 문제 해결 과정을 배우는 학문이기도 하다. 수학을 공부하면 문제 해결 능력과 논리적 사고력을 키울 수 있다. 간혹 일상생활에 수학이 쓸모없다고 하는 사람도 있다. 이는 자신의 무지를 드러내는 말이다. 수학적 사고는 현실 세계에서 일어나는 다양한 문제를 해결하는 데 꼭 필요하다. 우리 삶 속에는 알게 모르게 수학이 들어와 있다. 마트에서 2+1묶음 상품을 살지 하나만 살지 고민할 때도 수학이 쓰인다. 각각의 경우에 개당 얼마인지 계산하고 합리적으로 선택해야 하기 때문이다. 여행을 갈 때도 마찬가지다. 출발하기 전에 내비게이션에 목적지를 입력하고 경로를 탐색한다. 이때 A와 B 경로를 놓고 차량 연비, 통행료, 소요 시간 등을 비교하고 결정할 때도 수학이 쓰인다. 그렇다면 미래 사회가 되면 수학이 덜 중요해질까? 아니다. 더욱 복잡해지는 미래 사회에서 수학은 지금보다 더 중요하다. 수많은 정보를 수집하고 처리해야 하기 때문이다.

AI와 수학의 상호작용은 학생의 창의력과 협업 능력을 높일 수 있다. AI가 제시한 다양한 문제 상황이 있다고 가정해보자. 이를 해결하기 위해 다양한 전략을 사용해야 한다. 친구들과 함께 해결할 수도 있다. 이때 의사소통을 하고 협업하면서 창의적 사고력을 높일 수 있다. 이것이 바로 미래 사회가 요구하는 인재를 길러낼 수 있는 방법이다.

수학 교육에서의 AI

「수학 교육에서 인공지능의 활용 동향」이라는 논문에서 박만구는 다음과 같이 말한다.

주요 교육 선진국들은 대부분 인공지능을 수학 교육 또는 영어 교육에 활용하는 시도를 하는데, 영국은 초등 수학 교과에서 Third Space Learning이라는 기업이 개발한 AI 교사 프로그램으로 학생들에게 일대일로 지도할 수 있도록 하고 있다.(Whelan, 2020) 일본에서는 미국 기업 AKA Intelligence 사가 개발한 뮤지오라는 인공지능 프로그램을 활용하여 초중학교에 보급하여 주로 영어 발음 지도를 하도록 하고 있다.(Kim, Jung & Noh, 2019) 이런 프로그램들은 수학 및 기타 과목의 지도에도 활용 범위를 넓혀가고 있다. 이 외에도 프랑스, 독일, 핀란드, 에스토니아 등도 인공지능 연구에 많은 자금을 지원하고 있으며, 2000년대부터 자체의 인공지능 프로그램들로 수학 교육에 활용을 시도하고 있다.[1]

그렇다면 AI가 어떤 부분에서 수학 교육에 도움을 줄 수 있을까.

첫째, 자동 평가와 피드백이 가능하다. AI는 학생의 수학 과제나 연습 문제를 채점하고 피드백을 제공한다. 이 결과를 바탕으로 학생의 수학 학습 수준을 정확하게 평가하고, 강점과 약점을 파악하여 기본 개념을 모르는 학생에게는 기본 학습 자료를 제공한다. 기본을 잘 이해한 학생에게는 심화학습 자료를 제공하는 등 개개인에게 맞춤 학습을 제공하여 학습 욕구를 높여준다.

둘째, 맞춤형 학습 경로 제공이다. 학습은 성취 수준 도달이라는 목표를 향해 걸어가는 행위이다. AI는 학생의 학습 데이터를 분석해 개인의 학습 수준과 성향에 맞게 맞춤형 경로를 제시한다. 또 학생의 학습 데이터와 성취도를 분석하여 개별 학습 계획을 세운다. 이를 통해 학습 일정과 학습 목표를 설정하고 자기주도적으로 학습하는 방법을 안내한다.

AI 디지털 교과서는 어떻게 쓰일까

교육부는 'AI 디지털 교과서 추진 방안'을 설명하고 2025년부터 디지털 교과서를 수학, 영어, 정보, 국어(특수) 교과에 우선 도입하고, 2028년까지 국어, 사회, 역사, 과학, 기술·가정 등으로 확대한다고 발표했다. 이와 더불어 담당 교원 연수, 맞춤형 교수·학습 방법 개발 등 학교 현장 안착을 위한 지원도 추진한다고 밝혔다.

지금도 디지털 교과서가 있긴 하다. 하지만 이는 종이책 교과서를 실감형으로 만든 자료일 뿐이다. AI 기능이 들어가지도 않았고, 개별화 학습 자료 제공을 하지도 않는다. 그러나 2025년에 나올 AI 디지털 교과서는 다르다. 이 디지털 교과서는 AI를 활용해 학생 데이터 기반의 맞춤 학습 콘텐츠를 제공할 것이다.

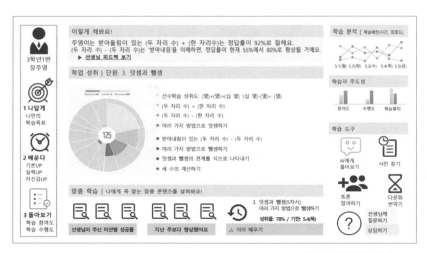

위 자료는 교육부에서 제시한 AI 디지털 교과서의 학생용 대시보드 예시 화면이다. 대시보드에 개인별 학습 현황, 성취 수준, 수준에 맞는 학습 콘텐츠 및 과제 등을 추천한다. 학생들은 자신이 무엇을 공부하고 있는지, 목표에 얼마나 도달했는지를 알고, 학습 자료를 받을 수 있다.

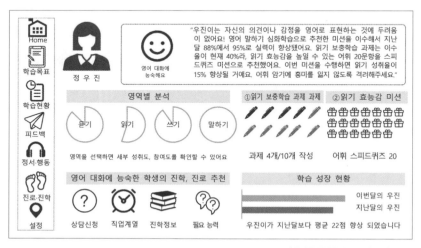

왼쪽 하단은 학부모용 대시보드 예시 화면이다. 대시보드에 자녀의 학업 참여도, 과목별 학업 성취, 교과 흥미 현황 등 자녀 지도에 필요한 사항을 담았다. 학부모는 자녀가 어떤 학습을 어떻게 하고 있는지 자세히 알 수 있다. 자녀의 학업 성취도를 보고 기본 학습을 보충할지, 심화학습을 할지 결정할 수도 있다. 전통적인 수학 교육에서는 구체적인 데이터를 활용하기보다 교사나 학부모의 직관을 통해 학생의 학업 방향을 결정했다. 하지만 AI를 활용하면 데이터를 기반으로 하여 학습 과정을 설계하기 때문에 보다 체계적인 학습이 가능하다.

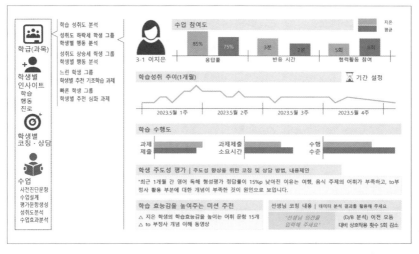

교사용 대시보드 화면(예시)

위는 교사용 대시보드 예시 화면이다. 학급별·학생별 학업 참여도, 학업 성취, 교과 흥미 현황 등 학생별 지원에 필요한 여러 사항을 담았다. 전통적인 수학 교육에서 교사의 역할은 시험을 채점하고, 점수를 기록하는 것이었다. 누가 어떤 문제, 어떤 단계에서 틀렸다 하더라도 교사 한 사람이 스무 명이 넘는 학생들의 자료를 일일이 분석하여 피드백하기란 현실적으로 불가능하다. 그런데 AI의 도움으로 학생별 학습 결과를 분석하고, 이 자료를 이용해 수준에 맞는 자료를 제공할 수 있다.

수학 교육에 적용할 수 있는 다양한 디지털 도구

VR(가상현실)이나 AR(증강현실)도 미래 교육 자료의 핵심이다. VR은 학생을 가상의 3D 공간으로 끌어들여 수학적 상황을 체험할 수 있게 한다. 학생들은 가상 환경에서 다양한 수학 개념과 문제를 시각적으로 이해하고 탐구할 수 있다. 예를 들어 과거 수학 시간에는 칠판이라는 평면에서 공간의 개념을 설명하기 어려웠다. 그러나 VR을 활용하면 가상 세계에서 공간을 체험하도록 해서 입체라는 개념을 명확하게 이해시킬 수 있다. 초등학교에선 입체 도형에 대해 배운다. 보이지 않는 공간에 숨어 있는 블록은 몇 개인지 묻는 문제가 나오는데, 이를 어려워하는 학생들이 있다. VR을 활용한다면 가상 공간 속에서 블록을 쌓는 활동을 통해 실감 나게 경험하고 이해할 수도 있다.

AR은 현실 세계에 가상의 콘텐츠를 합성하여 학습 경험을 높인다. 학생은 실제 환경에서 증강된 수학 콘텐츠를 통해 문제를 해결할 수 있다. 수학 시간에 배운 내용을 실제 환경에 적용하고 실시간으로 확인할 수 있다. 도형을 배울 때 내 주변 공간이나 물체를 AR을 이용해서 알아볼 수도 있다.

이처럼 디지털 도구를 활용하면 학생의 참여와 협업을 촉진하여 수학 학습을 더욱 활발하게 만들 수 있다. 온라인 협업 도구는 학생이 수학적 문제를 함께 공유하고 해결하는 데도 사용할 수 있다. 온라인 협업 플랫폼을 통해 학생들은 실시간으로 아이디어를 교환하고 서로의 생각을 공유한다. 이를 통해 문제 해결 능력과 협업 능력을 함께 발전시켜나간다.

상호작용할 수 있는(인터렉티브) 학습 어플리케이션은 학생이 자율적으로 수학 학습을 진행할 수 있는 도구다. 학생은 게임이나 퀴즈로 수학 개념을 학습하고 문제를 풀고 즉각 피드백을 받는다. 이는 학생이 능동적이고 적극적으로 참여하게 만든다.

이처럼 수학 교과서와 교육 자료의 디지털 혁신은 학생의 참여와 상호작용, 수학에 대한 흥미와 효과성을 높인다. 이렇게 다양한 디지털 도구를 활용하면 학생을 보다 적극적으로 수학에 참여시킬 수 있다.

수학 공부의 본질은 생각하는 힘

수학의 목적은 무엇일까? 대개는 수학이 공식을 이용해서 답을 구하는 과목이라고 생각한다. 수학 공부의 본질은 그것이 아니다. 생각하는 힘 기르기가 핵심이다. 수학은 문제를 해결하고 추론하며 복잡한 상황을 이해하는 능력을 키우는 학문이다. 이를 통해 현실 세계의 문제를 분석하고 해결책을 찾아낼 수 있다. 생각하는 힘은 사고 과정을 발전시킨다. 수학 공부를 하면서 논리적인 사고와 추상화 능력을 키울 수 있다. 수학은 문제 해결을 위한 전략을 개발하는 데 도움이 되며, 두뇌를 더욱 유연하고 창의적으로 만들어 준다.

AI가 발전함에 따라 수학 머리를 더 잘 키울 수 있는 환경이 만들어졌다. 개별화 학습에서 피드백을 받을 수 있고, 수준에 맞는 문제를 풀 수도 있다. 하지만 공부는 사람이 하는 일이다. 아무리 좋은 도구가 있고 환경이 만들어졌다고 하더라도 잘 사용하지 못하면 쓸모가 없다. 스스로 생각하는 힘을 기르는 수학 공부를 하려면 어떻게 해야 할까?

첫째, 문제를 손으로 풀어야 한다. 다른 과목도 마찬가지겠지만 수학은 손이 부지런해야 한다. 눈으로 풀 수도 있지만 문제지나 노트의 빈 곳에 바른 글씨로 줄을 맞춰서 깔끔하게 푸는 것이 더 좋다. 이것이 수학 문제 풀이의 기본이다. 입시에서는 정확한 답을 찾는 것이 첫 번째 목표지만 어떻게 풀었는지 그 과정을 보는 것도 평가의 한 영역이다. 손으로 풀면 답이 틀렸을 때 더 쉽게 오류를 찾아낼 수 있기도 하다. 또한 손으로 쓰면서 머릿속에 있는 지식 체계를 더 정교하게 다듬을 수 있다.

둘째, 공식이 나온 원리를 이해해야 한다. 초등학교 6학년 2학기 소수의 나눗셈 단원에서는 $0.36 \div 0.12$를 계산하는 방법을 공부한다. 먼저 $36 \div 12$부터 시작한다. 이를 이용해 $3.6 \div 1.2$를 계산하고, 마침내 $0.36 \div 0.12$ 계산 방법까지 이해하게 된다. 그런데 이 차시가 끝난 후 학생들은 이 방법대로 문제를 풀 수 있을까? $0.36 \div 0.12$의 답을 구하라고 하면 세로셈을 할 수 있는 학생은 거의 다 맞힐 것이다. 그런데 $36 \div 12$를 이용하여 계산하라고 하면 정답률이 무조건 떨어진다. 왜냐하면 원리를 이해하지 않고 답 구하는 방법만 외웠기 때문이다. 학생들의 수학 머리를 키워주려면 교과서에 나와 있는 원리의 흐름을 따르며 '암기'가 아닌 '이해'하는 공부를 해야 한다.

셋째, 해답지를 멀리해야 한다. 수학 공부의 목표는 생각하는 힘 기르기라고 했다. 모르는 문제의 답을 찾는 과정에서 실력이 향상한다. 틀린 답을 고치는 과정도 마찬가지다. 이를 바로잡는 과정에서 생각할 기회를 갖고 실력이 는다. 그런데 많은 학생이 모르는 문제가 나오면 해설지를 바로 펼친다. 그리고 조금 풀고 채점하기도 한다. 물론 해답지의 풀이 과정을 참고하는 것도 수학을 공부하는 방법 중 하나다. 하지만 이렇게만 하다가는 생각할 시간을 충분히 가질 수 없다. 해답지를 보고 문제를 보면 그 순간엔 마치 다 아는 것처럼 느낀다. 그런데 시간이 지나고 다시 그 문제를 풀려고 하면 눈앞이 하얘진다. 진정한 깨달음이 일어나지 않고 단기 기억에 잠시 스쳤다가 날아가버렸기 때문이다. 해답지를 멀리하고 생각할 기회를 최대한 많이, 오래 갖는 공부를 해야 한다.

넷째, 설명하기를 해야 한다. 아인슈타인은 "만일 우리가 어떤 것을 남에게 쉽게 설명하지 못한다면 그것을 잘 이해하지 못한 것이다"라고 했다. 아는 것에서 그치지 말고 문제를 풀 수 있어야 한다. 그리고 이를 설명할 수 있어야 한다. 표현하려면 원리와 과정이 머릿속에 정리되어 있어야 한다. 공부 좀 한다는 학생들 중에도 왜 그런 답이 나왔는지 설명해보라고 하면 말문이 막히는 경우가 종종 있다. 공식을 이용해서 기계적으로 풀었을 뿐, 원리나 과정을 깨닫지 못해서 그렇다. 추천하고 싶은 방법은 친구에게 설명하기다. 혼자 공부할 시간도 부족한데 다른 친구한테 설명해줄 시간이 어딨느냐고 생각할 수도 있다. 정 그러면 나 자신에게라도 설명해보자. 남에게 하는 것과 같은 효과가 있다. 앎에 그치지 말고 표현할 수 있는 공부를 해야 한다.

다섯째, 오답 노트를 중요하게 생각해야 한다. 공부는 양보다 질이 중요하다. 아는 문제 100개를 푸는 것보다 모르는 문제를 10개 푸는 것이 더 중요하다. 모르는 부분을 채웠을 때 진정한 학습이 일어난다. 선생님의 설명을 잘 듣기만 한다고 공부를 잘하는 것이 아니다. 아는 문제를 많이 풀었다고 공부를 잘한 것이 아니다. 몰랐던 부분, 틀렸던 부분을 채워야 성장한다. 오답 노트를 만들면 내 실수를 인정하고 무엇이 잘못되었는지 알 수 있다. 어떤 부분을 복습해야 하는지도 파악할 수 있다. 나의 약점을 채워서 강점으로 만드는 공부를 해야 한다.

심화학습이 우선인가 선행학습이 우선인가 하는 문제도 많은 이들을 고민하게 만든다. 심화도 중요하고 선행도 중요하지만 더 중요한 것은 심화학습이라고 항상 답한다. 왜냐하면 선행학습은 아직 수학 공부 머리가 만들어지지 않은 학생에게 내용을 욱여넣는 것이기 때문이다. 생각하는 힘보다 문제 푸는 힘을 기르는 것에 가깝다. 하지만 현행 또는 후행 심화학습은 문제를 풀 때 오랜 시간이 걸리고, 많이 생각하게 한다. 문제를 이해하고 분석하는 데도 시간이 오래 걸리고, 조건에 맞게 문제를 푸는 데도 많은 노력이 필요하다. 이때 수학 공부 머리가 발달한다.

수학과 AI의 융합으로 열어가는 새로운 교육 지평

AI와 수학 교육의 융합은 교사의 역할도 변화시켰다. 전통적인 수업에서 교사는 정보 전달자이며 수업 주도자였다. 하지만 미래 교육에서는 다르다. 미래 교육에서 교사는 AI를 활용하여 학생의 학습을 돕는 역할을 한다. 그것은 교사가 가지고 있던 학습 주도권을 학생에게 넘겨야 한다는 말이다. 그뿐 아니다. 교사에게는 학생의 개별적인 학습 수준과 성향을 이해하고 AI의 결과를 해석하고 보완하는 능력도 필요하다.

또한 AI를 효과적으로 활용하는 교수법과 창의적인 학습 방법을 개발해 학생의 참여와 협력을 촉진하는 역할도 해야 한다, AI를 이용해 학생이 다른 학습자와 상호작용할 수 있도록 환경을 조성하는 역할도 필요하다. 이런 다양한 역할을 해내자면 교사가 기술과 학습 이론에 대한 최신 지식을 꾸준히 습득할 필요가 있다. 아무리 교육 현장에서 혁신이 일어나고 AI 기술이 발전하더라도 교사 스스로가 변하지 않으면 그 모든 것은 의미가 없기 때문이다.

사회는 혁신적으로 변화하고 있다. 운전자의 개입 없이 차량이 스스로 운행한다. 의료 이미지 분석으로 질병의 조기 진단이 가능하다. 이러한 기술 발전은 현장에서 정확성과 효율성을 크게 높인다.

AI와 수학 교육의 융합은 이러한 사회적 변화에 대응하는 교육의 새로운 지평을 열 것이라 단언한다. 수학과 AI의 만남을 통한 미래 교육은 학생의 적극적인 참여와 자기주도적 학습을 도울 것이다. 교사는 AI를 효과적으로 활용하여 학생을 지도하고 돕는 역할을 해야 한다.

미래 교육은 우리의 미래를 준비하는 핵심 요소다. 우리는 그 물결에 올라탔다. 미래를 향한 도전에 적극적으로 동참하여 미래 교육의 가능성과 가치를 깊이 이해하고 실현해야 한다.

---

1 「수학 교육에서 인공지능의 활용 동향」, 박만구(2020), 한국초등교육, 31, 91-102.

AI 시대 지혜롭게 학습하는 힘,
메타인지 학습

신혜영 충청남도교육청 소속 초등교사

미래 사회에서는 더 이상 공부하지 않아도 될까?

학교에서 미래 사회를 주제로 수업을 진행하면 아이들은 설렘 가득한 표정으로 이야기한다.

"선생님, 그럼 저는 AI한테 제 일을 다 시키고 놀래요! 이제 공부 안 해도 돼요!"

사물인터넷(IoT)으로 모든 것이 연결된 사회, 사람의 말을 이해하고 응답해주는 스마트한 기기들, 심지어 나의 내밀한 생각까지 시각 영상으로 구현해준다는 미래 사회의 모습 때문에 생긴 기대다.

과거 기술 발전의 주된 목적은 인간이 지닌 신체적 한계 극복이었지만, 이제는 두뇌 한계의 극복으로 지향점을 확대해가고 있다. 우리가 머릿속에 저장한 지식은 포털사이트를 열고 검색어를 입력하면 순식간에 찾아낼 수 있는 것에 불과하고, 심지어 검색 결과도 머릿속에 있는 지식과는 비교도 안 되게 논리 정연하다. 검색이라는 도구를 들고 정보 사냥을 위해 집을 나선 우리가 마주한 것은, 너무나도 손쉽게 사냥감을 물고 여유 만만히 돌아오는 충직한 반려 AI다. 게다가 AI는 지치지도 않는다.

스스로 학습하고 결과를 도출해내는 AI가 이미 도래한 사회에서 AI를 뛰어넘는 무언가가 되기 위해 발버둥 치는 것은 의미가 없다. 어떻게 해도 이길 수 없는 싸움이기 때문이다. 그렇다면 이제 공부는 하지 않을 거라는 아이처럼, 모든 것을 내려놓고 그저 시대의 흐름과 변화를 바라보기만 해야 할까?

공부는 하지 않을 거라는 아이에게로 돌아가보자. "너는 AI에게 정보를 얻기 위해 어떤 명령을 내릴 수 있니?" 하고 물었더니 아이는 당황한 기색이 역력하다.

질문을 만들어내는 지식의 힘

디지털 원주민이라 불리는 우리 아이들은 스마트폰을 손에 쥐고 태어났고, 인터넷과 AI가 없는 시대는 살아본 적도 없다. 이러한 아이들이 살아갈 미래에도 교과서에 나열된 지식을 강의하고 암기시켜야 할까? 검색한 번이면 찾을 수 있는 정보를 암기하게 하고, 이를 확인하기 위해 수능 시험을 치르며, 학창 시절 대부분을 인고의 시간으로 만드는 것이 어른으로서 해줄 수 있는 최선일까. 심리학자 미하이 칙센트미하이는 이렇게 말했다. "사회의 고통은 과목별로 오지 않는데 아직도 교실에서는 20세기 방식으로 과목별로 가르치고 있고, 이것이 변화하는 사회에서 살아갈 방법을 찾기 힘들게 한다."

AI라는 강력한 무기이자 비서를 가지고 삶을 개척해나갈 수 있는 아이를 키워내야 한다. 이런 시대가 필요로 하는 교육의 핵심은 바로 '질문을 만들어내는 힘'에 있다. 그리고 그 힘은 '지식'에서 나온다.

챗GPT는 저작권 등 많은 논란이 있지만 그럼에도 어떤 일을 시작할 때 훌륭한 시작점을 제공해준다. 어떠한 분야에서든 막막한 여백의 망망대해에서 헤매기보다는 챗GPT가 그려주는 밑그림을 붙잡고 참고해 볼만하다. 이런 챗GPT를 이용하고 활용하는 방식의 핵심은 질문이다. 프롬프트(prompt)라 일컫는 질문 창에 원하는 질문을 입력하면 응답을 받을 수 있는 시스템이기 때문이다. 여기에 적절한 질문을 만들어내는 힘은 지식에서 나온다. 사회 숙제를 하기 위해 '조선시대 왕인 정조의 업적은 뭐야?'라고 AI에게 질문을 던진다고 가정해보자. 이 질문 속에도 조선시대, 왕, 정조, 업적에 대한 이해와 지식이 포함되어 있음을 알 수 있다.

브랜다이스대학의 신경과학과 교수 이브 마더(Eve Marder)는 이렇게 말했다. "알려진 것들을 이해하지 못하고서 미래를 창조적으로 생각하는 것은 불가능하다. '그냥 검색하면 된다'는 이유로 배운 것들을 전부 잊어버리는 학생들 사이에서 창의적인 미래의 지도자를 찾는다는 건 상상할 수 없는 일이다. 그렇게 많은 것들을 잊는다면 무엇을 검색해야 할지 어떻게 알 수 있을까." 이것이 다시 돌고 돌아 지식, 그리고 학습을 이야기해야 하는 이유이다. 미래 사회에서 경쟁력을 만들어내는 차이는 AI를 활용하기 위해 시의적절한 질문을 만들어내는 힘, 질문의 뿌리가 되는 지식의 습득, 효과적으로 학습하는 방법을 알고 있는지 여부에서 드러나게 될 것이다. 이것이 AI 시대 최고의 학습 방법, 메타인지 학습이 주목받는 이유이다.

AI 시대의 학습 패러다임, 메타인지 학습

생각에 대한 생각, 인지에 대한 인지. 그것이 바로 '메타인지(meta-cognition)'의 기본적인 정의다. 메타(meta)는 '~에 관하여' '~를 넘어서'라는 뜻인데. 자신이 무엇을 알고 무엇을 모르는지 알기 위해 자신의 생각을 들여다보는 것, 즉 끊임없이 생각하고 사고하는 것이 바로 메타인지 과정이다. 메타인지는 자기 자신을 정확하게 비추는 거울에 비유되기도 한다. 자신이 할 수 있는 것과 할 수 없는 것을 구분하고, 필요한 것과 필요없는 것을 구분하는 것, 자신의 학습 방법을 스스로 모니터링하고 조절해나가는 능력이 바로 메타인지 학습의 핵심이다.

메타인지의 주요 전략으로는 모니터링과 컨트롤이 있다. 모니터링은 자신이 아는 것과 모르는 것을 구별하고 스스로 평가하는 과정이며, 컨트롤은 앞서 평가한 것을 바탕으로 어떻게 공부할지 방향을 설정하는 과정이다. 이 모든 과정은 학습자 스스로, 주체적으로 해나가야 한다.

학습 과정 전반을 스스로 조절하고 통제하는 메타인지 학습 전략을 통해 학생들은 학습에서 주도권을 회복할 수 있으며, 우리가 아이들에게 원하는 것도 바로 이러한 학습, 메타인지를 통한 자기주도 학습이다.

그러나 부모는 여전히 두렵다. '아이 스스로 학습 과정을 조절하고 컨트롤해나가는 메타인지학습이라니, 정말 훌륭하고 멋지지만 과연 아이가 스스로 할 수 있을까?' 이러한 부모들을 위하여 학습의 본질은 무엇이며 어떻게 본질적인 학습을 해야 하는지 먼저 알아보기로 하자.

본질과 방법으로 돌파하여 학습의 지름길을 찾다

흔히 오랜 시간을 들여 열심히 책을 보고 또 보고 암기하면 공부를 잘할 수 있을 거라고 생각한다. 그래서 아이에게 멋진 책상을 사주고, 그 책상에 앉지 않는 아이와 끊임없이 싸우는 것이다. 하지만 그것은 단지 불안한 부모 마음에 위안이 될 뿐, 실제로 아이의 머릿속에서 어떠한 일들이 일어나고 있는지는 모를 일이다.

공부란 무엇이고 어떻게 해야 하는 것일까. 부모 자신도 모르는 것을 자녀에게 맡기자니 두렵고 막연하기만 하다. 그렇기에 부모가 먼저 학습의 본질과 방법을 알아야 한다.

학습의 본질 1. 지능은 고정되어 있지 않다   뇌과학 분야에서는 학습과 기억의 메커니즘을 뇌의 신경이 관여하는 과정으로 설명한다. 우리는 뉴런이라고 불리는 신경세포를 갖고 태어났으며, 시냅스는 뉴런과 뉴런을 연결하는 역할을 한다. 과학자들은 뇌 속에 있는 시냅스가 학습 과정에서 변화할 수 있다는 것을 알아냈는데, 이를 '뇌의 신경가소성'이라고 한다. 신경세포 자체를 바꿀 수는 없지만, 신경세포들의 연결인 시냅스는 학습을 통해 바꿀 수 있다. 꾸준한 학습은 새로운 시냅스 연결을 만들어 내고, 이를 통해 뇌는 더욱 효율적이고 능숙한 방식으로 정보를 처리할 수 있게 된다. 즉 꾸준한 학습을 통해 태어날 때부터 주어진 유전자의 한계를 넘어서서 똑똑해질 수 있다는 것이다.

학습의 본질 2. 학습은 원래 어렵고 느리다   부모는 아이가 스스로 일어나 걷기까지 많은 도전과 실패를 반복하는 모습을 지켜보았다. 대신할 수 없는 일임을 알기에 묵묵히 기다렸다. 자전거를 배울 때도 마찬가지였다. 그런데 왜 학습에서만큼은 다르다고 생각할까? 공부 내용이 너무 쉽고 단순한데 내 아이는 계속 모르겠다니 속이 터지고 답답하기만 하다. 하지만 잘 생각해보면 우리도 그랬다. 학습은 원래 어렵고 잊어버리는 것도 자연스러운 과정이다. 이를 인정해야 용기를 잃지 않을 수 있고 더 좋은 방법을 모색하게 된다. 노력해도 잘 되지 않는 이유는 효율적인 방법을 모르기 때문이지, 책상에서 오래 버티지 못해서가 아니다. 더 좋은 학습 방법을 찾기 위해 고민하는 것, 이것은 메타인지 학습의 전략이기도 하다.

학습이 원래 어렵고 느린 과정이라는 것을 알고 있는 아이는 학년이 올라가 어려운 개념을 만나도 쉽게 물러나지 않고 마주할 수 있다. '잘하고 있어' '원래 어려운 거야' '천천히 해보자'라고 이야기해주는 부모가 아이의 메타인지 능력을 키워줄 수 있고 학습에서의 성공, 나아가서 인생의 성공에 이르게 할 수 있다.

학습의 본질 3. 뒤섞어서 배워야 오래 기억한다 우리는 흔히 잘 정리되고 구조화된 지식을 더 잘 배우고 익힐 수 있다고 생각한다. 그래서 체계적으로 잘 정리된 참고서가 사랑받는다. 하지만 다음의 예를 보면 이것이 잘못된 생각임을 금방 알아차릴 수 있다. 수학 시간, 아이들은 다양한 도형에 대해 공부하고 있다. 교과서는 도형의 구성 요소, 성질, 형태 등을 잘 짜인 순서대로 제시한다. 먼저 삼각형에 대해 익혔고, 다음으로 사각형 공부를 훌륭히 마쳤다. 다음 도형도, 그다음 도형도…. 자신만만하게 공부를 마치고 시험지를 받아든 순간, 혼란에 빠지지 않을 수가 없다! 맙소사! 도형들이 여기저기 복잡하게 흩어져 있다!

그러므로 뒤섞어서 공부하고 연습해야 한다. 그래야 각각이 지닌 공통점과 차이점을 더욱더 잘 구별할 수 있다. 이는 대상들을 구별하고 귀납적으로 결론 내리는 기술 향상으로도 이어진다. 뒤섞어서 공부하면 제대로 공부했다는 느낌을 받기 어렵고 시간도 오래 걸린다. 그러나 우리는 어렵게 배울 때 더욱 오래 기억할 수 있다. 이를 학습에서 '바람직한 어려움'이라고 한다.

학습의 본질 4. 분산학습을 해야 한다 인간의 기억 체계는 크게 두 가지로 나뉘는데 작업기억과 장기기억이다. 요리를 하기 위해 잠시 재료를 올려놓는 도마가 작업기억, 다듬어진 재료를 보관하는 냉장고를 장기기억에 비유할 수 있다. 살면서 마주하는 문제들을 잘 해결하기 위해서는 배우고 익힌 지식이 장기기억에 저장되어야 한다. 그래야 필요할 때 다시 꺼내서 사용할 수 있다. 작업기억의 도마 위에만 올랐다가 저장되지 않은 지식은 더운 여름날 냉장고에 보관하지 않아 금방 상해서 버려지는 식재료와 같다.

시험을 잘 보기 위해 집중적으로 공부하고 익힌 지식은 장기기억이 아니라 단기기억에 일시적으로 저장될 뿐이다. 학창시절 중간고사를 보기 위해 열심히 벼락치기한 내용을 아직까지 기억하고 있는 사람이 있을까. 단기기억은 답안지에 적는 순간까지만 유지될 뿐 시간이 조금만 지나도 모두 사라지고 만다. 이런 것은 진정한 공부라고 할 수 없다.

내일의 삶을 준비하는 진정한 의미의 공부는 지식을 장기기억에 저장하고 필요한 순간 꺼내어 활용할 때 의미 있다. 그렇다면 지식을 장기기억에 저장하기 위해서는 어떻게 해야 할까? 뇌과학자들은 이에 대한 답이 분산학습에 있다고 이야기한다. 분산학습이란 학습 내용을 분할하여 긴 시간 동안 꾸준히 학습하는 것이다. 짧더라도 매일매일 꾸준히 공부하는 것이 그 예다. 똑같은 글을 하루에 5번 읽는 것과 5일에 걸쳐서 한 번씩 읽는 것은 엄청난 차이가 있다. 하루에 5번 읽으면 시간이 많이 걸리고 기억에 오래 남지 않으며 내용이 친숙해짐에 따라 안다는 착각에 빠지게 된다. 모르는 것을 모른다고 정확하게 인지하는 메타인지적 판단을 할 수 없게 되는 것이다. 같은 내용을 집중적으로 반복하기보다는 시간을 들여 분산학습할 때, 잊어버렸던 것들을 떠올리기 위해 더 열심히 노력하게 되며, 이 과정을 통해 핵심이 무엇인지 분명하게 파악할 수 있게 된다. 또한 이미 알고 있는 지식과의 연결고리를 찾아 구조화할 수 있게 되어 학습 내용은 더욱 단단하게 기억 속에 자리 잡게 된다.

뒤섞인 내용을 어렵고 느리게, 분산하여 꾸준히 공부하는 것이 비효율적으로 보일지도 모른다. 그러나 '학습'을 주제로 오랜 시간 연구해온 학자들은 입을 모아 이것이야말로 진정한 학습의 본질이자 지름길이라고 말한다. 인간의 뇌는 메타인지 능력을 활용할 때 한 단계 더 높은 차원에서 정보를 받아들이고 처리할 수 있게 된다. 이는 우리 집 창문에서는 보이지 않던 마을 전망이 옥상에 올라가면 훤히 보이는 것과 같다. 메타인지를 활용하지 않고 그저 책상에 오래 앉아서 봤던 내용을 보고 또 본다면 학습 효과는 떨어질 수밖에 없다.

AI 시대, 낡은 방식을 버리고 지혜롭게 공부하기 위한 조언

생각에 대한 생각, 인지에 대한 인지. 막연하고 어렴풋하게만 느껴지는 메타인지를 활용해 잘 학습하고 있는 이들은 과연 어떻게 생각하고 공부할까?

첫째, 성장형 마인드셋을 가지고 긍정적으로 학습한다.

스탠퍼드대학 심리학과 교수인 캐롤 드웩(Carol Dweck)은 40여 년간의 연구를 통해 자기 자신에 대한 긍정적인 관점을 가진 사람이 인생을 성공적으로 살아간다는 사실을 입증했다. 태어날 때부터 타고난 자질이 변함없이 고정적이라는 생각을 가진 사람은 그 어떠한 성공도 '입증'의 대상일 뿐, 성취라고 여기지 않는다. 반면 자신의 자질이 노력을 통해 성장하는 것이라고 생각하는 사람은 끝없는 호기심과 도전정신으로 자신을 성장시켜 나가는 데에서 즐거움을 느낀다. 메타인지 학습을 하기 위해서는 성장형 마인드셋이 기본이 되어야 한다. "어렵지만 재미있어"라고 생각할 때 학습에 몰입할 수 있고, 메타인지적 사고 차원에서 자신에게 맞는 효과적인 공부 방법을 찾아나갈 수 있기 때문이다.

둘째, 자신이 모른다는 것을 알고 있다.

아는 것과 모르는 것을 구별하는 능력, 메타인지 학습에서 필수요소이다. EBS 다큐멘터리 〈0.1%의 비밀〉에 등장한 상위 메타인지 사고를 하는 학생들은 자신이 단어 테스트에서 몇 개나 맞힐지를 정확하게 예측해냈다. 자신이 얼마만큼 알고 있는지 정확히 판단할 수 있는 것이다. 사실 이러한 능력을 갖추기는 어렵다. 우리는 알 듯 말 듯한 것과 모르면서도 아는 척한 것을 안다고 확신하며 살아간다. 그리고 이미 아는 것이기에 공부할 필요가 없다고 생각한다.

그렇다면 아는 것과 모르는 것은 어떻게 구분할 수 있을까? 그것을 설명할 수 있는지 확인해보면 된다. 완전히 이해하고 알게 되면 자신의 언어로 설명할 수 있고, 다른 상황에 적용해서 설명하는 유추도 가능해진다.

만일 설명할 수가 없다면 모른다는 것을 인정하고 다시 학습하자. 이것이 바로 메타인지적 학습이다.

셋째, 아는 것을 학습과 연관시킨다.

영어 단어를 외울 때 어근을 알고 암기하는 학생과 그렇지 않은 학생을 떠올려보면 쉽게 그 차이를 알 수 있다. 예를 들어 port라는 단어는 어떤 단어 속의 어근일 때 '나르다' '옮기다'라는 뜻을 가진다. 이것을 알면 port라는 어근이 들어간 단어, transport(수송하다), portable(휴대가 쉬운, 이동하기 쉬운), deport(추방하다) 등이 모두 이동과 관련이 있음을 파악하고 더욱 쉽게 기억할 수 있다. 단어의 구조를 파악하며 학습하기 때문에 각각의 단어를 독립적으로 인식하고 외울 때보다 시간이 더 걸릴 수 있다. 하지만 이미 알고 있는 것과 새로 익힌 내용을 연결하면 지식과 지식 사이에 단단한 연결고리가 생기게 되고 기억은 더욱 오래 유지된다. 메타인지 학습력을 키워 아는 것과 모르는 것을 확실하게 구별하고, 알고 있는 것에 새로운 내용을 연결하여 학습을 이어간다면, 학습할 수 있는 양의 제한은 사실상 없는 것과 마찬가지이다.

넷째, 자기 자신에 대해 성찰하고 더 좋은 공부 방법을 찾기 위해 노력한다. 소위 공부를 잘한다는 학생들은 무작정 공부하지 않는다. 시험을 보기까지 한 달여 남짓 남았다면, 과연 지금부터 얼마나, 며칠 동안 공부해야 하는지 차분히 생각해본 후, 계획을 세워 공부한다. 메타인지의 전략 중 하나인 컨트롤을 자주 사용하는 것이다. 시험에서 나는 왜 이 문제를 풀지 못했지? 선생님의 설명을 이해하지 못한 이유는 뭐지? 어떻게 공부해야 더 효율적일까? 계속 스스로에게 묻고 확인해야 메타인지 학습력이 신장된다.

AI의 시대, 어떻게 해도 기계를 뛰어넘을 수 없다는 위기감이 우리를 짓누른다. 하지만 이는 AI를 우리의 대결 상대로 생각할 때 느끼는 중압감이다. AI는 대결 상대가 아니라, 미래 사회를 살아나갈 우리의 무기이자 비서이다. 메타인지를 활용하여 공부하면 효과적으로 지식을 얻을 수 있고, 이는 곧 AI를 활용할 수 있는 역량 신장으로 이어진다. 『제3의 물결』을 쓴 앨빈 토플러는 "21세기의 문맹은 읽고 쓸 줄 모르는 사람이 아니라 학습, 탈학습, 재학습을 못 하는 사람"이라고 이야기했다. 평생에 걸쳐 배우고 익히는 즐거움을 누릴 수 있는 사람, 지식을 활용하여 적절하면서도 핵심을 관통하는 질문과 명령어를 만들어내는 사람, AI가 자신을 위해 일하게 만들 수 있는 사람은 메타인지를 활용해 학습하는 사람일 것이다.

참고자료

『어떻게 공부할 것인가』, 헨리 뢰디거 외 지음, 김아영 옮김, 와이즈베리, 2014

『우리의 뇌는 어떻게 배우는가』, 스타니슬라스 드앤 지음, 엄성수 옮김, 로크미디어, 2021

『메타인지 학습법』, 리사 손, 21세기북스, 2019

『메타인지 공부법』, 서상훈, 유현심, 성안북스, 2019

『현대인들은 어떻게 공부해야 하는가』, 노규식, 알투스, 2016

『새로운 공부가 온다』, 안상헌, 행성비, 2020

『마지막 몰입』, 짐 퀵 지음, 김미정 옮김, 비즈니스북스, 2021

『천재들의 공부법』, 조병학, 인사이트앤뷰, 2016

『마인드셋』, 캐롤 드웩 지음, 김윤재 옮김, 스몰빅라이프. 2023

『GPT 제너레이션 : 챗GPT가 바꿀 우리 인류의 미래』, 이시한, 북모먼트, 2023

『2025 미래교육 대전환』, 김보배, 길벗, 2022

『교실이 없는 시대가 온다』, 존 카우치·제이슨 타운 지음, 김영선 옮김, 어크로스, 2020

시공간의 제약이 없는
유치원 디지털 놀이

김예슬 경상북도교육청 소속 유치원 교사
유튜브 채널 '맹꼬TV' 운영

디지털 전환 속에서 살아가고 있는 아이들

현대인은 과학과 기술의 발전으로 인류 역사상 가장 스마트하게 살고 있다. 많은 사람들의 손목에 스마트워치가 있고 이 시계 하나가 심장 박동 수까지 체크한다. 주머니 속 작은 우주인 스마트폰으로 사물인터넷을 활용하여 원격으로 모든 기기를 제어할 수 있고 언제 어디서든 배달 음식을 먹을 수 있으며 모르는 길을 검색해 찾아갈 수 있다. 그뿐인가? 음식 주문은 종업원을 부르지 않아도 테이블에 놓인 키오스크로 할 수 있으며 사용자가 물어보는 것은 무엇이든 답해주는 AI 챗GPT가 날이 갈수록 더 똑똑해지고 있다. 자율주행 차량이 등장하고 홍채나 얼굴을 인식하는 안면 인식 시스템까지 우리 생활에 스며들었다. 이러한 상황을 디지털 전환(Digital Transformation)이라고 한다.

이런 흐름 속에서 아이들 역시 디지털과 함께 살아가고 있다. 디지털을 처음 경험하는 시기도 계속 빨라지고 있다. 성인이 경험하는 세상 속에 유아도 구성원으로서 함께 살아가고 있기 때문이다. 코로나 팬데믹은이를 가속화하는 원인이 되었다. 이전에도 교실에서 디지털이라는 말이아주 생소하지는 않았으나 코로나 팬데믹으로 재택 학습을 경험한 아이들과 교사들은 디지털을 활용한 놀이가 시대적 흐름에 맞는 방향이라는관점을 가지게 되었다. 관점의 변화와 사회적인 흐름에 따라 유치원 현장에서는 다양한 미디어를 활용한 교육에 대한 많은 연구들이 진행되었다.이는 과거 지식을 전달하는 공급자 중심 교육과 달리 공간적·시간적 제약 없이 수요자 중심으로 교육할 수 있다는 점에서 미래지향적이다.[1]

과거와 다르게 변화하고 있는 교육과정

정부는 코로나 팬데믹 이후 '미래 교육 전환을 위한 10대 정책과제(안)'를 발표하였다. 유아교육 관련 내용으로 디지털 전환 인프라 구축, 미래형 유치원 교육과정 도입, 교사 양성 체제 구축이 포함되어 있다.[2] 그러나 유치원에서 디지털과 관련한 놀이를 한다고 하면 아이들이 미디어에너무 많이 노출되는 것은 아닐까, 신체와 정서 발달에 부정적인 영향이가는 것은 아닐까 하는 우려의 목소리도 들린다. 한 연구는 디지털 접촉이 유아의 신체적·인지적·정서적 발달에 적합하지 않다는 주장을 뒷받침할 명확한 증거가 없음을 주장하며 교육을 통해 디지털 기술을 적절히활용하도록 도울 때 유아의 발달을 알맞게 도울 수 있다고 보고한다.[3] 또한 최근 수행된 유아의 디지털 교육 관련 연구를 보면 디지털 활용이 학습 및 다양한 발달 과정을 향상시킬 수 있다는 가능성을 보여준다.[4]

유치원에서 하고자 하는 디지털 놀이에 대한 정의는 학자마다 다루는 범주의 다양화로 차이가 있다. 이에 유아교육 전문가이자 호주 가톨릭대학 책임연구원인 수잔 에드워즈(Susan Edwards)는 이를 종합하여 두 가지로 범주화하였다. 하나는 디지털 기술을 활용하는 놀이이며 다른 하나는 기존 놀이에 디지털 기술을 활용하는 것이다.

디지털 놀이의 장점

디지털 놀이가 가지고 있는 몇 가지 독특한 장점을 살펴보자. 첫째, 유아교육에서 중요하게 생각하는 과정 중심의 놀이가 가능하다. 디지털을 활용한 놀이를 할 경우 유아는 디지털을 활용하여 작업물이나 진행 상황을 수정·보완하며 놀이를 지속적으로 변형시킬 수 있다. 둘째, 시간 제약이 없다. 유아는 놀이하던 중 디지털의 도움이 필요하다면 언제라도 활용할 수 있다. 셋째, 공간 제약이 없다. 유치원 교실이라는 한정적 공간에서 벗어나 가상의 세계에서 자신만의 천국을 건설할 수 있으며 멀리 떨어진 다른 사람의 이야기를 듣고 궁금한 점을 해결할 수 있다. 넷째, 모두가 공평하다. 신체적 제약이 있거나 언어적인 어려움이 있는 유아도 디지털 기술의 도움을 받아 공평한 상태에서 놀이할 수 있다. 다섯째, 다양한 각도로 사고할 수 있다. 놀이 상황에서 발생하는 문제를 디지털을 활용하여 해결할 수 있으며 서비스와 자료들을 통해 새로운 아이디어를 추가할 수 있다. 이와 같이 디지털 기기와 기술을 활용한 놀이는 유아에게 사실적이고 참여적인 학습을 제공한다.[5] 기기와 기술이 갖는 내용과 방식에 따라 놀이에 대한 흥미 유도와 동기유발이 될 뿐 아니라 여러 영역에서 긍정적인 교육적 효과를 볼 수 있다.[6] 또한 관련 연구들을 살펴보면 유아는 매체에 대해 애착을 형성하며 감정을 교류하고 소통이 가능한 사회적 동료로 인식하고 있다고 한다.[7] 이는 함께 놀이하는 또래와의 관계에도 영향을 미쳐 또래와의 상호작용 및 협동성을 증진시키는 등 유아의 사회적 능력 발달에 긍정적 영향을 끼친다.[8]

디지털이 유아들의 놀이에 미치는 영향

실제 교육 현장에서 교사의 관점에서 보면 유아는 디지털 기기에 아주 친숙해서 교사보다 더 친숙한 놀이 친구로 인식한다. 역할 놀이를 할 때에도 유아들은 윙윙 하며 입으로 믹서기가 돌아가는 소리를 내는 것보다 반도체가 삽입된 믹서기 장난감의 버튼을 눌러 믹서기 돌아가는 효과와 소리가 나는 것을 더 선호한다. 또 다른 예로 자신이 그린 그림이 A4 파일첩에 차곡차곡 쌓이는 것보다 그림이 AI를 만나 말도 하고 움직이는 것을 더 재미있어 한다. 다시 말해 디지털 놀이라는 것은 유아의 현재 시간과 공간에서 바로 필요한 정보를 습득할 수 있고, 현실과 디지털을 연결하기 때문에 매우 활용도가 높다. 또한 디지털이 갖는 즉흥성, 즉시성, 동시성 덕분에 다양한 상황이 연출되는 점도 놀이에 더 몰입하는 요인이 된다.[9]

유아들의 디지털 콘텐츠를 이용한 놀이에 대해 분석한 연구에서도 유아는 단순히 콘텐츠를 수동적으로 재현하는 것을 넘어 디지털 놀잇감과 기존 놀잇감을 자유롭게 사용하며 자신만의 새로운 형태의 놀이로 생산, 반복, 변형, 재생산한다고 주장하였다.[10] 디지털이 가속화되고 난 이후 디지털 놀이가 유아의 발달과 놀이성에 긍정적인 영향을 미친다는 연구 결과가 지속적으로 발표되고 있다.

유아는 이렇듯 디지털을 활용하여 놀이하며 즐거워하는데, 여기서 가장 중요한 것은 활용하는 행위 자체가 자발적으로 이루어진다는 것이다.

유치원에서 이루어지고 있는 디지털 놀이

지금부터는 실제로 유아와 함께 실행한 다양한 디지털 놀이들을 소개하고자 한다. 일상 속에서 자주 볼 수 있는 디지털을 활용하여 놀이로 발현시킨 실제 사례다.

첫 번째는 크로마키 천을 활용하여 공간에 변화를 주는 디지털 놀이다. 유치원은 기관이기 때문에 공간적인 특성을 배제할 수 없다. 따라서 과거에는 유치원 내 주어진 공간 안에서만 놀이할 수 있었다. 지금은 크로마키 천과 디지털 장비를 활용하여 주어진 공간 안에서도 다른 곳으로 이동이 가능해졌다. 무대를 좋아하는 아이들은 무대 배경으로 공연장을 만들어 공연 놀이를 할 수 있고 정글을 좋아하는 아이들은 정글 배경으로 순식간에 공간 이동이 가능하다. 아이들의 놀이 속에서 공간 변화는 큰 변화다. 같은 놀이 기구를 사용하더라도 어린이가 느끼는 호기심과 자극의 정도가 다르고 놀이 상태에 따라 다른 상호작용으로 인해 받아들이는 인식도 다르다는 연구 결과가 이를 증명한다.[11] 또한 유아는 발달 특성상 가상놀이, 즉 상상놀이를 즐겨 하는 편인데 이러한 상상력을 더욱 자극하는 매개체로 활용할 수 있다. 일정한 공간을 활용하여 크로마키 천으로 배경을 구성하면 기하급수적인 공간을 연출할 수 있다. 교실 속에서의 무제한 여행인 셈이다. 아이들은 더 넓은 세상을 간접적으로 경험하며 더욱 풍부한 상상을 할 수 있다.

두 번째는 전자칠판을 사용하여 시간의 변화를 주는 디지털 놀이다. 당연하게도 종이에 그림을 그리거나 글씨를 쓰다 틀리면 지우기가 어렵다. 그런데 전자칠판이 있다면 시간을 되돌려 그림이나 글씨를 수정할 수 있다. 전자칠판을 활용한 수업에 참여한 유아들이 글자 및 소리 지식 검사와 음운 및 인쇄 인식 검사에서 높은 점수를 받았다는 연구 결과도 있다.[12] 실제로 유아들은 계속 그림을 그리고 수정해나가며 친구와 함께 재미있는 이야기를 구성한다. 물론 종이로도 가능하지만 전자칠판을 활용하면 이야기의 변화에 따라 그림을 조금씩 변화시키는 것이 훨씬 원활하다. 이를 통해 유아들의 흥미가 더욱 높아지는 것을 관찰할 수 있다.

세 번째는 애니메이티드 드로잉(Animated Drawings)이라는 AI를 활용하여 유아가 그린 그림을 움직이게 하는 디지털 놀이다. 내가 그린 그림이 살아서 움직이는 것은 성인에게도 흥미로운 일이다. 해당 사이트는 무료 사이트이며 유아가 그린 그림을 업로드하면 춤을 추거나 앞으로 걷기, 뒤로 걷기, 손 흔들기 등 다양한 모션으로 재생할 수 있다. 그림마다 저장이 가능하기 때문에 이를 연결하면 직접 그린 그림으로 동화를 만들 수 있다. 교실에 태블릿이 구비되어 있다면 함께 활용하여 즉석에서 이야기를 만들어낼 수도 있다.

네 번째는 메타버스 VR과 AR을 활용한 디지털 놀이다. 간단하게 설명하자면 VR은 가상현실(Virtual Reality)을 의미하고 AR은 증강현실(Augmented Reality)을 의미한다. 과거 유치원에서는 인형극, 동극 등 무대에 서서 하는 다양한 공연을 유아들에게 제공하였다. 현재는 유아들의 오감을 자극할 수 있는 VR이 공연에 활용된다. 실제 주인공이 움직이며 시시각각 변화하는 배경으로 공간 변화도 함께 느낄 수 있기 때문에 유아들에게 좋은 문화적 경험을 제공할 수 있다. VR을 통해 친구와 함께 재미있는 게임을 즐길 수도 있다. 온몸으로 느끼고 신체를 움직이며 게임을 하고 커다란 VR로 제공되는 동화를 보고 듣거나 실제 동화 속으로 들어간다. 종이 그림책이 주는 교육적 효과도 대단하지만 그에 못지않게 VR로 즐기는 세상은 유아에게 새롭고 흥미롭다. 게임을 즐긴 유아는 너무 몰입한 나머지 게임이 끝난 후 이마에 땀이 송골송골 맺힌 채 "진짜 재미있었다!"라고 이야기한다. AR로 바다 속 여행을 떠난 친구들은 가상 물고기를 보고 몸을 움찔하거나 놀라서 넘어지기도 한다. 유아가 실제로 이 놀이에 '몰입'했음을 보여준다. 이처럼 VR과 AR을 통해 유아에게 다감각적인 정보를 제공하여 구체적인 경험을 제시하고 몰입을 도와줄 수 있다.[13] VR과 AR은 학습자의 지식 구성을 돕는 탐구 환경이나 자연세계에 대한 경험적 직관을 형성하는 데 매우 유용하다.[14] 한 연구에 의하면, VR과 AR을 활용한 놀이를 즐긴 집단의 유아는 창의적 문제 해결력에 긍정적인 영향을 받은 것으로 나타났다. 또한 또래와의 상호작용에도 긍정적인 영향을 받는다고 한다.[15]

다섯 번째, 명령을 수행할 수 있는 로봇 친구를 활용하여 디지털 놀이를 할 수 있다. '책 읽어주는 로봇 루카' '노래에 맞추어 춤을 추는 로봇 씽고' '내 명령을 따르는 로봇 터틀로봇' 등 다양한 로봇을 활용하여 디지털 놀이를 즐길 수 있다. 연구에 따르면 유아가 로봇이라는 새로운 매체를 접하면서 새로운 상황에 대한 궁금증으로 인해 질문이 증가하고 교사의 조력이 시너지 효과를 발휘하여 개념 발달 촉진과 피드백 행동 향상이 이루어진다고 한다. 이를 통해 유아의 협동적 문제 해결력이 상승한다는 결과를 도출해낼 수 있다. 특히 기하와 측정 측면에서 굉장히 높은 발달 양상을 나타낸다는 결론에 이르기도 했다.[16] 유아는 로봇도 하나의 생명으로 여기고 로봇에게 이름을 지어주며 말을 걸기도 한다.

여섯 번째, AI가 탑재된 로봇 친구를 활용하여 디지털 놀이를 할 수 있다. 다른 로봇과 마찬가지로 명령을 수행하기도 하지만 주어진 공간 안에서 함께 춤을 출 수도 있고 블록으로 공간을 구성하여 로봇이 가는 길을 만드는 놀이도 할 수 있다. 유아기는 자기주도성을 기를 수 있는 아주 중요한 시기이다. 이 시기에 유아가 주도하는 대로 로봇이 동작을 따라 하거나 위치를 변경한다는 것은 유아에게 매우 큰 의미로 다가온다.

교실 속 디지털 여행과 유아들의 미래

우리 삶은 놀랍도록 발전했고 항상 변화하고 있다. 인간의 자리에 들어온 AI는 학습을 하기 때문에 감정을 느끼고 창의적인 생각도 가능해지고 있다고 한다. 이러한 세상에서 유아들은 디지털 놀이를 통해 문제 해결력을 기르고 또 하나의 세상을 배워가고 있다. 실제로 유치원에서는 시공간의 제약을 없애주는 다양한 디지털 기기들을 통해 유아의 흥미와 관심을 지속시키면서 교육적으로 의미 있는 놀이가 진행될 수 있도록 교사들의 많은 노력과 연구가 진행되고 있다. 유아의 놀이를 관찰해보면 이미 만들어진 디지털 기기나 자료들을 통해 새로운 생각을 만들어낸다는 것을 발견할 수 있다. 이러한 디지털 놀이의 발전은 우리가 상상조차 할 수 없는 미래의 가능성을 여는 열쇠가 된다. 우리는 그 열쇠를 가졌다. 새로운 기술과 혁신이 함께하는 놀이가 시작되었고 무엇보다도 교육적인 측면에서 가치가 크다. 유아가 원하면 언제든 놀이할 수 있는 환경을, 유아가 원하면 어디든 멋진 공간이 되는 디지털 공간을 통해 유아의 전인적인 발달이 이루어질 수 있기를 고대한다.

변화를 알고 그 변화에 맞추어 행동하는 사람은 승자가 된다. 교사들은 더욱 노력하고 연구하여 유아들의 디지털 놀이를 지속적으로 의미 있는 방향으로 이끌어가야 한다. 유아들의 문제 해결력과 창의성을 촉진하고, 새로운 아이디어와 생각을 자유롭게 발휘할 수 있도록 도와주어야 한다. 앞으로 미래는 더욱 빠르게 진화하고 변화할 것이다. 우리는 늘 변화를 발판 삼아 발전해왔다. 더욱 발전할 세상에서 살아갈 유아들의 미래가 교사의 이러한 노력과 관심 속에서 빛나기를 기대한다.

---

1 「유아의 디지털 놀이 경험이 놀이성과 사회적 능력에 미치는 영향」, 오세경·이제은, 2022

2 「코로나 이후, 미래교육 전환을 위한 10대 정책과제안」, 교육부, 2020

3 Gjelaj et al., 「Preschool teacher's awareness, attitudes and challenges towards inclusive early childhood education : A qualitative study」, 2020

4 「유아교육에서의 원격수업과 디지털 테크놀로지의 활용」, 조운주, 2021

5 Takeuchi, 「Professional development as discourse change : teaching mathematics to English learners」, 2011

6 「4차 산업혁명 시대의 스마트 테크놀로지와 아동발달」, 김연수·송하나·정윤경, 2019

7 「교사보조로봇 활용놀이와 역할놀이에서 또래와의 상호작용 및 놀이성 비교」, 용상이 외, 열린유아교육연구, 2012

8 1과 같음.

9 「인터랙션을 활용한 어린이 디지털체험관의 특성에 관한 연구」, 이태은·장진헌, 2018

10 「한국 유아의 유튜브 관련 놀이와 배움에 관한 연구 : 멀티모달리티와 멀티리터러시 접근법을 중심으로」, 동풀잎, 2021

11 「어린이의 인지발달에 따른 놀이 공간 특성 연구」, 이주헌, 2018

12 「유치원생의 초기 문해 능력 향상을 위한 동기 기제로서의 상호작용적 전자칠판 (Interactive whiteboard)의 활용」, 박상훈, 2020

13 「VR·AR을 활용한 STEAM(융합인재교육)활동이 유아의 창의적 문제해결력과 또래 상호작용에 미치는 영향」, 유구종·김소리, 2019

14 『가상현실공간에서의 교수-학습』, 백영균, 학지사, 2010

15 13과 같음.

16 「협동적 문제해결학습에 기반한 유아코딩로봇 활동이 교사 학습지원 행동과 유아의 수학적 문제해결력에 미치는 영향」, 이건우·유구종, 한국열린유아교육학회, 2019

AI 시대 변화하는 직업,
변화해야 하는 진로교육

이진명 경기도교육청 소속 초등교사, 에듀테크미래교육부천연구회 회장
커리어넷 진로상담교사, 『메타버스로 소통하는 아이들』 외 저자

시대의 변화에 따른 선호 직업 변화

화살, 바늘쌈지, 붓의 공통점은 무엇일까? 모두 전통 돌잡이 물건이다. 돌잡이는 아이가 태어난 지 1년이 되는 첫 생일인 돌에 상 위에 여러 가지 물건을 놓고 이루어진다. 조상들은 아이가 어떤 물건을 집느냐에 따라 아이의 진로가 결정된다고 생각했다. 화살은 무예를 갈고 닦는 멋진 장군이 된다는 뜻이고, 바늘쌈지는 손재주가 좋은 사람이 된다는 뜻이다. 붓은 공부로 성공한다는 뜻이다. 조상들이 선호하는 직업이 고스란히 돌잡이 상에 나타나 있는 것이다.

요즘은 어떨까? 판사봉, 청진기, 마이크, 마우스까지 각종 물건들이 돌잡이 상에 올라간다. 돌잡이에는 어른들의 바람과 세월의 변화가 고스란히 담겨 있다. 법조인이 된다는 판사봉, 의사가 된다는 청진기, 연예인이 된다는 마이크, IT 전문가가 된다는 마우스를 보면 선호하는 직업이

바뀌었음을 알 수 있다. 교육부와 한국직업능력연구원에서 조사한 「초중등 진로교육 현황조사」(2022)를 보아도 학생들이 희망하는 직업이 바뀌었다. 초등학생은 운동선수, 교사, 크리에이터가 각각 순위를 차지했다. 중학생은 교사, 의사, 운동선수, 고등학생은 교사, 간호사, 군인 순으로 희망하는 직업이 조금씩 달랐다. 전통적으로 선호하는 직업들 외에 새로운 직업도 눈에 띈다. 크리에이터, 컴퓨터공학자는 사회의 변화를 반영한 직업들이다. 컴퓨터공학자들이 실제로 사람들의 생활을 바꾸고 있고, 연봉도 높다. 성공한 크리에이터 역시 사회의 변화를 이끌고 돈을 많이 번다. 학생들이 선호하는 직업에서 시대의 흐름을 볼 수 있는 것이다.

최근에는 챗GPT까지 등장하였다. 이로 인해 그동안 인간의 고유 영역이라고 믿었던 직업들의 근간이 흔들리고 있다. 법조문을 자유롭게 검색하며 감정에 휘둘리지 않는 AI 판사를 만날 수 있다. 이미 효과성 검증을 끝내고 AI 판사를 활용하여 판결을 내리는 나라도 있다. 아픈 사람을 진단하고 처방을 내리는 AI 의사도 있다. 인간과는 다르게 빅데이터를 토대로 보다 명확한 진단과 처방이 가능하다.

AI가 만든 가상 연예인이 진짜 사람보다 더 인기를 끌기도 한다. 초상권 문제나 마약 등의 문제를 일으킬 우려가 없기 때문에 상품홍보 측면에서 훨씬 안정적이다. 프로그램을 짜기 위해 머리를 쥐어짜던 개발자들도 챗GPT로 코딩을 더 쉽게 할 수 있다. 심지어 비전문가도 가능하다. 글, 그림, 음악 등을 생성해내는 생성형 AI는 화가와 디자이너도 위협하고 있다. 내가 원하는 스타일을 글로 입력하면 뚝딱 그림을 만들어주기 때문이다. 작곡가도 생성형 AI가 만드는 음악과 경쟁해야 한다. AI의 등장으로 직업의 패러다임 자체가 변화하고 있는 것이다. 이런 AI 시대에는 직업의 흐름이 어떻게 변할까? 그에 따라 진로교육은 어떻게 변화해야 할까?

없어질 직업과 생겨날 직업

앨빈 토플러는 『제3의 물결』에서 산업혁명에 따른 사회의 변화를 이야기했다. 1차 산업에서 2차 산업으로 넘어갈 때 수많은 농부들이 공장 노동자가 되었고, 3차 산업의 발달로 공장 노동자들은 컴퓨터와 정보 계통의 노동자가 되었다. 시대의 흐름이 바뀌면 자연스럽게 수많은 직업이 없어지고 생겨난다. AI의 등장은 이런 직업 변화를 더 가속화하고 있다.

세계경제포럼 보고서를 보면 직업 변화가 더 두드러진다. 2023년에 발표한 「직업의 미래보고서 2023」에는 전 세계 45개국 803개 기업을 조사한 결과가 담겨 있는데, 이에 따르면 향후 5년간 기업들의 AI 기술이 크게 늘면서 기존 일자리의 25%가 변화의 소용돌이에 휘말릴 수 있다고 한다. 또 AI 기술 도입으로 일자리 2,600만 개가 사라질 수 있다고 한다. 은행 창구직원, 티켓 판매원, 경리 보조, 데이터입력 사무원처럼 단순한 작업을 하는 직업은 AI가 오히려 더 정확하게 해낼 수 있다. 반면 빅데이터 분석, 기계학습, 사이버 보안같이 AI를 활용한 시스템 운영에 필요한 직업은 30%가 증가할 것으로 전망했다.

챗GPT에게 생성형 AI가 나타나면서 사라질 직업과 생겨날 직업에 대해 물어보았다. 챗GPT는 생산라인 작업자, 일부 사무 작업자, 운전사, 일부 은행원들을 가장 먼저 사라질 직업으로 대답했다. 생산라인 작업자는 이미 상당 부분 로봇으로 교체되었다. 일부 반복된 사무 작업들도 생성형 AI가 더 정확하게 수행할 수 있다. AI 운전 시스템이 개발되면 운전사도 줄어들게 될 것이다. 은행원 역시 반복된 일을 수행하는 AI에 의해 대체될 것이라고 했다.

AI는 인간을 대신할 수 있다. 부상도도 적고, 반복적이고 규칙적인 사무 작업도 얼마든지 가능하다. 실제 생활에서도 물건을 계산하는 캐셔 대신 키오스크가 자리 잡았고, 입구를 지나가기만 해도 자동으로 계산되는 시스템도 구축되고 있다. 식당에서 사람 대신 로봇이 음식을 서빙하는 모습은 더 이상 낯설지 않다. AI가 만든 광고문구나 블로그도 마찬가지다. 인간의 역할은 이미 AI에 의해서 대체되고 있다.

반면 AI로 인해 새로 생기는 직업도 있다. AI를 전문적으로 다룰 필요가 있기 때문이다. 우선 AI 기술을 개발하고 구현하는 엔지니어가 필요하다. 어떤 프롬프트를 넣고 어떤 데이터로 AI를 학습시키느냐에 따라 AI가 내놓는 결과값이 다르다. 그렇기 때문에 이를 개발하고 구현하는 AI 엔지니어의 수요는 더욱 늘어날 것이다. 데이터 과학자도 생겨날 것이다. 많은 양의 데이터를 AI에 넣을수록 결과의 질은 향상되기 때문이다. AI와 함께 살아가기 위한 에티켓 트레이너도 등장할 것이다. AI에게 인간의 윤리적 가이드라인을 가르쳐야만 함께 공존할 수 있기 때문이다. 인간만이 할 수 있는 일, AI를 다룰 수 있는 일, 비판적 사고능력으로 판단할 수 있는 일들이 AI 시대에는 꼭 필요하다. 일자리 2,600만 개가 사라질 거라는 예측은 우리 아이들이 나아갈 사회에 이미 벌어지고 있는 일이다.

패러다임 전환, 직업교육이 아닌 생애 진로로

이런 변화 속에서 아이들의 진로교육은 어떤 방향으로 이루어져야 할까? 학교 현장이나 체험학습 장소에서는 아이들이 원하는 직업과는 동떨어진 직업체험을 하고 있다. 진로체험이라는 말을 걸고 특수분장사, 타투체험, 캐셔 같은 단순 노동 체험을 제공하는 것이다. 학급별로 직업체험

하나를 제공하는 경우도 있고, 여러 학급이 부스를 만들어 움직이며 체험하는 경우도 있다. 하지만 아이들의 적성을 반영하거나 역량 향상에 집중하기보다는 단순한 체험에 그치는 경우가 많다. 진로체험이 꼭 직업체험은 아닌데 아이들이 재미있어 하는 직업을 선택한다.

그런데 아이들은 반복적이고 규칙적인 업무를 자동화하고 대체할 수 있는 생성형 AI가 있는 시대에 살아야 한다. 그러므로 단순한 직업체험을 진로교육으로 생각해서는 안 된다. 미래에 아이들이 실제 선택할 수 있는 직업에 대한 안내와 그 직업을 얻기 위해 필요한 역량을 기를 수 있도록 하는 것이 중요하다. 그러자면 아이들이 체험에 집중하기보다는 자신이 살아갈 미래에 필요한 직업을 선택할 수 있도록 지도해야 한다. 창의적 사고, 문제 해결 능력, 인간적인 감성과 상호작용 등 역량을 키울 수 있는 진로교육이 필요한 것이다.

단순 직업체험을 하면 아이들은 오히려 혼란을 느낀다. 체험 자체는 재미있지만 평생 직업으로 선택하기에는 적합하지 않다는 것을 알기 때문이다. 그렇기 때문에 단순한 직업체험이 아닌 생애에 걸쳐 자신이 좋아하는 것, 잘하는 것을 명확히 알고 실천할 수 있는 힘을 길러주어야 한다.

직업을 선택할 때는 좋아하는 것도 중요하지만 싫어하는 것을 파악하는 것도 중요하다. 다른 사람을 돕는 것은 좋지만 피를 무서워한다면 의사가 되기는 어렵다. 다른 사람을 가르치는 것을 좋아하지만 아이들과 생활하는 게 어렵다면 교사가 되기 힘들다. 남들이 좋아하는 것, 남들이 싫어하는 것을 따지기보다는 자신이 원하는 것을 찾을 수 있는 힘이 필요한 것이다. 그래야 사회가 급변하더라도 미래에 자신의 삶을 꾸려갈 수 있다.

생애 진로를 설계하는 역량 중심 진로교육

"전 무엇을 잘하는지 모르겠어요."

"내 꿈을 위해 어떤 것부터 해야 할지 모르겠어요."

진로상담을 하다 보면 이렇게 대답하는 아이들이 많다. 학교에서도 가정에서도 아이들에게 꿈을 가지라 하지만 정작 아이들은 꿈이 없다고 한다. 분명 학교 현장에서 수많은 시간을 진로교육에 투자하고 있고 가정에서도 아이들의 진로를 찾아주기 위해 노력하지만, 무엇을 잘하는지도 잘 모른다. 세상이 수시로 바뀌기 때문에 진로교육은 더욱 어렵다.

그렇기 때문에 앞서 말한 대로 단순한 직업체험보다는 아이들의 역량에 집중하는 진로교육이 필요하다. 2022 개정 교육과정에서는 자기관리 역량, 지식정보처리 역량, 창의적 사고 역량, 심미적 감성 역량, 협력적 소통 역량, 공동체 역량을 학교 교육 전 과정을 통해 중점적으로 길러야 할 핵심 역량으로 꼽는다. 진로교육 역시 이러한 흐름에 맞추어 역량 중심으로 진행해야 한다.

우선 내가 좋아하는 것은 무엇이고 싫어하는 것은 무엇인지 다양한 체험을 통해 알아보도록 해야 한다. 이것이 자기관리 역량을 키우는 첫걸음이다. 성격검사나 직업적성검사는 그리 중요하지 않다. 이는 하나의 도구일 뿐이고 선호하는 것에 대한 기초 지식을 얻는 정도로 생각해야 한다. 자신에 대해 알아보는 방법을 학습하는 것이 중요하다. 그것이 생애 진로를 설계하는 첫걸음이다.

또한 자신의 역량과 더불어 미래 사회의 변화에 대해 생각해보는 활동도 필요하다. AI의 등장으로 인한 사회 변화, 더 나아가 저출산, 고령화, 자동화 등 사회의 큼지막한 변화에 대해 생각하며 미래 자신의 모습을 그려보는 것이다. 그 과정에서 다양한 직업을 알아보고 무엇이 유망한지 파악한다. 새롭게 등장할 직업을 만들어보는 창작활동도 도움이 된다. 이를 통해 새로운 세상에 대한 감각도 키우고, 여러 자료를 검색해보면서 지식정보처리 역량과 창의적 사고 역량도 기를 수 있다.

또한 진로교육은 생각을 나누는 방향으로 진행해야 한다. 이는 AI 시대에 꼭 필요한 역량이다. 챗GPT를 제대로 활용하기 위해서도 답변을 비판적으로 생각하고 자신의 생각을 더하는 과정이 꼭 필요하기 때문이다. 이는 단시간에 완성되는 것이 아니라 교육과정 전반에 걸쳐 꾸준한 노력이 필요하다. 서로 논의하고 토의할 수 있는 자리를 마련하고, 그 과정에서 미래에 대한 진로교육이 이루어질 수 있도록 해야 한다.

이제는 평생 하나의 직업에 머무르는 것이 불가능하다. AI의 등장은 직업의 종류는 물론이고 구조에도 큰 변화를 가져올 것이다. 생애 진로를 설계하는 역량 중심 진로교육이 필요한 이유이다.

진로교육이 변화하면 교육의 미래도 변화한다

AI의 발전으로 인해 직업이 변하고 있고 그에 따른 진로교육도 변화할 필요가 있다. 진로교육이 변화하면 교육의 미래도 변화할 수 있다. 진로교육 패러다임의 전환을 통해 인간이 주도적으로 판단하고 역량을 발휘할 수 있는 사회가 될 수 있다.

그렇기 때문에 진로교육 방법이 다양해져야 한다. AI 시대에는 다양한 학습 경로와 유연성이 필요하다. 전통적인 학교 교육뿐만 아니라 온라인 학습, 직업훈련 프로그램, 현장실습 등 경로는 더 다양해져야 한다. 이를 통해 학생들은 자신의 관심과 장점에 맞는 학습 경로를 선택할 수 있다.

2022년 한국직업능력연구원에서 발간한 「초중등 진로교육 현황조사」에 따르면 학생이 희망 직업을 알게 된 경로는 초등학생은 대중매체와 TV가 34%로 높았고, 중학생과 고등학생은 웹사이트와 SNS가 45.1%, 46% 순으로 나타났다. 그러나 이렇게 단편적이고 신뢰성이 다소 부족한 정보보다는 학교나 교육부에서 제공하는 자료들을 활용하여 그 안에서 다양성을 찾도록 지원할 필요가 있다.

진로교육에서 학교와 사회의 협력도 필요하다. 실제 일하는 사람들의 생생한 목소리는 미래를 준비하는 학생들에게 큰 도움이 된다. 기업과 협력을 통해 실제 현장에서 필요한 역량과 기술을 교육과정에 반영함으로써 실제 업무에 대한 이해와 적용 능력을 갖춘 학생들을 기를 수 있다. 학생들이 선호하는 직업, 미래에 필요한 직업들을 직접 체험할 수 있도록 연결하여 학생들의 역량을 키울 수 있다.

변화하는 사회에 맞춘 진로교육은 미래 교육을 바꾸고, 미래 사회를 더욱 살기 좋게 바꿀 것이다. 이를 위한 어른들의 노력이 필요한 시점이다.

참고자료

「초중등 진로교육 현황조사」, 김민경 외, 한국직업능력연구원, 2022

「직업의 미래보고서 2023」, 세계경제포럼

『청소년이 꼭 알아야 할 다가온 미래 새로운 직업』, 한국고용정보원 미래작업연구팀, 드림리치, 2022

3부

대한민국
미래 교육 전망

1장

미래 교육의
쟁점과 과제

학령인구 감소,
교원 수급은 어디로 가고 있나

김성효 전라북도교육청 소속 초등 교감
유튜브 채널 '김성효TV' 운영, 『교사의 말 연습』 외 저자

47 그리고 26

47과 26 사이에는 숫자가 스물한 개 있다. 대한민국 국민이라면 결코 가볍게 여겨서는 안 될 숫자다. 이들 숫자가 가리키는 게 바로 출생아 수이기 때문이다. 2011년 47만 명이었던 출생아 수는 불과 10년 만에 26만 명으로 감소했다.[1] 21개의 숫자를 지나는 새에 태어나는 아이 수가 반토막이 나버렸다.

시도별 출생 현황은 더욱 심각하다. 인구 1,000명당 출생률을 나타내는 조출생률은 세종 8.5명을 제외하고는 모두가 저조하다. 그중에서도 평균 조출생률 4.9명 미만인 곳은 6개 지역(경북, 전남, 대구, 경남, 부산, 전북)이다. 특히 사태가 가장 심각한 지역은 전북이다. 전북의 조출생률은 평균 4.0명 수준에 머물고 있다.[2]

대한민국은 점점 나이 들어가고 있으며, 더는 아이의 울음소리가 들

리지 않는 나라가 되어가고 있다. 이 문제는 앞으로 교육 분야는 물론이고, 대한민국에서 살아갈 모든 이의 고민이 될 것이다. 미래 교육 담론도 여기에서 시작해야 한다. 아이가 줄어든 대한민국을 우린 아직 경험해본 적이 없는 데다가 아이가 줄어든다는 것이 교육계에 가져올 영향에 누구도 제대로 준비되어 있지 않기 때문이다.

신입생이 없는 학교들

해마다 3월이면 학교는 떠들썩하게 입학식을 준비한다. 새로 입학할 아이들을 위해 교과서를 준비하고 교실을 꾸민다. 아이들이 많아서 이름을 외우는 데도 며칠은 걸린다. 3월의 학교 하면 떠오르는 너무나 자연스러운 모습이다. 그러나 앞으로는 이런 풍경마저도 달라질 것이다.

한 조사에 따르면 2023년 3월 기준으로 신입생이 한 명도 없는 학교가 전국에 145개 있었다.[3] 불과 한 해 전인 지난 2022년 3월에는 114곳이었는데, 올해는 145개로 늘어난 것이다. 참고로 전국에 있는 초등학교 수는 모두 합해 6,163개다.

시도별로는 경북의 사정이 가장 심각했다. 32개 학교에 신입생이 한 명도 없었다. 다른 지역도 사정은 엇비슷하다. 전남은 30개, 강원과 전북은 20개, 경남 18개, 충남이 9개, 충북 8개, 경기 5개, 인천, 부산, 제주가 각 1개씩 신입생이 없었다. 신입생이 없는 초등학교 145개 중 139개가 수도권이 아닌 비수도권 지역에 있는 학교들이다. 이는 전체의 96%에 달한다.

신입생이 5명 미만인 학교도 많았다. 전남은 무려 244개가 신입생이

5명 미만이었다. 전국적으로 신입생이 5명 미만인 초등학교는 856개였고, 10명 미만인 초등학교는 1,587개였다. 전국에 있는 초등학교가 다 합해서 6,163개이니, 단순하게 계산해도 25%에 육박하는 수치다. 쉽게 말해 올해 전국 초등학교 4곳 중 한 군데는 신입생이 열 명이 채 되지 않았다는 뜻이다. 초등학교에 입학하는 신입생 수가 줄어들면 어떤 일이 생길까. 당연히 중학생 수도 줄어든다. 고등학교, 대학교에 다니는 학생들의 수도 함께 줄어든다. 학생 수 감소의 연쇄 효과가 발생하는 것이다.

초중고, 대학에 이르기까지 배우는 과정에 있는 사람, 좀 더 전문적으로 말하면 한 나라나 지역에서 주어진 교육 수준에 이론적으로 대응하는 연령 집단의 인구를 학령인구라고 부른다. 학령인구는 입학 연령과 수학(修學) 기간을 고려하여 정해지는 연령 집단인 셈이다. 통계청에서는 학령인구를 초등학교(6~11세), 중학교(12~14세), 고등학교(15~17세), 대학교(18~21세)로 구분한다.

대한민국의 학령인구는 정말로 빠르게 감소하고 있다. 2021년 통계청이 발표한 「장래인구추계」는 특히 눈여겨볼 만하다. 이에 따르면 공립 초중등학교의 학생 수는 2023년 대비 2027년까지 13%인 58만여 명이 감소할 것이라고 한다. 2038년에는 초등학생 수는 88만여 명(34%)이, 중학생 수는 86만여 명(46%)이 감소할 것으로 예상했다. 쉽사리 짐작하기조차 어려울 정도의 변화다.

교원 수급은 어디로 가고 있나

신입생이 줄어드는 게 당장 피부로 느껴지지 않는다면 교원 수급 현황을 살펴보아도 좋다. 우리나라는 공립학교 교원이 대다수인 만큼 정부가 교원 수급의 열쇠를 쥐고 있다. 교육부는 2023년 4월 12일 브리핑에서 "학급당 학생 수, 고교학점제, 기초학력 보장 등 미래 교육 수요를 반영하기 위해 2018년에 마련한 '중장기 교원 수급 계획'을 수정할 필요가 있다"라고 했다.

말은 그럴싸하지만 의도는 단순하다. 대한민국의 출생률이 급속도로 낮아지고 있으니 학령인구가 빠르게 줄 것이 뻔하고, 그만큼 교원도 적게 뽑아야 한다는 생각이다. 이 계산이 바로 정부의 교원 수급에 대한 기본 골조다.

교육부에서 발표한 공립 교원 신규 채용은 2023년 기준 초등 3,561명이다. 이는 점점 줄어들어 불과 4년 후인 2027년에는 2,600~2,900명이 될 예정이다. 5년 내 최대 30%를 줄이겠다는 생각이다. 이게 도대체 얼마나 많이 줄어드는 것이고, 얼마나 심각한 문제인지 역시나 느낌이 잘 오지 않는다면, 시도교육청에서 임용하는 교원 수를 살펴보면 된다.

전국에서 가장 임용 경쟁률이 높은 지역은 단연 서울이다. 서울은 2023년 기준으로 임용 경쟁률이 두 번째로 높았던 지역이다. 서울에서 임용되기를 희망한 이들은 4.57 대 1의 경쟁을 했다. 서울시교육청은 과연 얼마나 신규 교원을 선발했을까. 서울은 2023년 기준 신규 교원을 115명 선발했다. 참고로 2013년에는 신규 교원을 990명 선발했다.

서울교대 입학처가 밝힌 바에 따르면 2022년 기준 졸업생이 460명이었다. 현재 시도교육청에서 선발하는 교원은 해당 지역에서 졸업하는 교대생조차 수용하지 못한다는 뜻이다. 서울은 그나마 광주보다 사정이 낫다고 해야 할까. 광주는 2023년에 신규 초등교사를 6명 선발했다. 60명이 아니다. 2023년 기준 광주교대 입학생은 160명인데 말이다. 광주는 서울보다 임용 경쟁률이 높아서 6.33 대 1로 당당히 임용 경쟁률 1위를 차지했다. 그렇다면 임용되지 못한 나머지 학생들은 어디로 갔을까. 그렇다. 속 편하게 말한다면 그들도 어딘가에서는 임용이 되었을 것이다.

교대는 특수한 목적을 가지고 설립된 특수목적 대학이다. 의사가 안 될 사람이라면 굳이 의대에 다닐 이유가 없는 것처럼 교대도 마찬가지다. 학생들은 어떻게든, 어느 지역에서든 임용을 받아 교사가 되어야 한다. 출신 지역에서 임용되지 못한 교대 졸업생은 다른 지역에서 임용되거나 재수를 할 가능성이 커진다. 이렇게 임용된 이들이 몇 년만 지나면 인사이동을 희망하지 않을까. 그런 인사이동 등은 지역별로 교원의 정원 수급에 불안 요소가 될 게 틀림없다. 이는 아무리 문제를 축소해서 생각하더라도 교원에게 지역 근무에 따른 인센티브를 부여하는 정도로는 해소할 수 없는 문제다.

2045년이 되면 전라남도는 32.12%나 학령인구가 줄어 가장 높은 하락세가 예상되고 전라북도는 30.48%가 줄어들 것으로 예상한다. 세종 빼고는 전부 마찬가지다. 결국 아이들이 줄어들고, 교원이 줄어들고, 학교도 줄어들 것이다. 출생아 수 감소가 가져오는 학령인구의 감소, 그리고 이어지는 교원 수급의 감축까지, 그야말로 나비효과인 셈이다.

학령인구 감소에 어떻게 대응할 것인가

학령인구의 빠른 감소가 가져올 파란은 이미 충분히 예상해보았다. 교육부가 중장기 계획으로 교원 감축을 주장할 때 내세운 이유처럼 학생 수가 줄어들면 당연히 교사당 학생 수도 눈에 띄게 줄어들 것이다. 문제는 이 계산이 단순한 평균값이라는 데 있다.

교사 1인당 학생 수를 기준으로 계산하면 교원은 학생이 줄어드는 만큼 함께 줄이는 게 맞다. 하지만 학급당 학생 수를 기준으로 계산하면 오히려 교원 수는 늘어나야 한다. 과밀학급은 여전히 존재한다. 그것도 많이 존재한다. 이건 교원이라면 누구나 알고 있는 현실적인 계산법이다. 이 계산법의 근거는 학급 단위로 교육이 일어난다는 데 있다.

현재 근무하는 학교를 예로 들어보겠다. 우리 학교는 2023년 7월 기준 전교생 561명에 26학급(특수 2학급 포함)이다. 여기에서 수업을 하는 교원은 교장, 교감을 제외하면 33명이다. 이때 교원 1인당 평균 학생 수는 거칠게 계산했을 때 17명이다. 이게 바로 교육부에서 말하는 교원 1인당 학생 수다. 17명이라니, 이상적으로 보인다. 하지만 실제로 학생 수가 17명인 학급은 한 학급도 없다. 모두가 최소 20명, 심지어 과밀학급도 4학급이나 있다. 이 과밀학급에는 학생이 29명까지 있다. 이것이 바로 학급당 학생 수를 줄여야 한다는 이유다.

도심 지역에서는 학생이 미어터지고, 도시 외곽으로 나가면 학생이 줄어들어 교실이 텅텅 빈다. 같은 도시라도 어느 지역은 학급당 학생 수가 많고, 어느 지역은 적다. 전체를 나누는 평균값으로는 교사와 학생 어느 쪽에도 유의미하고 실질적인 효과를 거두기 어렵다.

정책을 펼칠 때 가장 주의해야 할 점은 언제나 소외되는 이들이 없도록 하는 것이다. '일부 지역에선 과밀학급이겠지만, 그래도 대다수는 줄어들잖아' 하는 정도로 단순하게 생각해서는 안 된다는 뜻이다.

앞으로의 미래 교육에서는 학급 개별의 사정과 상황을 고려하는 특수성을 띠어야 한다. 그러기 위해서는 각 학교에 충분한 권한과 자율성을 부여해야 한다. 학교가 학교의 색깔과 상황에 맞는 자구책을 마련하고 앞으로 나아갈 수 있도록 지원하고 격려해주어야 한다. 교사가 교육과정을 편성하고 운영하는 데 있어 걸림돌이 되는 여타의 행정적인 문제들은 과감하게 축소해서 현실적으로 교사들이 자신감 있고 당당하게 교육철학과 생각을 펼 수 있게 도와주어야 한다.

교원 채용과 수급 권한을 정부가 틀어쥐고 있을 게 아니라 시도교육청의 특색과 상황에 맞게 조정할 수 있도록 과감하게 이양하는 것도 필요하다. 이는 곧 지역의 교육 자치 문제이기도 하다. 물밀듯이 인구가 밀려드는 세종의 교원 수급과 날이 갈수록 인구가 줄어드는 전북의 교원 수급을 한꺼번에 평균값으로 셈한다면 그 계산이 어떤 결과를 가져올지는 너무나 뻔하다. 지금이라도 교육부는 교원 수급 문제에서 손을 떼고 교육 자치를 실현할 수 있도록 시도교육청으로 권한을 넘겨야 한다.

대한민국에서 자라나는 아이는 점점 줄어들고 있다. 이건 누구도 부정할 수 없는 현실이다. 아이 하나하나가 소중하고 귀하다. 이제는 또 다른 의미에서 귀하다는 뜻이 되었다. 언제까지 전체를 위한 개인의 희생과 소외가 이어져야 하겠는가. 개별 학급의 특수성과 상황을 고려하고 충분히 융통성을 발휘할 수 있도록 하는 정책적 지원과 제도가 무엇보다 시급하다고 할 것이다.

---

1 "초등학교 신입생 6명…서울의 학교가 사라진다", 〈뉴스핌〉, 2022.11.3

2 "아이가 없어요… 텅 빈 유치원·학교, 폐교·폐원은 이미 현실화", 〈서울신문〉, 2023.3.5

3 "전국 초등학교 145곳이 신입생 0명", 〈조선일보〉, 2023.4.12

미래 교육에서의
유아교육과 보육

함예슬 강원특별자치도교육청 소속 유치원 교사

유치원과 어린이집은 무엇이 다를까

유치원과 어린이집은 다르다. 설립 목적과 기준에서부터 차이가 있으며, 관련 법령도 유아교육법과 영유아보육법으로 다르다.

유치원은 교육을 목적으로 하는 '학교'이기 때문에 1일 4~5시간의 교육과정을 연간 수업일수 180일 이상 편성하고, 방과 후 과정을 운영한다. 학교의 설립 목적대로 국·공립과 사립 유치원으로 구분한다. 교사의 자격 조건은 교직 이수의 기준인 '유치원 정교사 교원자격증' 보유 여부이고, 유치원 교사는 교원이라 한다.

어린이집은 보육을 목적으로 하는 '사회복지시설'로 기본 보육 7시간과 연장 보육으로 연중무휴(공휴일 제외) 운영된다. 보육을 목적으로 하는 시설이기 때문에 수업일수가 아닌 운영일수를 적용한다. 기관은 국·공립, 법인, 단체, 민간, 가정, 직장, 부모 협동조합, 사회복지법인 어린이집

302

으로 구분한다. 어린이집은 교직 이수를 하지 않아도 취득할 수 있는 '보육교사 자격증'을 가지고 있으면 근무할 수 있으며 교원이 아닌 '근로자'로 구분한다.

이렇듯 유치원은 교육이 목적인 학교이고, 어린이집은 보육이 목적인 시설인 것이다. 그런데 언제부터인가 학교인 유치원에 '돌봄'이 들어왔다. 간혹 여러 가지 사유로 아동이 적절한 돌봄을 받지 못하는 경우, 핵가족화와 개인의 프라이버시와 개별을 중요시하는 사회 맥락에서 돌봄이 필요하다는 데에는 동의하는 바이다. 그러나 그것이 학교의 체제 안에서 이루어진다는 것은 학교의 설립 목적과는 동떨어져 있다고 보인다. 그렇기에 더더욱 교육과 돌봄의 차이와 필요성을 각각 고려해야 한다.

현재 유치원의 일과는 교사의 많은 고민이 요구되는 교육과정 4~5시간과 돌봄 및 특성화와 간식 시간으로 꾸려지는 방과 후 과정 3~4시간으로 이루어져 있다. 교육과정 시간 동안 교사는 유아의 행동을 바라보고 분석한다. 각기 다른 발달단계를 고려하여 유아의 관심과 교실 속 주제와 관련된 다양한 놀이와 활동, 체험학습 등을 고민하고 준비한다. 그와 관련되어 안전과 인성 측면에서 배워갈 수 있는 내용들을 편성하고 실행한다. 여기에 관련 행정 업무도 수행한다. 교육과정 중에서 필요한 경우 모델링이나 직접 교수 등의 방법으로 교육하기도 한다.

교육과정은 교육적 의도가 담긴 교사의 교육 행위 및 유아의 주도적인 배움이 중심이 된다. 서로 함께 성장하며 교육을 만들어가는 것이다. 반면 방과 후 과정은 특성화활동, 오후 간식, 놀이와 쉼으로 이루어진다. 하루 4시간 교육과정의 시간을 보낸 유아들에게 이후의 시간이 '쉼'으로 이루어지는 것은 자연스러운 일이다. 이처럼 교육과 돌봄에는 차이가 있다. 그렇기에 '학교'인 유치원에는 유아 발달과 유아교육학을 전공하고 유치원 정교사 교원자격증을 취득한 교사가 교육과정을 운영하는 것이다. 교육과 돌봄, 다른 그 둘은 각각 고려되어야 한다.

어디에도 교육과 돌봄 기관을 통합한 학교급은 없다. 학교와 사회복지시설을 통합한 사례도 없다. 오히려 겹치는 부분이 있다면 각각의 역할을 확실히 해야 함을 말하고 있다. 교육은 교육으로서 바로 서야 본래의 목적에 가깝지 않을까. 유아교육이 바로설 수 있어야 유아교육을 바라보는 사람들의 시선 또한 달라질 것이다.

최근 교권침해와 선을 넘은 민원들에 관한 이야기들이 많다. 다양한 원인이 있지만 교육을 교육으로서 바라보지 않는 시선 또한 그 원인의 하나가 아닐까. 그런 의미에서 교육은 더욱더 전문성을 보장받아야 한다.

돌봄은 유아의 복지가 기준이 되어야

유아는 유치원에서 9시에 교육과정을 시작해서 17시에 하원한다. 약 7시간 이상을 유치원에서 지내는 것이다. 돌봄교실에 참여한 유아라면 최대 11시간을 유치원에서 보낸다. '요즘 누가 11시간을 모두 돌봄에 맡기나' 하는 사람들도 있을 것이다. 현장에는 있다. 자녀를 돌봄에 맡긴다고 부모를 비난하는 게 아니다. 어느 부모가 유치원에서 10시간 이상을 보내는 자녀를 안타깝게 생각하지 않겠는가. 그렇기에 자녀를 맡길 수밖에 없게 만든 사회가, 보낼 수밖에 없는 부모의 마음과 상황이 안타깝다.

그런데 여기에 돌봄을 확장하기 위하여, 맞벌이 학부모의 부담을 줄이고자 '8시 등원'을 실시한다고 한다. 「제3차 유아교육 발전계획」에는 '유아교육 지원 체제 개편 및 맞춤교육 운영'으로 교육과정 시작 시각을 9

시에서 8시로 시범 조정하여 운영한다는 내용이 포함되어 있다. 돌봄이 아닌 교육과정으로서다. 8시 교육과정 시작이란 모든 유아의 등원 기준이 8시가 됨을 뜻한다. 지금은 8시부터 9시까지 돌봄이 필요한 학부모만 신청하여 아침 돌봄을 운영하고 있다. 하지만 의무가 전제된다면 모든 유아가 8시에 일과를 시작해야 한다.

교육과정 시작이 8시가 된다면 유아가 어떤 일과를 경험하게 될까. 평균 7시 30분에는 등원 버스를 타야 하니 아침 식사와 옷 입기 등 등원을 준비하려면 6시 30분에는 기상해야 할 것이다. 등원 거리가 멀다면 더 당겨야 한다. 등원 준비가 오래 걸리는 아이거나 다자녀라면 준비 시간은 두 배 세 배가 될 것이고 훨씬 더 일찍 일어나야 한다. 성인도 어려운 일인데 7세 미만의 유아를 새벽부터 깨우게 된다. 이런 8시 교육과정은 누구를 위한 것인가. 8시에서 9시 사이에 등원하는 유아들이 있다는 이유로 모든 유아의 등원 시각을 8시로 맞출 필요는 없다. 교육과정 시간은 학부모의 출근이 아니라 유아의 발달과 복지가 기준이 되어야 한다. 그와 더불어 돌봄이 필요한 영역을 고려해야 한다. 돌봄은 앞서 말한 것과 같이 꼭 필요한 경우 이루어져야 한다. 돌봄이 반드시 필요한 경우도 있지만, 제한 없이 확대한다면 남용하는 경우도 분명히 생긴다. 그로 인한 피해는 고스란히 아이들이 받게 될 것이다.

국가가 돌봄을 책임지는 방식에 관하여

돌봄에 맡겨진 유아는 부모가 올 때까지 '사회생활'을 하게 된다. 그런 유아가 부모와 상호작용하는 시간은 얼마나 될까. 3~5세의 유아와는 달리 0~2세의 영아는 주 양육자와의 애착 형성이 매우 중요하다. 교육보다는 돌봄이 중심이 되어야 애착 형성을 이룰 수 있고, 그러자면 주 양육자와의 상호작용이 활발하게 이루어져야 한다. 물론 모든 돌봄의 책임이 부모에게 편중되어서는 안 된다. 부모도 자신의 성장과 발달을 보장받으면서 자녀를 양육할 수 있어야 한다. 부모 없이는 자녀가 없듯 부모가 바로 서야 자녀를 바르게 바라보고 양육할 수 있기 때문이다. 그렇기에 국가는 부모가 부모로서의 역할을 충실히 할 수 있도록 지원해야 한다.

출산을 장려하려면 '낳기만 해, 국가가 돌봄을 책임질게'가 아니라 '출산과 양육을 할 수 있게 도와줄게'가 되어야 한다. 일과 가정의 양립을 목적으로 하는 탄력근무제나 육아 시간 제도 도입 확대 및 의무화, 육아 휴직이나 육아 시간에 대한 인식 및 문화 개선, 휴직으로 인한 인력 채용과 복지에 대한 정부 지원 등 출산과 육아에 대한 지원을 고려해야 한다. 이와 함께 부모가 자녀를 올바르게 양육할 수 있는 부모 교육도 함께 이루어져야 할 것이다. 제시한 바와 같은 각종 지원으로 일과 가정이 양립된다면 국가 차원의 돌봄 필요성은 자연스레 줄어들 것이다.

유아교육 관련 정책은 연령별 발달을 매우 중요하게 고려해야 한다. 0~2세는 애착 형성 및 생존과 직결되는 보육이 우선되어야 하고, 3~5세는 세상을 살아가기 위한 교육이 필요하다.

전문성 강화를 위한 자격증 취득 관리

인터넷에 유보통합을 검색하면 "더 어려워지기 전에 취득하세요!"라는 광고 메시지가 눈에 띈다. 보육교사 자격증을 취득할 수 있는 기관의 광고이다. 유보통합이 되면 교사 양성 체제를 개편할 예정이기 때문에 그 전에 자격증을 취득하라는 것이다. 유보통합을 시행하기 위해 '교사의 자격 및 전문성 강화 방안'을 논의하려면 그에 앞서 자격증 취득 기관부터 관리하는 것이 먼저가 아닐까.

유치원 정교사 2급 교원자격증은 정규 대학의 유아교육과를 졸업하는 등의 방법으로 취득할 수 있다. 보육교사는 학위와 무관하게 과목 이수와 실습 과정을 거쳐 취득할 수 있다. 이러한 자격 취득 과정은 필요와 상황에 따라 개인이 선택한다. 이렇게 취득한 자격증으로 유치원이나 어린이집에서 근무하는 것이다. 국가는 보육교사가 보수교육을 받고 유치원 정교사 2급 교원자격증을 취득할 수 있게 하는 방안을 고려하고 있는데, 장기적으로 유아교육의 발전과 전문성 강화를 위해서도 관련 자격증 취득의 기준을 강화해야 한다.

유치원 과정의 특수교육은 의무교육

유보통합과 함께 관심을 기울여야 할 요소는 바로 특수교육이다. 특수교육은 장애인 및 특별한 교육적 요구가 있는 사람에게 통합된 교육 환경을 제공하고 생애 주기에 따라 장애 유형 정도의 특성을 고려한 교육을 실시하여 이들의 자아실현을 돕고 사회통합을 하는 데 기여함을 목적으로 한다. 장애인 등에 대한 특수교육법에서 제시하는 장애 유형은 총 11가지다. 같은 장애라도 정도에 따라 차이가 크고 중복 장애가 있을 수 있다. 그렇기에 개별화 교육을 운영한다. 개별화 교육이란 각급 학교의 장이 특수교육 대상자 개인의 능력을 계발하기 위하여 장애 유형 및 장애 특성에 적합한 교육 목표·교육 방법·교육 내용·특수교육 관련 서비스 등이 포함된 계획을 수립하여 실시하는 교육을 말한다. 이에 특수교육 대상자의 개별화 교육에 따른 특수교육에는 전문성이 요구된다.

이러한 특수교육을 유보통합에서 바라보자. 유치원에는 특수학급이 설치되어 특수교육 전공자인 '특수학교(유치원) 정교사'가 의무교육인 특수교육을 담당한다. 그러나 어린이집에서는 보육교사 2급 자격증을 가지고 있다면 8과목 추가 수강만으로도 '장애 영유아를 위한 보육교사 자격'을 취득하여 장애 영유아 보육을 할 수 있다. 앞서 유아교육, 보육 자격증에 대해 논한 것과 같이 특수교육도 관련 자격증 취득 여부가 중요하다. 그런데도 특수교육을 보육과 통합해도 괜찮을까. 좀 더 세심하고 조심스럽게 미래 교육을 고려해야 하지 않을까.

미래 교육은 개개인의 장점과 특성을 살린 교육이어야 할 것이다. 개별화 교육이 그 미래일 수 있다. 그렇기에 더욱더 전문적인 교사가 필요하고 의무교육으로서 아이들이 건강한 성장과 발달, 교육적 변화를 이룰 수 있도록 보장해야 한다.

해외 사례로 살펴보는
미래 교육의 변화

손민지 경기도교육청 소속 초등교사
경기도교육연구원 GIE 네트워크 미래 교육 분야 교원 연구원

우리나라의 교육은 어떻게 변화하고 있을까

"미래는 이미 우리 곁에 와 있다." 미국의 소설가 윌리엄 깁슨(William Gibson)의 말이다. 미래는 현재 사회의 모습에서 찾을 수 있다는 메시지일 것이다. 미래 교육 또한 마찬가지다.

현재 우리나라의 교육은 AI의 발전과 함께 변화의 기로에 서 있다. AI를 활용한 교사용 평가도구, 교육활동에서 활용 가능한 다양한 어플리케이션, 생성형 AI가 적용된 웹사이트 등이 지속적으로 개발되고 있다. 이를 교육에 적용하려는 움직임인 '에듀테크 교육'도 활성화되고 있다. 교육부는 이에 발맞추어 2020년부터 지속적으로 예산을 투입하여 교육 환경의 변화도 지원하고 있다. 특히 전국의 초·중·고등학교 31만 교실에 무선망을 구축하는 사업을 추진하고 있다. '모두를 위한 맞춤형 교육' 실현을 목표로 디지털 교과서를 학교에 보급하는 방안에 대해 발표하고 이를

위해 학생 개개인에게 태블릿 등을 제공하여 1인 1기기를 보급하는 사업에도 많은 예산을 들여 지원하고 있는 실정이다. 현재 교육부는 2025년까지 수학, 영어, 정보, 국어(특수) 교과에 디지털 교과서를 우선 도입하고, 2028년까지 국어, 사회, 역사, 과학, 기술·가정 등으로 AI 기반의 디지털 교과서 도입을 확대할 예정이다.

교육 현장에 도입될 AI 디지털 교과서는 무엇보다 학생 데이터 기반의 '맞춤형 학습 콘텐츠'를 제공하는 데 의의가 있다. 학생들은 자신의 수준에 맞는 학습을 통해 더욱 자신감을 갖고 수업에 참여하며 성장해나가리라 기대된다. 더불어 점진적으로 자기주도적인 개별 학습이 가능한 상황에 놓일 것이며 이에 맞추어 평가 방식도 기존의 표준화된 평가에서 벗어나 개별화될 것이라 예측할 수 있다. 현재 디지털 교과서를 활용한 교육을 교육 현장에 적용하기 위해 교육부는 T.O.U.C.H(Teachers who Upgrade Class with High-tech) 선도교사단을 운영하고 있으며, 집중 연수를 실시하며 지속적으로 전문성을 강화하고 있다. 이들은 추후 교사 연수 과정을 진행하는 강사로도 참여하여 디지털 교과서를 활용한 교수 학습 방법 혁신을 지원할 예정이다.

이러한 변화 속에서 필요한 교사는 누구일까? 바로 학생 개개인의 맞춤형 수업을 지원하는 교사이다. 단순한 지식 전달자가 아닌 학생의 개인 맞춤형 학습을 지원하고 다양한 디지털 기기와 교구를 활용하는 멘토 교사가 필요한 것이다.

그렇다면 해외에서는 어떻게 교육의 변화를 이끌어가고 있을까? 지금부터 기존 학교의 틀을 깨고 변화하고 있는 미국과 네덜란드의 대표적인 미래학교 모습을 살펴보고자 한다. 이어서 미래형 공간으로 학교 공간의 혁신이 일어나고 있는 일본, 영국, 스웨덴의 사례를 순차적으로 검토해봄으로써 새로운 아이디어를 얻을 수 있을 것이다. 해외 교육의 다양한 사례를 찾아보며 한국의 교육 환경도 변화 가능성을 열고 한국의 상황에 맞게 적용할 필요가 있다.

무학년제를 기반으로 운영되는 미국의 칸랩 스쿨

미국의 칸랩 스쿨(Khanlab School)은 AI를 기반으로 개인 맞춤형 학습을 제공한다. 학생들은 온라인 교육 플랫폼인 칸 아카데미를 활용해 맞춤형 학습을 진행할 수 있다. 무엇보다 무학년제로 운영하여 일정 수준의 학습에 도달하였을 때 다음 단계 그룹으로 이동하게 되는 칸랩 스쿨의 교육 방식에 주목할 만하다. 학생들은 스스로 자신의 속도에 맞는 학습을 계획하는 방법도 배운다. 학생 그룹을 분류하는 기준은 개개인의 실력이다. 이를 적용하여 하루 중 절반은 수학, 읽기, 작품 활동, 컴퓨터 등을 원하는 속도로 학습한다. 남은 시간에는 팀을 이뤄 과학이나 사회 과목에 대한 체험형 학습 프로젝트에 참가하게 된다. 학습을 하는 공간도 일반적인 학교와 다르다. 토론은 챗 랩(Chat Lab)이라는 공간에서, 아이디에이트 랩(Ideate Lab)에서는 자신의 생각을 정리하며, 메이크 랩(Make Lab)에서는 작품을 제작하는 활동을 한다. 소통, 생각, 산출물로 이어지는 공간 구성을 통해 자신의 역량을 최대한 끌어낼 수 있는 학습 활동에 지속적으로 참여한다.

정해진 교실이 없는 네덜란드의 스티브잡스 스쿨

네덜란드의 스티브잡스 스쿨(Steve Jobs School)에서는 학생들이 광역 인터넷망이 구축된 환경에서 1인 1기기를 활용한다. 학습은 웹 기반의 학습 프로그램으로 이루어진다. 아이데스크 러닝 트래커30(IDesk Learning Tracker30) 플랫폼과 연결된 교육용 어플리케이션에 학생들의 학습 활동과 수행 과제가 기록되고 교사와 학부모는 이를 지속적으로 확인할 수 있다. 학생들은 다양한 프로젝트 협업이 가능한 플랫폼 도구를 활용해 친구들과 함께하는 활동에도 적극적으로 참여할 수 있다. 무엇보다 스티브잡스 스쿨에서 주목할 만한 점은 연령으로 학급을 나누지 않고 4살 차이가 나는 학생들을 그룹으로 편성하고 담당교사 역할을 할 수 있는 코치를 배정한다는 것이다. 스티브잡스 스쿨은 정해진 교실이 없다는 점도 주목할 만하다. 학생들은 언어, 수학, 실험 등의 활동이 가능한 다양한 형태의 스튜디오와 무대 공간에서 학습해나간다. 학생 개개인이 침묵 속에서 독립적으로 학습하는 조용한 공간(Silent Area)과 소그룹 형태로 프로젝트를 진행하며 협업할 수 있는 프로젝트 공간(Project Space)도 구성되어 있다.

미래 교육 환경을 위한 학교 공간 혁신의 필요성

앞에서 살펴보았듯 다양한 형태의 미래 교육을 꿈꾸며 가장 먼저 고려할 만한 것은 '학교 공간의 혁신'일 것이다. 실제로 현재 교육부에서는 미래형 학교 공간을 조성하기 위해서 '그린 스마트 미래학교'를 활성화하는 정책을 펴는 등 미래형 학교 공간 구축에 대한 관심이 교육계 전반에 고조되고 있다. 그린 스마트 미래학교는 변화하는 미래 사회에 대응하기 위해 '사용자 중심의 교육 공간 조성'을 추구한다. 이에 참고가 될 만한 해외 사례는 무엇이 있는지 살펴보고 이를 바탕으로 한국형 미래학교의 공간 혁신에 대해 탐색해보고자 한다.

일본의 사례 – 오픈스쿨 형태의 공간 혁신 일본의 학교들은 토론 교육, 협력 학습 등 다양한 학습 활동이 가능한 학교 공간이 필요하다는 점을 인지하고, 아동의 신체활동을 촉진하고 자연 환경과 조화도 이룰 수 있는 공간 혁신을 추구하고 있다. 일본의 교육환경연구소에 따르면 학생들의 학습과 생활이 공존할 수 있는 학교, 디지털 기기를 적극적으로 활용할 수 있는 학교 공간을 구성하는 데에도 방점을 두고 있다. 학생 개개인에게 최적화된 학습을 구현하고 동시에 협동 학습에도 대응하기 위해서 기존의 공간을 개선하여 유연하고 창조적인 수업이 가능하게 바꾸고자 했다. 학생용 태블릿을 비롯한 ICT 기기가 도입되면서 기존의 교실보다 더 여유 있는 공간을 확보하고자 건축 단계부터 교실 수를 줄이고 교실과 교실을 연결하여 확장된 형태의 교실을 만들고 있다. 테라스나 다용도 공간, 소규모 학습이 일어나는 복도형 공간 등을 활용할 수 있는 오픈스쿨 형태로 혁신을 꾀하고 있다. 또한 지역 인재가 학교 교육활동에 참여하는 '공동 창조 공간'을 마련하는 데에도 주력하여 지역사회와의 연계가 학교를 통해서도 일어나도록 계획하고 있다.

영국의 사례 – 디지털 상호작용이 가능한 공간 혁신 영국 잉글랜드 북부에 있는 더럼대학(Durham University) 연구팀은 북동부 소재 12개 학교에서 진행된 미래 교실 환경 구축을 위한 '시너지넷(SynergyNet) 프로젝트'를 실시했다. 연구팀은 적외선 센서 방식이 탑재되어 여러 사람의 다중 터치 인식이 가능한 책상을 개발하였고, 8~10세의 400명이 넘는 학생들을 대상으로 3년 동안 대화형 스마트 책상(Interactive smart desk)을 사용해보게 했다. 그리고 이를 통해 학생들이 협동 학습을 해나가는 모습을 관찰했다. 멀티 터치가 가능한 화면을 탑재한 책상은 교실의 핵심 구성 요소이며, 대화형 칠판(smart board)의 기능을 하게 된다.

이 프로젝트를 통해 더럼대학 연구팀은 대화형 스마트 책상을 사용하여 공간 혁신을 이룬 교실에서 학생들의 학습 효율성이 다방면에서 증진되는 모습을 관찰하였다. 학생들은 대화형 스마트 책상을 활용하여 친구들과 협동하면서 질문에 대한 해답을 실시간으로 찾아갔다. 이로 인해 친구가 어떤 방법을 이용하여 문제를 해결해가는지도 알 수 있었다. 이 프로젝트의 대표 연구원인 리즈 버드(Liz Burd)는 "학생들이 오직 '수동적 듣기'만으로 학습하는 게 아니라 학습 상황을 공유하여 지식을 얻음과 동시에 함께 문제를 해결하고 이를 바탕으로 새로운 것을 창조해내는 교육 공간을 만드는 것을 지향했다"라고 밝혔다.

스웨덴의 사례 - 학교의 모든 벽을 허무는 공간 혁신 스웨덴의 스톡홀름에 위치한 비트라 텔레폰플랜 스쿨(Vittra Telefonplan School)은 새로운 공간 시스템을 도입한 학교다. 나이, 학년, 교실의 벽을 모두 허물고 모든 수업은 노트북을 통한 웹 활동으로 이루어지도록 공간을 설계했다. 여러 명이 모여 다양한 프로젝트를 수행하며 협력하거나 휴식할 수 있는 공간, 신나게 놀 수 있는 공간, 조용히 집중할 수 있는 공간들도 마련했다.

이 학교의 교육 목표 중 한 가지는 "의사소통하는 능력을 기르고 서로를 존중할 수 있어야 한다"이다. 이러한 교육 목표는 비트라 스쿨의 공간 구성에도 드러난다. 디지털 기반 학습을 할 수 있되 서로 협력적 상호작용이 가능한 환경으로 공간들이 설계되어 있는 모습이다. 특히 '교실이 없는 학교'를 지향하는 비트라 스쿨에서 학생 개개인은 더욱더 자유롭게 자신이 원하는 공간을 선택하여 머물 수 있다.

한국의 미래형 학교가 갖추어야 할 공간 혁신

현재 한국의 학교 역시 미래 교육으로의 변화를 꿈꾸며 이를 준비해 나가고 있다. 이를 위해 다음과 같은 미래형 학교 공간 혁신의 방향성에 대해 생각해볼 수 있다. 첫째, 학생 개개인의 인격을 존중하고, 개인의 다양한 활동 형태를 지원할 수 있는 환경이 구축되어야 한다. 노후한 학교 시설을 개선하고 리모델링하여 아름다운 공간을 제공하는 것도 중요하지만, 스웨덴의 비트라 스쿨처럼 개개인의 다양한 활동을 지원할 수 있는 공간 혁신이 필요하다. 둘째, 학생과 학생, 학생과 교사 간의 활발한 상호작용이 가능하도록 미래형 디스플레이 기술이 적용된 창의적 교육 환경을 조성해야 한다. 이는 개인의 과제 수행은 물론 여러 학생들 간의 협업이 가능한 멀티 디스플레이 환경이 구축되어야 함을 의미한다. 학생들은 이러한 환경에서 다양한 콘텐츠를 체험하고 협업하며 상호작용을 증진시킬 수 있을 것이다.

미래 교육을 위한 학교 공간의 혁신은 교육의 질과 효과성을 향상시키기 위해 반드시 필요하다. 현 시대의 교육은 단순한 지식 전달 수업에서 벗어나 학생들의 참여와 창의적 역량을 중요시하는 방향으로 변화하고 있다. 학교 공간 또한 이에 발맞추어 학생들이 적극적으로 소통할 수 있는 환경을 조성해야 한다. 학습자 간의 디지털 협력 활동이 활발하게 이루어질 수 있는 학교 공간 구축은 미래 교육으로 나아가는 데 필수적으로 해결되어야 할 과제인 것이다.

참고자료

"그린 스마트 미래학교 종합 추진계획", 교육부, 2021.8.29

"인공지능(AI) 디지털교과서로 1:1 맞춤 교육시대 연다", 교육부, 2023.6.8

"해외에서는 미래교육을 어떻게 준비하고 있을까?", 교육부 블로그, 2021.4.28

"창의성과 행복을 키워주는 스웨덴의 선진 교육법", 〈콘텐타 엠〉, 2018.1.2

교육은 어떻게
AI 시대를 리드할 것인가

조안나 충청남도교육청 소속 중등교사
(사)교사크리에이터협회 이사, 『교육을 위한 메타버스 탐구생활』 외 공저자

눈앞에 펼쳐진 AI의 무한한 가능성

오늘날 우리가 살고 있는 시대를 'AI의 시대'라고 말한다. 언제부터 그렇게 된 걸까? 정말 지금을 AI의 시대라고 할 만큼 AI가 발전했나? 우리 아이들이 살아갈 가까운 미래에는 정말 AI가 삶의 한 부분을 차지하게 될까? 만약 그렇다면 우리 교육의 미래는 어떤 식으로 흘러가게 될까? 여러 가지 혼란스러운 물음들에 답을 찾기 위해서는 AI 시대라고 부르는 요즘 사회의 세태에 대해 먼저 이야기할 필요가 있다.

2016년에 열린 '구글 딥마인드 챌린지 매치(Google Deepmind Challenge Match)'를 기억하는지. AI 알파고와 이세돌이 바둑 대결을 했던 이 매치는 국내는 물론이고 전 세계의 많은 사람들에게 AI를 인식시키고 관심을 증폭시킨 계기가 되었다.

이 세기의 대결이 있기 전까지 바둑이란 인간이 가진 고유한 지적 능

력을 바탕으로 여러 가지 미래의 수를 계산하고 바둑판 위에서 인간과 인간이 수를 겨루는 종목으로 인식되었다. AI가 인간과 바둑을 둘 수 있으리라고는 상상하기도 어려웠다. 챌린지 매치가 발표되자 많은 사람들이 이세돌의 승리를 확신했다. 하지만 실제로 진행된 경기에서 알파고는 이세돌을 상대로 4승 1패로 승리했다. 이는 '알파고 쇼크'라고 불릴 만큼 많은 사람들에게 AI에 대한 경각심을 불러일으켰다. 그제야 사람들은 영화에서나 등장할 것 같던 AI가 어느새 삶 속으로 들어와 있음을 실감했다.

그로부터 약 6년이 지난 2022년 11월, 우리는 챗GPT 출시로 '제2의 알파고 쇼크'를 맞이하게 되었다. 챗GPT의 등장은 알파고보다 훨씬 더 강한 인상을 주었다. 챗GPT가 출시된 지 5일 만에 사용자 100만 명을 달성한 놀라운 기록은 사람들의 관심이 얼마나 뜨거웠는지를 보여준다. 넷플릭스가 이용자 100만 명 달성에 걸린 시간이 3.5년, 페이스북이 10개월, 인스타그램이 2.5개월인 것을 감안하면 정말 대단한 기록이다. 이후 챗GPT는 출시 두 달이 되는 시점에 월 사용자 1억 명을 돌파했다.

이 많은 사람들이 챗GPT를 사용했다는 사실은 무엇을 의미할까? 챗GPT의 등장은 일반인들이 손쉽게 사용할 수 있는 AI가 존재한다는 사실을 깨닫고 경험하게 했다는 데 중요한 의의가 있다. 2016년에 등장한 알파고가 AI의 발전에 대한 관심과 경각심을 불러일으켰지만 챗GPT와는 본질적인 차이점이 있다. 알파고는 뛰어난 AI였지만 누구나 사용할 수 있는 AI는 아니었다. 우리는 알파고가 활약하는 모습을 지켜보았을 뿐 직접 사용할 수는 없었다. 하지만 챗GPT는 달랐다. 특별한 기술이 없어도 키보드를 이용해 글을 쓸 수만 있다면 누구나 사용할 수 있다. 이 AI는 개인과 비교할 수 없이 월등하게 많은 정보를 가지고 전문적인 질문에도 대답하며 심지어 사람처럼 말한다. 이제 사람들의 눈앞에 새로운 가능성의 세계가 펼쳐진 것이다.

생성형 AI에 대한 교육계의 가이드라인

챗GPT의 등장 이후 수많은 생성형 AI들이 등장했다. 이미지, 오디오, 비디오 등을 생성하는 AI의 등장은 교육에도 영향을 미치기 시작했다.

2023년 2월, 국내의 한 국제학교에서 챗GPT를 사용하여 영문 에세이를 제출한 학생들 전원을 0점 처리했다는 기사가 특필되었다.[1] 3월 개학을 앞두고 있는 대학가에서는 학생들이 챗GPT로 과제를 제출하는 상황에 대처하느라 비상이 걸렸다.[2] 하지만 실제로 챗GPT 같은 생성형 AI로 생성한 결과물을 사람이 직접 만든 것과 구별하기는 쉽지 않다.

국내에서는 고려대학이 발 빠르게 2023년 3월 15일 챗GPT 등 AI의 기본 활용 가이드라인을 제정하여 발표했다. 이 가이드라인은 구체적인 내용을 제시하고 있지는 않으나, 생성형 AI를 활용하는 것은 학습자의 권리임을 인정하고, 시대적 흐름에 따라 생성형 AI의 적극적인 활용을 권고한다. 다만 수업에서의 생성형 AI 활용은 개별 수업의 교수자가 사용 여부를 최종 결정하게 하였으며, 생성형 AI를 활용할 경우 강의계획서에 AI 활용 원칙을 명시하도록 했다.[3]

성균관대학은 챗GPT 종합안내 홈페이지를 별도로 개설하여, 챗GPT를 사용하는 방법, 학생·교수의 활용 사례, 부정행위 사례 및 대응 방안 등을 안내하고 있다. 또한 챗GPT를 비롯한 다양한 생성형 AI에 대한 정보, AI 시대 대학 수업 과제와 평가의 설계를 위한 제안 등 다양한 교수 노하우를 함께 게시했다.

부산대학은 '교수·학습 AI 활용 가이드라인'이라는 제목으로 지성, 창의성, 인간성, 다양성, 공공성, 책임성 등 6가지 활용 원칙을 발표하며, AI를 교수·학습에 활용할 때 가져야 할 마음가짐에 대한 선언을 제시했다. 각 활용 원칙에 대한 상세 설명 중 일부를 보면 "AI는 학습자의 자기 주도적 지식 탐구와 성장의 잠재성 향상을 위한 도구"라면서 활용 가치를 인정하는 한편, "(인간은) AI가 제공하는 지식에만 의존하지 않고 재구성하여 지식을 자기 것으로 수용"할 수 있어야 하며 "인간의 창조성과 창의성은 AI가 제공하는 정보와 교환 불가능한 가치"를 지닌다고 밝혔다.

한편 국외 교육 현장에서도 많은 논의가 있었다. 영국에서는 2023년 5월, 교육부가 챗GPT 같은 생성형 AI를 포함한 에듀테크 활용 입장문을 발표하였다.[4] 이 입장문에는 교육 분야를 위한 주요 메시지, 효과적 실천 방법, 미래를 위한 지식과 기술, 피해를 최소화하기 위한 노력 등이 담겨 있다. 이 중 교육에서 생성형 AI를 효과적으로 활용하기 위해 유의해야 할 사항을 몇 가지 정리하면 다음과 같다.

- 생성형 AI 도구를 사용할 때에는 데이터 개인정보 보호에 대한 영향을 인식하는 것이 중요하다. 개인정보 및 민감한 데이터는 보호되어야 하며, 생성형 AI 도구에 입력해서는 안 된다.
- 생성형 AI 도구는 신뢰할 수 없는 정보를 생성할 수 있으며, 생성된 모든 콘텐츠는 적절성과 정확성을 확인하기 위해 전문가의 판단이 필요하다.
- 행정 계획, 정책 또는 문서 제작에 사용되는 도구나 자료가 무엇이든, 최종 문서의 품질과 내용은 해당 문서를 작성한 개인과 그들이 속한 조직의 전문적인 책임이다.
- 교육기관은 생성형 AI를 통해 해롭거나 부적절한 콘텐츠에 어린이와 청소년

이 접근하거나, 콘텐츠를 생성하지 않도록 보장해야 한다.

최근 미국의 월튼가족재단이 발표한 '챗GPT와 교육' 관련 설문조사 결과를 살펴보면 미국 교육 현장에서의 챗GPT 사용 현황을 엿볼 수 있다. 첫 번째 설문조사는 2023년 2월 1,002명의 K-12(유치원부터 고등학교까지) 교사와 12~17세 학생 1,000명을 대상으로 하였다. 조사 결과에 따르면 응답한 교사의 51%가 챗GPT를 사용하고 교사 중 3분의 1은 수업 계획, 수업을 위한 아이디어 도출, 교과에 대한 배경지식 구축을 위해 챗GPT를 사용한다고 응답했다. 12~17세 학생들 중 3분의 1은 챗GPT를 학교에서 사용한 경험이 있다고 답했다. 또한 교사의 88%, 학생의 79%가 챗GPT가 긍정적인 영향을 미쳤다고 했다.

두 번째 연구는 2023년 3월, 챗GPT를 알고 있는 미국 고등학교 교사, 대학 교수(강사 포함) 1,000명을 대상으로 교육 웹사이트를 통한 설문조사로 이루어졌다. 여기에서 "교사들이 다양한 업무에 얼마나 자주 챗GPT를 사용하는가" 하는 질문에 "자주 혹은 때때로"라고 답한 응답자가 96%(자주 41%, 때때로 56%), 채점 및 피드백을 위해 사용한다고 답변한 응답자가 93%에 달했다. 이메일이나 추천서 작성에 사용한다는 답변도 각각 91%, 89%였다.

이 설문 결과가 전체를 대변할 수는 없으나 미국 내 많은 교육자들 또한 챗GPT와 같은 생성형 AI에 많은 관심을 기울이고 있음을 짐작할 수 있다. 사용 경험을 알고 최신 경향을 파악하는 데도 도움이 될 것이다.

AI 시대 교사의 역할과 미래 교육

앞서 살펴본 자료들을 통해 우리는 현재 AI가 교육에 많은 영향을 미치고 있으며, 그 영향력은 앞으로 점점 더 확대될 것임을 예측할 수 있다. 이러한 흐름 속에서 교사는 무엇을 해야 할까? 교사에게 요구되는 역할은 무엇이며, 앞으로 미래 교육은 어떤 방향으로 흘러갈까?

현재 교사가 가장 먼저 해야 할 일은 '미래에 어떤 아이들을 길러낼 것인가'를 고민하는 일이다. 그동안의 교육, 특히 대학교육을 돌아보면 특정한 사실과 지식을 조사하고 조사한 내용을 바탕으로 '글(레포트)'을 쓰게 하는 평가 방식이 일반적이었다. 그런데 챗GPT 같은 언어 생성형 AI를 활용하면 1분 만에 이러한 과제를 해결할 수 있다. 어떤 대상 혹은 현상에 대해 사실과 지식을 탐색하고 정리하는 일을 사람보다 AI가 훨씬 더 빠르고 정확하게 해낼 수 있는 세상이 도래했다. 이러한 상황에서 교사들은 과거의 방식대로 교육하고 평가할 수 있을까?

아이들이 살아나갈 미래에는 지금보다 훨씬 더 AI가 발전할 것이다. AI가 문서를 작성하고, 1분도 채 안 되는 짧은 시간에 이미지를 생성하고, 음악과 비디오까지 만드는 세상에서 인간에게 필요한 능력은 무엇일까? 교육은 아이들에게 AI 시대를 살아나가는 데 필요한 힘을 길러주어야 하지 않을까?

AI 시대에 학생들이 갖추어야 할 능력과 역량은 여러 가지가 있겠지만 그중에서도 다음 세 가지 역량은 꼭 갖춰야 한다.

첫째는 비판적 사고와 문제 해결 능력이다. AI가 생성하는 것은 완벽하지 않으며 오류가 존재한다. AI의 발달로 지금보다 더 많은 가짜 정보들이 손쉽게 생성될 수 있다는 문제 또한 있다. AI를 적극적으로 활용하더라도 우리는 항상 이를 비판적으로 바라보고 사고할 수 있어야 한다.

둘째는 창의적이고 능동적인 사고, 상호작용과 커뮤니케이션 능력이다. AI는 인간의 명령을 받아 작업을 수행하고 결과물을 도출해낸다. 챗GPT처럼 언어를 생성하는 AI가 백과사전처럼 세상의 모든 지식을 알고 있는 듯 보이기는 하지만, 결국 그것을 활용하는 것은 인간이다. 새롭고 창의적인 아이디어를 구상하는 능력, 문제를 적극적이고 능동적으로 해결하기 위한 사고는 학생들에게 더욱 필요한 역량이 될 것이다. 더불어 사람들 간의 상호작용과 커뮤니케이션이 중요하다. 챗GPT 같은 AI는 '언어적 상호작용'을 모방하고 있지만, 이는 어디까지나 학습된 데이터에 기반하여 생성된 언어일 뿐이다. AI가 생성한 언어는 진정한 의미의 '이해'를 바탕으로 하지 않는다. 공감과 이해를 바탕으로 한 커뮤니케이션은 인간이 가진 고유한 특성이다. AI 시대에서도 사람과 사람의 언어적·비언어적 상호작용과 커뮤니케이션은 변함없이 중요할 뿐 아니라 오히려 더 강조될 것이다.

셋째는 윤리적 판단과 도덕성이다. 무엇이 옳고 그른지 윤리적 판단을 내리기 위해서는 올바른 도덕적 가치를 함양해야 한다. 배려, 양심, 공감, 협동과 같은 가치들은 너무 뻔하게 들리지만 인간을 형성하는 데 있어 중요한 근원이다. 학생들에게 이러한 역량들을 길러주기 위해서 교사는 '지식 전달자'의 자리에서 내려와 학생 개개인의 역량을 함양시킬 수 있도록 돕는 '조력자(facilitation)'의 역할을 해야 한다. 학습을 설계하고 조력하는 역할을 하면서, 학생들이 비판적으로 사고하고 문제를 해결할 수 있도록 질문을 던질 수 있어야 한다. 더불어 정서적인 유대와 공감을 통해 개별 학생과 상호작용하는 일은 교사가 해야 할 중요한 일이 될 것이다.

1   "국내 국제학교 학생들, 챗GPT로 과제 대필 …'전원 0점'", 〈동아일보〉, 2023.2.9

2   "챗GPT에게 과제 맡겼더니 A …개학 앞둔 대학 비상", 〈조선일보〉, 2023.2.10

3   "국내 대학 최초 챗GPT 활용 가이드라인 제정", 고려대 홈페이지, 2023.3.16

4   「Generative artificial intelligence in education」, Department for Education, 2023.3

교사가 시작하는
진짜 미래 교육

백다은 EBS 공채강사, 재능방송 〈우리아이 JOB생각〉 진행자
『두근두근 N잡 대모험』 외 저자

"여러분이 꿈꾸는 미래 교육은 어떤 모습인가요?"

위의 질문을 교원 연수나 학부모 미래 교육 특강에서 던지면 'AI 디지털 교과서' '개별 맞춤 교육' '첨단 기술' 등을 떠올리는 분들이 많았다. 하지만 현재 학교에 대한 고민만으로도 숨 쉴 틈 없는 일과 속에서 대다수의 교사와 학부모에게 미래 교육은 손에 잡히지 않는 허상과 같다. 또한 교육 현장을 반영하지 않은 채 외부에서 제시하는 미래 교육 비전은 화려한 건축물, 기술력 등에 머무른 수준이어서 그간 공감대를 형성하지 못했다. 교육의 본질이 제대로 반영되지 않은 비전을 과연 진정한 '미래 교육'이라고 할 수 있을까.

호주 퀸즐랜드대학 래드클리프 연구팀은 미래 교육을 구성하는 요소를 크게 3가지로 정리했다. 교수법(Pedagogy), 공간(Space), 공학매체 및 기술(Technology)이 그것이다. 이 요소들은 유기적으로 얽혀 있다. 교수

법은 공간과 공학매체와 상호 영향을 주고받을 수밖에 없다. 공간을 설계하거나 공학매체 및 기술을 재배치하며 최적의 교수 학습 활동을 구현해나가야 한다.

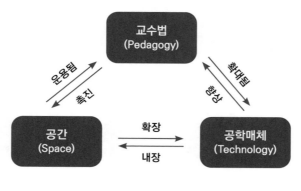

교실 구성 요소

이 3가지 요소가 어우러진 미래 교육은 어떤 모습일까? 매일 학생이 등교할 때 심박수, 체온 등을 자동으로 체크하고, 알레르기나 컨디션 저하 같은 개별 건강 상태를 확인해 영양사에게 전달한다. 홀로그램 기술을 활용해 분야별 위인들이 살아 돌아온 듯 보여줄 수 있고, 눈앞에서 과학 원리나 역사 등을 실감나게 이야기해주는가 하면, VR을 통해 우주를 여행하고 신체 내부를 탐험하고 화산과 지진 등을 체험함으로써 학습 효과를 극대화할 수 있다. AI를 활용한 학습 분석으로 개개인의 흥미, 적성, 강점, 가치관 등을 키워주는 수업 등이 미래 교육 시나리오의 예시로 소개될 수 있다.

미래 교육에 대한 하나의 정답은 없다. 하지만 좋은 교육을 위해 곳곳에서 많은 시도가 이루어지고 있다. 이를 바탕으로 각자의 문화와 맥락에 맞는 미래 교육을 구현하기 위한 노력이 필요하다. 세 가지 구성 요소에 관한 국내외 교육자 및 학교의 신념을 살펴보면 실마리를 얻을 수 있을 것이다.

교수법

사람은 각자 배우는 속도가 다르다. 학교가 개개인의 능력에 맞게 가르쳐야 한다. 칸 아카데미

교육의 근간은 아이들이 정신과 감성, 신체의 조화로운 토대 위에 성장하는 데 있다. 발도르프 교육

교사는 콘텐츠의 제공자가 아니라, 촉진자로서의 역할을 해야 한다. 학생은 자신만의 길을 만들고, 교사가 이에 동행해야 한다. 아이가 오늘 도움을 받으면 내일은 혼자 할 수 있게 된다. 비고츠키

교장이 없고, 교사들이 매주 열리는 회의를 통해서 수업과 관련한 정보를 주고받기도 하고, 학교 행정 제반에 관련된 사항들을 결정하기도 한다. 교사-학생-학부모가 긴밀하게 연결되어 '교육 가족'으로 구성되어 있어 서로 협력하며 민주적이고 자치적으로 운영한다. 창의적인 학생들을 키우기 위해서는 교사 또한 틀에 박혀 있어서는 안 된다는 철학으로, 교사에게 다양한 교육적 선택권 및 자율성을 보장한다. 발도르프 학교

교사는 현장에서 교육과 연구에만 온전히 집중할 수 있어야 한다. 교직에 우호적인 분위기일 때, 교육 열정이 높은 교사들이 활동할 수 있다. 보다 전문화되고 세분화된 학생 지도와 케어를 위해 체계적인 역할 분담과 지원이 이루어져야 교육 네트워크도 활성화될 수 있다. 백다은

공간

의사소통을 촉진하는 공간과 영감을 주는 학교를 지향한다. 학생들

의 타고난 호기심을 끌어낼 공간 디자인이 필요하다. 비트라 스쿨

온라인을 기반으로 토론 수업이 이루어지며, 고정된 학교 건물 없이 전 세계 도시를 돌아다니며 생활하는 기숙사 학교로 운영한다. 미네르바 스쿨

공학매체 및 기술

교육 테크놀로지가 지속적인 교육 혁신을 가져오지 못했던 가장 큰 이유는 실제 사용자인 교사와 학생의 조언을 거의 반영하지 않았기 때문이다. 교사는 아날로그 교육의 과거, 현재, 미래의 열쇠다. 어떤 과학기술도 교사를 대신할 수 없고, 대신해서도 안 된다. 데이비드 색스

테크놀로지를 활용하여 학생 개개인의 요구와 열정에 초점을 맞춘 고도의 맞춤화된 교육을 제공하는 데 목표를 두었다. 알트 스쿨

미래 교육의 새로운 모습 그리기

'서로 배우기 위한 사람들이 모인 공동체'라면 어디든 학교가 될 수 있다. 이를 전제로 다채로운 상상을 펼쳐볼 수 있다. 미래 교육이 이루어질 공간은 전통적 개념의 건물이나 커리큘럼이 주어진 학교와 크게 다른 모습일 수도 있다. 경우에 따라서는 온라인 기반의 교육 모임일 수도, 홈스쿨링이나 언스쿨링(Unschooling)[1]일 수도, 한 분야에서의 장인과 직접적 대면을 통해 이루어지는 도제교육일 수도 있다.

몇 해 전 개별 맞춤 미래 교육을 구현하고 싶은 마음에 '삼성 투모로우 솔루션'이라는 사회공헌 IT 공모전에 앱 기획 및 실행안을 출품해 탑 파이널리스트로 선정된 적이 있다. 그 경험을 통해 깨달은 바가 있다. 꼭

고비용과 수고를 들인 테크놀로지만이 능사는 아니라는 점이다. 목업(Mock-up) 작업부터 기술 오류 잡아내기 등 쉬운 과정은 없었다. 하지만 이미 교실에서 수년간 실행한 일들을 체계적이고 효율적인 방식으로 쉽게 정리한다면 더 많은 이들과 나눌 수도 있겠다는 깨달음을 얻었다. 미래 교육은 생각보다 훨씬 가까이 있었던 것이다.

기술에만 의존하지 않고 본질에 충실하다면 미래 교육은 충분히 구현 가능하다. 어쩌면 연필 한 자루로 스케치북에 그림을 그리는 식의 아날로그 방식으로도 충분히 즉각적이고 높은 학습 효과를 얻을 수 있는데도 미래 교육 구현이라는 허울에 갇혀 막대한 예산부터 들이는 우마저 범하고 있는지도 모른다. 미래 교육을 구현하기 위해 가장 중점을 두어야 할 본질을 먼저 질문해야 한다. 그래서 구현하고자 하는 미래 교육을 정의하는 일부터 다시 시작하고자 한다.

미래 교육을 다시 정의하다

시대를 막론하고 교육이 지향하는 바는 명확하다. 아이들이 지금 하는 공부에서 의미를 찾고 꿈으로 연결되는 선 위에 의미 있는 점(경험)들을 만들어낼 수 있어야 한다. 그래야만 무엇을 만들고 기획하고 싶은지, 내 인생을 어떻게 디자인하고 싶은지, 어른들이 시키지 않아도 스스로 질문을 만들어낼 테니 말이다. 그리고 아이들이 배우고 성장하고 변화하는 여정에서 길을 잃지 않도록 돕는 것, 그것이 미래 교육에서 학교와 교육자의 역할이라 생각한다. 그런 측면에서 교육활동을 다시 설계해보니, 이미 잘하고 있던 부분은 더욱 탁월하게 다듬고 기술적 부분은 보완함으로써 보다 효율적인 교수법 설계가 가능해졌다.

십수 년간 학교, EBS, 대학교, 한국과학창의재단 등에서 온오프라인 교육 및 연구를 한 경험을 통해 '교사가 시작하는 진짜 미래 교육'을 단계 별로 구성했다. 전국 초중고 선생님, 학부모님들과 함께 실행할 수 있는 다음의 5단계를 제안한다. 1~4단계까지는 각 가정과 학급, 학교 단위로 누구나 실행 가능하며, 5단계는 IT 기술 등을 접목하여 학교 안팎의 인 적, 물적 자원과 연결함으로써 효과를 극대화할 수 있다.

교사가 시작하는 진짜 미래 교육

1단계 : 발견 지금의 나로부터 시작하는 미래
그림책과 교수 학습 자료를 바탕으로 학습자의 흥미, 적성, 가치관, 강점 등 자 아 발견을 돕는 과정.

2단계 : 계획 하고 싶은 일을 꼭 해내는 힘
학년별, 단계별 구성된 체계적인 진로교육 커리큘럼[2]을 바탕으로 하고자 하는 바를 계획하고, 실행할 수 있게 도움. (진로검사, 분야별 직업체험, 진로코칭 등)

3단계 : 실행(기록) 나의 우주를 만드는 법
개인뿐 아니라 학급 단위로도 '나의 우주' 포트폴리오를 구성하는 단계. 공교 육에서는 학생 개개인의 관심이나 흥미 등에 관심을 가져주지 못한다는 오해 를 불식시킬 수 있음. 실제 학생 개개인이 가진 관심사, 문제의식, 재능, 꿈, 알 고 싶고 하고 싶은 일, 배우는 방법 등을 또래 집단, 교사, 학부모 등과 함께 찾 아가는 과정.

4단계 : 발표(공언) 지금 희망 Yes! 세상에 외치다

3단계까지의 과정이 학습자가 좋아하고, 잘하는 일에 대해 발표(공언)하는 단계라면 4단계는 그간 공교육에서는 어렵다고 여겼던 '아이들의 진짜 변화와 미래 연결을 이끌어내는' 과정.

5단계 : 연결(심화·선택) 점의 연결(Connect the dots)

나와 비슷한 관심사 및 재능을 가진 국내외 친구들과 연결이 가능한 단계. 학교 밖 세상(분야별 전문가)과 연결될 수 있으며, 이때 IT 기술을 접목할 수 있음.

실제 이런 과정을 통해 담임을 맡았던 학급 학생들에게서 수년간 다채로운 변화를 관찰할 수 있었다. 보드게임 개발, 웹툰 시리즈 온라인 연재, 나만의 요리 레시피 연구, 어린이 기자단 활동, 구글 홍보모델, 창직(Job Creation) 아이디어 수집, 서울시립미술관 'DIGI FUN ART' 전시회 최연소 작가 출품 등이 그 성과다.

처음부터 크고 대단한 성과를 내고자 함이 결코 아니다. 인생에서 의미가 있을 작은 점(dot)에서 시작해보고, 그것을 하나하나 연결해가는 과정을 경험해보게 하는 것이 중요하다. 그 자신감을 바탕으로 작은 점들이 꿈으로 연결되는 선 위에 수놓이는 과정 자체가 미래의 교육이다. 그 어떤 현란한 기술이나 자본도 결코 해내지 못할 이 일은 순전히 학생들과 교사에 달려 있다.

'미래를 상상하고, 디자인해나갈 수 있는 힘'은 결국 자기 안에서 시작된다. 호기심을 바탕으로 창의적으로 문제를 해결해낼 수 있는 힘, 예상치 못했던 어려운 일들도 딛고 일어날 수 있는 회복 탄력성, 열정을 가진 일에 끝까지 파고드는 끈기와 집념, 스스로를 컨트롤할 수 있는 자기 조절

력 등은 미래의 교실에서 우리가 더욱 주목해야 할 비인지적 요소들이다.

교육 현장에서 학습자들의 성장을 돕고, 미래의 교육 방식에 대한 새로운 가능성을 열어갈 수 있는 핵심 주체는 교육부도, 교육청도, 에듀테크도 아니다. 그들은 미래 교육을 구현하기 위해 가장 중점을 두어야 할 본질이 무엇인가에 대해 결코 가슴으로 말할 수 없다. 당위성이나 첨단 기술만을 앞세운 미래 교육은 단 한 번도 교육 현장에 파고들지 못했다. 척박한 교육 환경에서도 온몸으로 교육의 변화를 갈망해왔던, 교사들이 시작하는 '진짜 미래 교육'이 절실한 이유다.

참고자료

"챗GPT와 함께 바라본 미래 교육의 모습은?", EBS 〈뉴스브릿지〉, 2023.5.25

"AI 시대, 우리 아이 내 삶의 주인이 되는 법", 백다은, 〈엄마는 생각쟁이〉, 웅진, 2023.8

Brooks, D. (2012), 「Space and consequences : The impact of different formal learning spaces on instructor and student behavior」, Journal of Learning Spaces, 1(2).

Fisher, K., (2005) 「Linking pedagogy and space: proposed planning principles」, Department of Education and Training [Victoria], section 2.09.

Radcliffe, D. (2009) A pedagogy-space-technology (PST) framework for designing and evaluating learning places, in: D. Radcliffe, H. Wilson, D. Powell &B. Tibbetts (Eds) Proceedings of the Next Generation Learning Spaces 2008 Colloquium (Brisbane, Australia, University of Queensland).

---

1   연령이나 학력과 관계없이 정해진 교과목이나 일과표 없이 자연스럽게 배우는 교육 형태.

2   『초등진로노트(1-2학년/3-6학년)』, 백다은, 테크빌교육티처몰

미래 교육 환경은
어떻게 달라질 것인가?

최교진 세종시교육감

우리가 걸어온 길

예언자가 아니어도 미래를 어느 정도 짐작하는 일은 가능할 수 있다. 교육이 미래이기 때문이다. 10년 전, 20년 전 우리 사회는 어떤 교육을 했을까? 20년 전 노무현 정부는 지방교육자치와 학교민주주의 강화, 고교평준화와 공교육 내실화, 자율형사립고등학교와 평교사 출신 교장공모제를 시범 운영하였다. 2008년 이명박 정부는 특목고 확대와 고교 다양화300 프로젝트, 대입자율화와 입학사정관제를 추진하였다. 2013년 박근혜 정부는 중학교 자유학기제와 스포츠클럽 도입, 역량 중심 교육과정 운영과 대학생 장학금 확대를 추진하였다. 큰 줄기를 살펴보면 대학 진학을 중심에 두고 민주주의와 개성을 신장하는 공교육을 펼쳤다고 보인다.

이에 따라 학교는 자연스럽게 성적과 이력을 중심으로 국가 수준 교육과정, 강의 중심 수업, 정답 중심 평가를 운영했다. 이 흐름에 앞서가는 학생을 중심으로 예산과 자원을 집중하고 따라오지 못하는 학생은 학습지, 시간 강사, 부모 위임의 방법을 주로 썼다. 경쟁은 치열하고 기준과 적용에 민감하며 결과에 따른 차별은 당연한 문화가 되었다. 학생 저마다 가진 특별함과 존귀함, 학생의 참여와 주도성, 교육을 통한 삶과 사회 개선 등은 교육과정 총론 속에 갇혀 있었다.

우리가 서 있는 곳은 어떠한가

지금 우리는 물질적 풍요, 고도화된 형식 민주주의, 개성과 인권을 존중하는 사회에서 살고 있다. 세계 각국을 무대로 직업과 여가를 전개하기도 한다. 2023년 1월에서 5월까지 820만여 명이 출국하고 350만여 명이 입국할 정도의 글로벌 사회에 살고 있다. 물품 생산 중심에서 정보, 서비스, 문화 생산 중심으로 산업이 달라지면서 집단지성과 다문화 존중은 자연스러운 모습이 되었다.

세계 각국이 미래산업으로 분류한 4차 산업에서도 우리는 매우 앞서가고 있다. 제조업 분야 로봇 밀집도 세계 1위(산업통상자원부), 모바일 통신 속도와 인터넷 보급률 세계 1위(2020년 스피드테스트), 스마트폰 보유율과 성인 소셜 미디어 사용자 세계 1위(2019 PEW RESEARCH CENTER) 등 디지털 문해력 교육 환경과 문화, 기술이 세계적 수준이다. 학생들의 디지털 기기 사용 능력 역시 계속 발전하고 있다. 우리나라가 비대면 수업을 선도하고 모범적인 모델을 제시할 수 있었던 배경이다. 반면 사실과 의견을 구분하는 비율은 OECD 평균 47.4% 대비 한국은 25.6%로 매우 낮다.(OECD 2021)

우리는 전 세계와 함께 코로나 팬데믹을 겪었다. 학교가 닫히고 열리기를 반복하는 속에서 우리는 학교의 기능을 새삼 확인할 수 있었다. 학습과 돌봄이 무너지고, 사교육비가 늘었으며 원격수업으로 인해 학습의 질과 양이 떨어졌다. 학업 성취도 측정 결과 상위권 학생 대비 중위권 학생이 큰 비율로 하위권으로 밀려나기도 했다. 우울감과 불안, 학력 격차와 이로 인한 스트레스 증가, 관계 악화 등 학생 삶 전체가 타격을 입었다.

2022년 국제교육과학문화기구(UNESCO) 국제미래 교육위원회는 「함께 그려보는 우리의 미래」 보고서를 발표했다. 보고서는 이렇게 시작한다. "우리 인류와 지구는 위기에 처해 있습니다. 코로나 팬데믹은 우리의 취약성과 상호연결성을 동시에 보여주었습니다. 이 경로를 바꾸고 우리의 미래를 다시 구상하기 위해서는 모두 함께 긴급한 행동에 나서야 합니다." 지속가능한 미래를 위한 원칙으로 양질의 평생교육과 공공재로서 교육(a common good)을 제시한 것이다.

지속가능한 미래를 만드는 미래 교육의 모습

과거와 현재를 살피면 무엇을 미래 교육의 방향으로 삼아야 할지가 어느 정도 뚜렷해진다. 첫째는 지속가능한 미래를 만드는 일, 둘째는 누구나 가진 특별함을 발견하고 발전하게 하는 일, 셋째는 가정 배경의 영향을 최소화하여 모든 학생이 높은 수준의 삶을 누리도록 공교육이 크고 강해지는 일이다.

먼저 지속가능한 미래를 만드는 시민으로 성장하도록 생태전환교육을 펼치는 일이 시급하다. 미래 세대가 지구 위기의 원인을 알고 민감하게 감수하며 행동하는 일은 모든 교육활동의 배경이 되어야 한다. 미래 교육은 학습과 실천, 준비 세대(학생)와 역할 세대(성인)로 구분하지 않아야 한다.

우리나라 청소년은 '행동하는 청소년 기후 소송단' '한국 청소년 기후 행동' 등을 전개하며 지속가능한 미래의 주체로 떠오르고 있다. 청소년 기후 소송단은 서울시교육감에게 기후위기에 맞는 교육 시스템을 요구하여 서울시 생태전환교육 계획을 수립하게 하였고, 기후를 위한 결석 시위 참여, 파리기후협약을 지키지 않는 대한민국 정부를 상대로 헌법소원을 제기하는 등 지속가능한 미래를 만드는 시민으로 성장하고 있다. 생태전환교육의 출발점은 생태적 환경에서 살게 하는 일이다. 밝은 햇살이 들어오는 내부, 친환경 불연 소재, 태양열과 지열 등 신재생 에너지, 고등급 단열벽과 창호, 빗물 재사용 시설, 옥상 정원, 자연과 가까운 학교 등에서 민감한 생태 감수성을 갖도록 하는 일이 중요하다.

2019년에 개교한 세종시의 솔빛숲유치원은 전국 최초 공립 숲유치원이다. 아이들은 유치원 인근 숲(괴화산)에 마련된 6개의 교실에서 매일 숲활동을 하고 있다.

둘째, 모두가 특별하게 성장할 수 있는 학습자 주도성 교육이 필요하다. 개인과 사회가 함께 잘 사는 일에 필요한 학습과 실천을 자신의 속도와 방법으로 진행할 수 있는 환경과 시스템이 뒷받침되어야 한다. 그러자면 먼저 학생이 학습을 주도할 수 있는 공간이 있어야 한다. 학교는 땅과 가까워야 하고, 온돌과 다락방처럼 따뜻하고 창의적인 곳이 필요하다. 넓고 종합적인 지식 공간, 작업 공간, 디지털 공간, 프로젝트 공간 등을 두어 다양한 형식과 내용으로 학습을 주도하도록 도와야 한다. 인근 학교는 서로 연계하고 학교와 마을은 연결되어야 한다. 아이들은 학교, 학교급, 학부모, 마을의 풍부한 자원을 활용하고 많은 사람의 지원 속에서 자신의 특별함을 주도할 수 있다.

2020년에 개교한 해밀초등학교는 스머프학교라고 불리기도 한다. 교사동이 스머프 마을처럼 낮고 옹기종기 모여 있기 때문이다. 층고는 3층 이내이며 개방형 도서실, 중앙 정원, 교실 4개 규모 프로젝트실, 저학년을 위한 다목적실과 온돌·다락방을 갖추고 5~6학년은 1인당 하나씩 아이패드를 구비하는 등 주도적 학습이 가능한 공간과 기기를 마련했다.

학습자 주도성 교육의 두 번째 요소는 학생이 학습을 주도할 수 있는 여건이다. 충분한 진로 정보와 체험, 다양한 교과목과 선택 시스템, 상담과 학습을 도와주는 사람을 바탕으로 학생은 자신의 흥미와 이력을 살펴 교육과정을 세울 수 있다. 그중에서 사람과 기관의 지원은 몹시 중요하다. 실제 세계와 가상 세계에는 수많은 지식, 정보, 프로그램이 존재하지만 개개인의 특성과 연결해주는 역할이 필요하기 때문이다. 이런 맥락에서 세종시교육청이 준비 중인 캠퍼스고등학교는 매우 의미 있고 학교 설립과 운영에 영감을 줄 수 있는 새로운 모델이다. 인문·사회중점고등학교, 수학·과학중점고등학교, 예술·체육중점고등학교를 하나의 캠퍼스에 설립하는 모델이다. 시민이 사용하는 평생교육원, 공용시설로 건축되는 도서실, 실내체육관, 식당, 대운동장과 학교에 인접한 문화예술센터, 공원, 주민 체육시설 등은 학생의 교육과정과 교육활동의 범위를 넓혀준다.

학습 주도성 교육의 세 번째 요소는 디지털 역량과 지원이다. AI 기술과 정보, 소통과 협력, 참여와 직업 등이 있는 디지털 가상 세계는 이미 아이들의 실제 세계가 되었다. 아이들은 다양한 디지털 기기를 활용하여 학습, 소통, 참여한다. 세종시는 스마트시티 국가시범도시에 스마트학교를 준비하고 있다. 미래형 교육시스템으로 UX 기반 교육활동, 교과통합형 교육, 통합교육 플랫폼, 개방형 학제, 개인 맞춤형 학습을 설정하여 스마트 통합 보안관제 공간, 메이커스페이스, 로보틱스 교육 공간, 혼합현실기술 공간, 자유활동 공간, 혼합 야외활동 공간, 융합교육 교실, 소규모 협력학습실을 운영할 계획이다. 이를 바탕으로 개별 맞춤형 교수-학습을 제공하여 체험, 표현, 탐구를 고도화하고자 한다.

스마트학교의 교육과정은 학생이 개인적 문제를 해결하도록 지식과 기술을 익히고 사용하게 하는 일, 사회적 문제를 해결하도록 소통하고 협력하게 하는 일, 국제적 문제 해결에 기여하도록 참여하고 존중하는 일을 지속적으로 해나갈 수 있게 운영하고자 한다.

셋째, 가정 배경의 영향을 줄여 누구나 수준 높은 삶의 질을 누리게 해야 한다. 교육이 멈추거나 약해지면 가정 배경의 영향이 커진다. 코로나 팬데믹으로 인한 학생 역량 연구는 정도의 차이만 있을 뿐 가정 배경이 약할수록 학습과 건강, 관계 등 모든 역량에서 어려움을 겪었음을 보고하고 있다. 교육의 기능과 최저 수준을 높여 학생 누구나 가지고 있는 특별함을 잃거나 다치지 않도록 크고 강한 교육이 필요하다.

삶의 질을 높이는 교육의 기반 세우기

미래 교육에서는 누구나 기초적인 학습 소양을 갖추고 자신의 속도로 학습하도록 도와야 한다. 언어, 수, 디지털에 대한 기초 지식과 기능을 익혀 자신의 흥미를 발전시키고 당면한 문제를 해결하도록 개별적이고 지속적인 지원이 필요하다.

기초학력 미달 학생과 느린 학습자 등 학습 지원 대상 학생에 대한 맞춤형 지원으로 디지털 기술이 제시되고 있다. 디지털 튜터, 수준별 학습 콘텐츠, 개별 디바이스를 이용한 자기주도 학습 지원 등이다. 현재의 행정적, 재정적 여건 속에서 현실 가능한 방안일 수 있으나 대상 학생에 대한 지원은 매우 전문적이고 섬세한 도움과 지지라는 바탕에서만 실효성을 거둘 수 있을 것이다.

세계에는 여러 선구적인 스마트학교가 있다. 다양한 연령대 학생들이 모여 프로젝트를 실행하는 식의 학습을 하는 미국의 칸랩 스쿨, 첨단기술을 활용하여 학생들에게 맞춤형 교육을 제공하는 미국의 알트(Alt) 스쿨, 수업을 게임처럼 운영하는 미국의 퀘스트 투 런(Quest to Learn), 학생의 개별적인 성장을 촉진하고 자기주도 학습을 중심으로 하는 스웨덴 푸투룸(Futurum) 스쿨, 칠판 없이 다양한 워크숍. 예술활동 등을 중심으로 교육하는 스티브잡스 스쿨 등이 스마트 교육의 장점과 주의점을 보여준다. 스마트학교의 중심은 의미 있는 교육 경험을 갖게 하는 일이며 이를 위한 친절한 안내와 설명, 축하와 격려 등으로 동기를 자극하고 어려움을 줄여주는 교사를 포함한 사람이다. 스마트 콘텐츠와 기술은 개별 맞춤교육의 훌륭한 보조재다. 한 교실에 존재하는 여러 수준의 학생들과 언어 속에서도 모두에게 학습이 일어날 수 있는 '한 교실 다(多)교사', 개인과 집단 상담 운영자, 심리 치유 전문가, 돌봄과 복지 담당자 등 사람 중심의 다중지원 시스템이 필요하다.

모두가 특별하게 성장할 수 있는 출발선에는 돌봄이 있다. 교육과정 후의 학생 시민은 안전한 돌봄 속에서 자기주도적 여가와 자율활동을 펼칠 수 있어야 한다. 이를 위해 가정, 지방자치단체, 교육자치단체는 협력해야 한다. 안전한 돌봄을 가능하게 하는 법적, 행정적 기반을 갖추어야 한다. 국가와 지방자치단체는 가정 돌봄이 잘 이루어지도록 유급휴직과 조기퇴근 제도, 연수와 수당 지원 등을 확대하거나 신설해야 한다. 지역 돌봄을 확대할 수 있도록 지역 내 돌봄 공간과 프로그램 마련, 운영 주체 양성과 연수 등을 적극적으로 펼쳐야 한다. 학교 돌봄을 안정적이고 내실 있게 운영하도록 운영 체계를 마련하고 법적, 행정적 정비를 이루어야 한다.

더불어 모든 학생의 가정 배경의 출발선을 높이는 일이 필요하다. 디지털 기기 등 학습 기반, 교복, 급식, 체험학습 등에서 적정 수준 이상을 누리도록 운영 체계를 갖추어야 한다. 전 학교에 교육복지사를 배치하는 등 학교 중심 교육복지 종합 추진 역시 미래 교육의 중요한 환경이다.

우리는 에너지를 많이 사용하는 사회에 살고 있다. 앞으로는 더 짧은 주기로 더 길게 감염병 팬데믹을 겪게 될 것이라 예측하고 있다. 교육부, 교육청, 학교는 학교가 멈추지 않는 시스템을 갖추어야 한다. 어쩔 수 없는 상황에서도 돌봄, 복지, 학습, 관계가 유지되어야 하기 때문이다. 이 기반 위에서 첫째, 지속가능한 미래를 만드는 교육, 둘째, 누구나 특별해지는 교육, 셋째, 삶의 질을 높이는 교육을 함께 펼치기를 제안하고 기대해 본다.

2장

미래의 대학,
어떻게
준비해야 할까

대학은
어떤 인재를 원하는가?

안수영 공주사대부고 교사

처음 겪는 대입 환경

'대학은 어떤 인재를 원하는가?'라는 질문에 대한 답은 한 번으로 끝나지 않는다. 그리고 그 답 뒤에는 '그러한 인재는 어떤 노력과 훈련으로 키워지는가?'라는 질문이 따라온다. 구체적 방법과 실천에 대한 답을 끌어내야만 의미 있는 질문이다. 최근 10년 동안 입시의 최전선에서 방법론을 찾아야만 했던 교사의 경험론적인 시선이 여기에 도움이 될 수 있는 것도 방법과 실천에 대해 다룰 수 있어서이다.

대학에 진학하기 위해 대학수학능력시험(혹은 학력고사)'만' 준비했던 대다수의 학부모들에게는 그 외에 다양한 전형 요소를 활용하는 지금 대입이 낯설고 어렵다. 이런 형태가 2008학년도부터 시작되었기에 이제는 익숙해질 때도 되었다 하는 이들도 있지만, 그건 과거에 대입을 겪은 누군가의 입장일 뿐이다. 한두 명의 자녀를 둔 학부모들에게는 처음 맞는 낯선 상황이었다가 이후에는 다시 겪을 일이 없을 상황일 뿐이다.

학부모가 고등학생이던 시절, 대학이 어떠한 인재를 원하는지는 중요한 관심사가 아니었다. 대학 진학을 결정짓는 대학수학능력시험(이하 '수능') 성적 향상 외에 대입에 영향을 미치는 중요한 요소는 거의 존재하지 않았다. 그래서 많은 학교와 교사들이 수능 공부에 적합한 학교 환경을 구성했다. 0교시 보충 수업, 반자율적 자율학습 등이 학부모들이 경험했던 대입 준비 방법이었다.

그래서 학부모들은 매스컴을 통해서 접하게 되는 대학의 인재상을 논하는 말과 글을 어떻게 받아들여야 할지 난감하다. 자신들의 경험으로는 이해하고 해석하기 어렵기 때문이다. '공부 잘하면 되는 게 아닌가?' '저런 내용을 안다고 무슨 도움이 되지?' '공부 외에 다른 것도 해야 하나?' '어떤 학원에 가야 되지?' 불안 섞인 이러한 생각들이 꼬리에 꼬리를 문다. 불안을 끊어내려면 지금의 대입 전형 유형을 이해해야 한다.

현 대입, 어떻게 이루어지고 있나

지금 대입은 학생부교과전형, 학생부종합전형, 논술 전형, 실기 전형, 수능 전형으로 대입 전형을 유형화하고, 각 대학에서는 이를 모집 시기(수시·정시)별 취지에 맞게 운영하고 있다. 올해 교육부에서 발표한 2025학년도 대입 전형 유형별 모집 인원은 다음의 표와 같다.

모집 시기	전형 유형	모집 인원(명)
수시	학생부 위주(교과)	154,475
	학생부 위주(종합)	78,924
	논술 위주	11,266
	실기/실적 위주	22,531
	기타	4,285
정시	수능 위주	63,827
	실기/실적 위주	5,224
	학생부 위주(교과)	174
	학생부 위주(종합)	183
	기타	45
총 합계		340,934

2025학년도 대입 전형 유형별 모집 인원

위 표에서 주목해야 할 부분은 '학생부 위주(종합)', 곧 학생부종합전형이다. 전체 모집 인원의 23.2%이지만, 수도권 소재 대학으로 한정하면 학생부종합전형 모집 인원 비율은 수도권 전체 모집 인원의 29%다. 또한 2019년 대입 공정성 강화 방안에서 학생부종합전형과 논술 전형에 쏠림이 있는 대학으로 선정되었던 서울 소재 16개 대학으로 한정하면 학생부종합전형 모집 인원 비율은 전체 모집 인원의 34.4%다. 학생부교과전형 모집 인원의 비율이 전체 모집 인원의 45.4%, 수도권 전체 모집 인원의 21%, 서울 소재 16개 대학 전체 모집 인원의 11.0%인 것과 대조적이다. 이로써 수도권에 소재한 대학 입시에서는 학생부종합전형의 비중이 높다는 결론에 이른다.

학생부종합전형의 전신(前身)은 입학사정관제 전형으로 2008학년도 대입부터 도입되었다. 성적 위주로 학생을 선발해온 획일적 방식에서 벗어나 학생의 소질과 적성, 잠재력, 발전 가능성 등을 종합적으로 반영하여 학생을 선발하려는 시도였다. 이후 대입 전형 간소화를 거쳐 학생부종합전형으로 명칭이 변경되었을 뿐, 취지는 유지하고 있다. 학생부종합전형의 공정성에 대한 의문이 국가적 화두가 되고 이에 교육부에서 2019년 대입제도 공정성 강화 방안을 발표한 이후에도 학생 모집에서 경쟁력이 있는 적지 않은 대학에서는 학생부종합전형을 유지하고 있다.

교과 성적을 50% 이상 반영하여 학생을 선발하는 학생부교과전형과 수능 점수 위주로 학생을 선발하는 수능 전형이 존재하고, 이를 통해 공정성 논란을 피할 수 있을 것이다. 그런데도 대학들이 학생부종합전형을 유지하려는 까닭은 무엇일까? 더 많은 인력과 비용, 그리고 더 오랜 시간을 들여서라도 찾아내려는 학생들은 어떤 학생일까? 해답의 실마리는 대학이 공개하는 학생부종합전형 서류 평가 요소에 있다.

학생부종합전형의 평가 기준

서울대 입학본부에서는 「2024 서울대학교 학생부종합전형 안내」를 통해 자신들이 지향하는 가치를 실천할 수 있는 인재의 모습을 아래와 같이 공개했다.

- 학교 교육과정을 성실히 이수하고 학업 능력이 우수한 학생
- 학교생활에서 적극적이고 진취적인 태도를 보인 학생

- 글로벌 리더로 성장할 수 있는 자질을 지닌 학생
- 다양한 교육적, 사회적, 문화적 배경과 경험을 지닌 학생
- 사회적 약자에 대한 배려심과 공동체 의식을 가진 학생

그리고 이러한 인재를 학교생활기록부에서 찾기 위한 방법론으로 서류 평가 요소 및 평가 기준도 아래와 같이 공개했다.

평가 요소		평가 기준
학업 능력	폭넓은 지식을 깊이 있게 갖추고 활용할 수 있는 학생인가?	단순 암기 수준 이상의 깊이 있는 이해를 바탕으로 한 지식을 갖추었는가? 습득한 지식을 적절히 활용한 경험이 있는가? …
학업 태도	스스로 알고자 하며 적극적으로 배우고자 하는 학생인가?	지식을 쌓기 위한 과정은 어떠하였는가? 스스로 알고자 하는 호기심과 도전적 태도가 나타나는가? …
학업 외 소양	바른 인성과 공동체 의식을 지니고 나눔을 실천할 수 있는 학생인가?	공동체 의식을 지니고 있는가? 사회적 약자를 배려하고 도움을 주고자 하는 마음이 있는가? …

서울대에서 원하는 인재의 모습은 서류 평가 요소 및 평가 기준을 통해 구체적으로 드러내고 있음을 확인할 수 있다. 이처럼 대학에서 원하는 인재의 구체적인 모습을 확인하고 싶다면 대학의 인재상을 검색하는 것보다 학생부종합전형 서류 평가 요소 및 평가 기준을 확인하는 것이 현명하다.

대학명	서류 평가 요소			
고려대	학업 역량		자기 계발 역량	공동체 역량
서강대	학업 역량		성장 가능성	공동체 역량
성균관대	학업 역량		개인 역량	잠재 역량
연세대	학업 역량		진로 역량	공동체 역량
한양대	비판적 사고 역량	창의적 사고 역량	자기주도 역량	소통 협업 역량

위는 몇 개 대학의 2024학년도 학생부종합전형 서류 평가 요소를 정리한 표이다. 대학별로 조금씩은 다른 요소를 갖고 있지만, 많은 부분에서 유사점도 갖고 있음을 확인할 수 있다. 이는 대학들이 공유하고 있는 인재의 모습이 존재한다는 것을 말한다. 수치화된 성적만으로는 알 수 없는, 대학에서 찾고 있는 역량이 무엇인지 엿볼 수 있는 지점이 여기에 있다.

서류 평가 요소 및 평가 기준에서 대학마다 등장하는 공통적인 용어들이 있다. 정량적으로 수치화된 '학업 성취도' 외에 '지적 호기심' '자기주도' '깊고 폭넓게' '탐구'가 그것이다. 이 용어들을 연결하면 학생 모집에서의 경쟁력을 갖추고 있는 대학들이 원하는 인재의 모습이 드러난다. 바로 지적 호기심을 갖고 자기주도적으로 깊고 폭넓게 탐구함으로써 지식을 쌓아가는 학생이다.

대학이 원하는 자기주도적 탐구 역량이란

2019년 대입 공정성 강화 방안에서 학생부종합전형과 논술 전형에 쏠림이 있는 대학으로 선정되었던 16개 대학에서는 전형 유형별 모집 인원에 큰 변화가 생겼다. 2021학년도 대입과 2025학년도 대입을 비교했을 때, 전형 유형별 모집 인원이 수능 전형은 29.5%에서 40.7%로, 학생부교과전형은 7.9%에서 11.0%로 늘었지만, 학생부종합전형은 46.3%에서 34.4%로 줄었다. 수치화된 성적을 활용한 학생 선발을 통해 공정성과 투명성 시비를 덜어내려는 것이었다. 대입 공정성 강화 방안에서는 수능 전형 40% 이상, 교과 성적 위주 선발 방식 10% 이상을 권고했고, 대학들은 권고를 지키는 선고까지만 전형 유형별 모집 인원 비율을 조정했다. 그리고 할 수 있는 한 최대한의 비율로 학생부종합전형을 유지했다. 그렇게까지 학생부종합전형을 유지한 이유는 어디에 있을까?

한 텔레비전 프로그램에서 구글 AI 개발팀 연구원에게 구글의 질문 문화에 대해 질문했다. 답은 다음과 같았다. "주어진 일을 해서 결과물을 내는 사람보다 끊임없이 질문하는 사람, 스스로 문제를 찾아 제시하는 사람이 더 인정을 받습니다. 인터뷰에서도 문제의 답을 말하느냐보다 과정을 많이 봅니다." 주어진 일에서 결과물을 내는 사람도 필요하지만 스스로 문제를 찾아 제시하는 사람이 더욱 필요하다는, 그래서 답보다는 그에 이르는 과정을 중요한 평가 기준으로 본다는 뜻이다. 대학들이 학생부종합전형을 통해서 선발하려는 인재가 어떤 사람인지 이 말에서 실마리를 찾을 수 있다.

학생부교과전형과 수능 전형을 통해 선발한 인재는 주어진 일을 맡아 결과물을 내는 인재다. 과제가 주어지면 정확하고 빠르게 완수해내는 사람들이 지금까지의 대한민국을 키우고 지켜왔다. 그리고 물론 앞으로도 그런 이들이 필요하다. 하지만 이제 새로운 인재도 절실하다. 4차 산업혁명의 시작, 혁신기업의 눈부신 성장, 챗GPT의 등장으로 새로운 변화에 적응은 물론이고 그 너머 새로운 변화를 선도할 인재가 필요하다. 문제를 찾아내어 지금까지 없던 새로운 질문을 던지고, 그 질문에 대한 답을 찾아가기 위해 방법을 강구하고 끈기 있게 매진하는 인재가 대한민국이 새로운 변화에 적응하고 선도할 수 있게 하는 존재다.

자기주도적 탐구 역량은 이러한 인재에게 드러나는 중요한 역량이다. 학교생활기록부는 교사가 관찰한 학생 개인의 활동에 대한 '사실' 기록이자, 이를 근거로 한 교사의 '평가' 기록이다. 대학은 학교생활기록부를 분석하여 학생의 자기주도적 탐구 역량을 확인하고 평가한다. 활동 결과는 대체로 발표, 보고서, 실험, 제작의 네 가지 형태로 표현되는데, 이때 내용과 결과뿐만 아니라 동기, 주제, 과정 등의 사실 기록과 교사의 평가 기록을 통해 자기주도적 탐구 역량이 드러난다.

지적 호기심을 가지고 질문하는 인재

끊임없이 질문하는 사람이 답을 찾아가는 '과정'은 자기주도적 탐구 활동에서 엿볼 수 있다. 그 이유는 수업 시간에 배운 내용에서 시작하는 개별적인 지적 호기심이 탐구의 동기가 되고, 호기심을 구체화한 질문이 탐구의 주제가 되고, 다양한 자료를 활용하여 깊고 폭넓게 탐구하는 과정이 답을 찾아가는 과정이기 때문이다. '공부한 내용을 바탕으로 갖게 된 지적 호기심을 구체화하여 주제를 설정하고, 적절한 자료를 활용하여 이를 주도적으로 깊고 폭넓게 탐구할 수 있는 역량'이 자기주도적 탐구 역량이다.

자발적이고 능동적인 자기주도적 탐구 활동은 학생 개인의 지적 호기심으로부터 시작한다. 그런데 학교에서 학생들과 지내다 보면 지적 호기심을 지닌 학생을 찾기 어렵다. 탐구 주제를 정하는 것이 시험 공부보다 어렵다고 호소하는 학생들이 많다. 수업을 하는 것이 자기주도적 탐구 활동을 지도하는 것보다 낫다고 말하는 교사들도 있다.

이언 레슬리의 『큐리어스(Curious)』에서는 다음과 같은 두 가지 시사점을 제공한다.

> 우리는 정보에 쉽게 접하는 것을 호기심을 발휘하는 것으로 착각하면서, 진정한 호기심에는 매우 많은 노력을 요하는 훈련과 연습이 필요하다는 사실을 잊는다.
> 많은 사람들은 호기심이 우리가 아는 것이 아무것도 없을 때 생기는 것이라고 생각하고, 따라서 호기심을 자극하려면 어느 정도의 지식이 필요하다는 사실을 무시한다. 하지만 완전히 모르는 분야에 대해서는 호기심을 느끼게 되지 않는 법이다.

지적 호기심을 발휘하기 위해서는 훈련과 연습이 필요하고, 호기심이 없어 보이는 것은 해당 주제에 대한 기초 지식이 없어서일 수도 있다는 것이다. 지적 호기심을 가진 학생이 적은 것은 그럴 만한 지식이 없거나 지적 호기심을 발휘한 경험이 없어서일 수도 있다는 말이다.

교사에게 하는 질문에서 학생의 학업 역량이 드러날 때가 종종 있다. 탐구 활동에서는 주제가 바로 그 질문의 역할을 한다. 고등학교 3학년 탐구 주제가 '미디어의 특징'인 학생과 '한국전쟁 당시 미디어의 역할'인 학생이 있다. 학업 역량 측면에서 어떤 학생에게 호감이 가느냐고 물었을 때 모두가 '한국전쟁 당시 미디어의 역할'을 주제로 탐구한 학생을 언급했다.

질문은 그 자체로 지식의 깊이와 양을 드러낸다. 그리고 지적 호기심의 방향도 드러낸다. '무엇'에 대한 질문으로 호기심이 시작된다면 '왜'와 '어떻게'를 통해 호기심을 심화한다. 그리고 다른 것과 연결되는 '연관성'에 대한 질문으로 호기심을 확장한다. 진정한 호기심을 발휘하기 위한 노력의 시작이 바로 질문이다. 이것은 무엇인지, 왜 그러한지, 어떻게 그렇게 되는지, 저것과는 어떤 관련이 있는지 등 수업 시간에 공부하며 갖게 된 구체적인 질문을 품고 답을 스스로 찾아가는 것이 자기주도적 탐구 역량을 키우는 방법이다.

'함께'에 대한 이해와 실천, 공동체 역량

대학이 원하는 인재가 지적 호기심이 강하고 자기주도적 탐구 역량이 있는 학생이라고 끝내기에는 석연찮다. 위의 서술로는 서류 평가 요소에 '학업 역량'만큼이나 공통적으로 자주 언급되는 '공동체 역량'을 설명할 수 없기 때문이다. 2022학년도 대입까지는 인성이라는 말로 폭넓게 사용되었던 평가 요소가 평가 항목의 재구성 과정을 거쳐 2023학년도부터는 '공동체 역량'으로 사용되고 있다.

인성이라는 용어에는 교육적 의미가 높지만 너무 넓은 영역을 포괄하며 추상적이고 측정이 어렵다는 특성이 있다. 사전적 의미로는 '사람의 성품'으로 규정되고, 학생부종합전형 평가 과정에서는 평가하기 어려운 '개인적 차원'의 의미가 많이 부각되고 있다는 점에서 인성이라는 용어를 폐기하기로 하였다.[1]

'인성이 좋다'라는 하나의 문장에서 떠올리는 구체적 심상은 사람마다 다르다. 누군가에게는 웃어른의 말에 순종하고 공경하는 모습이, 누군가에게는 순서를 양보하는 모습이 떠오른다. 일상적으로 '인성이 좋다'라는 말은 '착하다'라는 말과 같은 의미로 사용되고, 그래서 서류 평가 요소 중 하나인 '인성'을 '착한 학생'을 찾고자 하는 의도로 오해한다.

대학은 '착한' 학생을 원하는 것이 아니다. 도덕성이 필요하지 않다거나 그리 중요하지 않다는 뜻은 더더욱 아니다. 오히려 깊이 있는 이해를 바탕으로 한 실천을 원한다. 자신이 혼자가 아닌 공동체(학교, 학급, 동아리, 모둠 등)의 구성원이라는 이해를 바탕으로 공동체의 규칙을 준수하고, 소통을 통해 갈등을 해결하고, 협업을 통해 문제를 해결하고, 다른 구성원들에 대한 이해를 바탕으로 그들을 존중하고 배려하고, 나눔에서 오는 보람을 알고, 주인의식을 갖고 때로는 실천적인 리더의 역할을 맡을 수 있는 인재를 원한다. 혼자 사는 세상이 아니라 함께 더불어 사는 세상임을 이해하고 실천하는 인재를 원한다.

대학은 학교생활기록부가 평가의 중심이 되는 학생부종합전형을 통해 원하는 인재를 선발하려고 한다. 서류 평가 요소 및 평가 기준에서 공통적으로 나타나는 인재의 모습은 '공부한 내용을 바탕으로 갖게 된 지적 호기심을 구체화한 주제에 대해 적절한 자료를 활용하여 주도적으로 깊고 폭넓게 탐구할 수 있는 역량을 갖춘 학생'이며, '사회적 존재로서의 자신을 이해하고 실천하는, 공동체 역량을 갖춘 학생'이다.

자기주도적인 탐구 역량은 학습 내용 이해와 무관한 역량이 아니다. 학습 내용에 대한 이해를 기반으로 갖게 되는 지적 호기심이 탐구의 시작이 된다. 그리고 지적 호기심은 매우 많은 노력을 필요로 한다. 개념, 원인, 과정, 관계에 대해 스스로 질문을 던지고 질문에 답을 찾아가는 연습을 통해 지적 호기심을 심화·확장하는 과정이 자기주도적인 탐구 역량을 갖춘 인재로 성장할 수 있는 방법이다. 오늘 학습한 내용과 관련해서 아이는 어떤 질문을 가지고 있는가? 이에 대해 말하는 것이 그 방법의 첫 실천이다.

또한 공동체 역량을 갖춘 학생은 단순히 착한 학생이 아니다. 학교생활을 하며 경험했던 크고 작은 공동체에서 주인의식을 갖고 자신이 맡은 역할에 충실했던 학생이 공동체 역량을 갖춘 학생이다. 공동체에서 생겨나는 문제와 갈등의 일상성을 이해하고, 해결 과정에서 협업 역량과 소통 역량을 키워가는 학생이고, 공동체 속에서 배려와 나눔의 의미를 알아가며 성장하는 학생이다. 이때 자신이 맡은 역할의 크기와는 무관하다. 이 질문이 실천의 시작이다. 내가 속한 공동체(학교, 학급, 동아리, 모둠)의 비전은 무엇인가? 여기에서 나의 역할은 무엇인가?

---

1   「학생부종합전형 공통 평가요소 및 항목 개선 연구」, 건국대·경희대·연세대·중앙대·한국외국어대 공동 연구, 2022

대학 입시를 위한 한국사,
어디로 가고 있는가

양혜원 서울대학교 규장각한국학연구원 책임연구원

학생, "한국사는 왜 배우나요?"

"왜 이 강좌를 신청하였습니까?" 대학에서 한국사 관련 강의를 하면서 내 과목을 선택해 들어오는 학생들을 마주하면 첫 시간에 꼭 묻는다. 대개 이 질문에는 세 가지 정도의 모범 혹은 빈출 답안이 있다. 첫째는 역사에 관심이 있어서, 둘째는 여러 시험을 위해 들어두면 좋을 것 같아서, 셋째는 전공 과목을 우선 배정하고 남은 시간에 맞는 교양 강좌여서이다.

이에 간단한 한국사 상식에 대한 질문이 이어진다. "고려 혹은 조선은 몇 세기에 건국되었나요?" 개국이 정확히 몇 년이냐는 사뭇 난이도 높은(?) 문제는 내기를 포기한 지 조금 되었다. 그래도 이 정도면 이구동성으로 10세기요, 14세기요, 즉답할 것이라 생각하고 던진 질문이다. 그럼에도 물음 끝에 어색해하고 망설이는 침묵이 잠시 흐르고서야 두세 명의 입에서 겨우 답을 얻어낸 지도 몇 년 되었다. 이 지경쯤 되면 학생들과 소통하며 강의하고 싶다고 추가 질문을 던지는 것이 의미가 없다. 어째서인지 학생들은 역사가 시간의 흐름 위에 놓여 있는 학문이라는 사실조차 생각해본 적 없다는 듯, 시대나 왕조 따위를 기억하는 것이 무슨 의미가 있는가 하는 표정으로 강단 위의 나를 볼 뿐이다.

교사, "이런 내용은 왜 가르쳐야 하나요?"

간혹 중학교나 고등학교 역사 선생님들을 만나 대화할 기회가 생긴다. 이런저런 학교 이야기를 듣다 보면 자연스럽게 한국사 교과 내용의 과다함과 한정된 수업 시수, 학생들의 어휘력이나 배경지식 부족, 역사 용어 개념 설명의 어려움 등에 대한 성토가 줄줄이 이어진다. 특히 제한된 시간 안에 방대한 한국사 내용을 쏟아내듯 설명해야 하는 현실에 교사로서 회의감이 짙은 듯하다. 어느 시대, 구체적으로 몇 년, 사건의 세밀한 전개 과정, 각종 인물 정보와 유물 등, 그런 시시콜콜한 내용들까지 다 가르쳐야 하냐는 것이다.

고등학교의 경우 한국사 내신과 수능 난이도의 차가 크다 보니 학생들의 교과 성적 편차가 크게 벌어지는 경우가 생긴다고도 한다. 수능 한국사는 나중에 인터넷 강의나 평가 문제집 등으로 쉽게 따라갈 수 있다고 생각한단다. 때문에 내용이 많고 어려운 내신은 극도로 점수가 높은 소수와 중하위권을 깔아주는 다수로 양분된다는 것이다. 물론 한두 학교의 분위기를 전체로 일반화할 수 없을 것이다. 그러나 고교학점제가 도입된 마당에 필수 이수 과목인 한국사는 적은 시수 내에 쫓기듯이 가르쳐야 해서 새로운 수업 방식을 도입하거나 깊이 생각하고 토론할 수 있는 수업을 시도하기가 부담스럽다고 한다. 한국사라는 과목이 역사적 사고력 함양과는 먼, 오로지 사건의 나열과 암기의 과목으로 기억될까 우려하는 목소리가 높다.

학부모, "어떻게 공부시켜야 하나요?"

이런 일도 있었다. 지인의 고등학생 딸아이가 중간고사 3주 전에 한국사 시험 범위가 많은 것 같다며 조선시대사 전공자인 엄마에게 도움을 청했단다. 평소에는 찬바람 불던 새침한 딸이 웬일로 공부 계획도 함께 점검하고 시험 범위의 큰 흐름도 한 번 설명해달라는 기특한 소리를 하기에 기꺼이 승낙했단다. 그런데 시험 범위가 무려 선사시대부터 임진왜란까지임을 알게 되었다. 그이는 저렇게 긴 시기가 고등학교 1학년 1학기의 중간고사 시험 범위에 해당한다는 사실에 일 차로 당황했다. 더하여 교과서를 확인했더니 행마다 설명이 한 페이지씩은 필요한 사건과 개념들이 줄줄이 나열되어 있어 이 차로 당황했다고. 3주 만에 공부할 수 있는 양이 아니라며 난감해하는 엄마를 보더니 아이는 슬그머니 물러나며 자신이 알아서 하겠다고 했단다.

학생과 교사, 학부모의 위 이야기들은 연결되어 있다. 진도를 빼기 위해 많은 내용을 단기간에 전달해야 하는 상황에서 수업은 빠르게 진행되었고, 구석기부터 조선 중기까지가 중간고사 시험 범위가 되어버린 것이다. 저 아이는 한국사 시험 결과가 나오자 엄마가 한국사 전공자임을 주변에 비밀로 하는 것이 좋겠다고 했다나.

대학, "대체 아는 것이 뭔가요?"

대학에서 한국사 관련 강좌를 강의하면서 처음에는 학생들에게 기대하는 수준이 있었다. 대개 교양 과목으로서의 한국사는 대학에서 기초교양이므로 신입생의 신청률이 높다. 청운의 꿈을 안고 대학에 입학하여 또랑또랑한 눈으로 교실에 앉아 있는 새내기들을 마주하노라면 강의에도 열의가 생기게 마련이다. 초등학교 때부터 한국사 내용들을 접하고 중고등학교 교육과정에 한국사가 있으니, 그래도 신입생들이 고학번 학생들보다 기억하는 내용이 많지 않을까 싶었던 것이다. 그러나 앞서 보았듯 이 기대는 깨진 지 오래이다.

유적지나 박물관, 혹은 유명한 상위권 대학 캠퍼스에는 체험학습을 나온 초중고 학생들의 행렬이 끊이지 않는다. 박물관에는 벽에 기대어 유물 옆의 캡션을 읽고 베끼는 열정적인 학생들이 가득하다. 어려서부터 각종 역사적 체험과 문화적 경험을 충분히 해보게 하고 싶은 학부모의 열의도 느껴진다. 또 서점에 가보면 청소년을 위한 도서는 물론이고 유·아동용 도서까지 역사 학습을 위한 출간물이 넘쳐난다. 그런데 왜 대학에 입학한 학생들은 역사적 사실들에 대한 연대기적 사고는커녕, 고려와 조선의 건국 시기 같은 기본적인 사실조차 제대로 인지하지 못하고 있는가. 중학교, 고등학교에서 독립 교과로 연달아 배우는 한국사는 학생들에게 별다른 의미를 갖지 못하는 것인가.

그 원인을 학생들의 무능이나 무식 등으로 돌리는 것은 가당치 않다. 공교육의 테두리 속에서 차곡차곡 교육과정을 이수한 고교 졸업자들에게 문제가 있다면 그 모든 것은 온전하게 교육 시스템의 책임이다.

한국사 교육의 본질은 무엇인가

'문송하다(문과여서 죄송하다)'라는 농담을 가장한 진담이 아무렇지도 않게 사용되는 이 나라에서 한국사 교육은 왜 이루어져야 할까? 현재는 역사학을 비롯한 인문학이 실생활에 쓸모없는 학문으로 희화화되고 대학에서조차 관련 학과가 문을 닫을 정도로 인문학이 곤경에 처해 있다. 그러면서도 한쪽에서는 교양인이 갖추어야 할 지적 소양으로 인문학을 지목하며 관련 내용을 다루는 책이나 텔레비전 프로그램이 크게 유행한다. 이는 '짧은 시간 안에 심오한 지식을 얻기'를 바라는 대중에게 자본주의를 본령으로 하는 각종 매체가 '깊은 지식을 한두 시간에 압축적으로' 다루는 프로그램으로 호응하면서 이루어낸 얄팍한 시류처럼 보이기도 한다. 이러한 풍조를 '날강도 인문학 열풍'이라 명명하고 싶다. 애초에 짧은 시간에 도달할 수 있는 '깊은 인문학적 지식'이란 존재하지 않기 때문이다.

기실 인문학 교육은 그 연원부터 직업을 염두에 둔 실용적 교육과는 거리가 있다. 서양에서 인간 본연의 자유를 향유하고 이성을 계발하며 고차원의 학문 활동으로 진입하기 위한 모든 학문의 기본기로 가르치던 자유교육(liberal education)에서 비롯되었기 때문이다. 서양 중세대학의 자유교육이 근대 유럽 사회에서 부르주아 자녀들의 인문학적 교양을 함양하기 위한 교육과정으로 전개된 것도 그러한 맥락이다. 전공을 중심으로 한 대학 과정을 준비하기 위한 예비교육 과정으로 인문학적 교양교육이 시행되었던 것이다. 우리나라의 중등교육 과정에서 한국사 교육이 이루어지는 것 역시 역사의식 함양과 역사적 사고력 신장, 다양한 인간 사회에 대한 깊이 있는 성찰, 기록에 대한 비판적 사고력 배양 등과 같은 교육이 추구해야 할 본질적 목적을 달성하는 데에 기본적인 의미가 있을 것이다.

그러나 학교에서의 시험, 특히 대학 입시가 중등교육의 목적인 것처럼 인식되는 상황에서 한국사 교육은 그 방향을 잃었다. 역사적 맥락에서 배우고 가르치는 학습 내용들에 대해, 학교 현장에서 왜 이런 '자잘한 것'까지 배우고 가르치냐는 볼멘 원성이 나오는 까닭도 한국사 교육의 본질적 가치와 입시라는 현실적 문제가 충돌하면서 나타나는 현상의 하나로 볼 수 있다. 교과서 내용이 입시와 직결되는 이상 수능에서 출제되는 문제 유형은 학교에서 문항 출제의 표준이 되고, 교사의 수업이나 학생의 학습에서 내용 요소를 빠뜨려서는 안 된다는 부담감이 크게 작용할 것이기 때문이다.

저난도 단순 암기의 한국사 교육이 가진 문제점

한국사 교육을 강화하면서 한국사 교육의 문제점이 더욱 돌출되었다. 교육계는 대입 수능 시험에서 한국사가 선택 과목으로 변경된 2005학년도 이후 한국사를 선택하는 학생들의 비율이 지속적으로 하락하는 현상을 경험한 바 있다. 이 시기 수능에서 한국사 응시율의 추락이 가져온 역사 교육 부재와 자국사에 대한 학생들의 무지는 대학 강단에서 지속적으로 경험한 현실이기도 하다. 결국 이는 수능 한국사 필수화 주장이 제기되는 강력한 배경으로 작용하였다. 2013년에 역사 교육을 강화한다는 방침이 세워진 이래 한국사는 2017학년도 수능 시험부터 필수 과목이 된 것이다.

특히 수능 한국사 필수화를 진행하면서 한국사 교육 강화라는 목적을 달성하는 동시에 역사 교육 현장에 활력을 부여하기 위한 방안으로 절대평가 방식이 도입되고 난이도가 조정되었다. 당시 한국교육과정평가원에서 배포한 교사 연수 자료에서 밝힌 2017 수능 한국사 출제 방침은 다음과 같다.

① 한국사 교육과정의 내용과 수준에 맞추어 학교에서 학습한 지식 평가
② 한국사의 핵심 내용을 중심으로 평이하게 출제
③ 단원·시대별로 편중되지 않게 고르게 출제
④ 단원 통합적인 문항도 출제 가능
⑤ 교육과정상 중요한 내용은 이미 출제되었더라도 재출제 가능
⑥ EBS 교재와의 연계 : 종전과 동일한 연계 비율 유지

위와 같은 출제 방향은 최근까지 유지되고 있다. 한국교육과정평가원에서 내놓은 「2022학년도 대학수학능력시험 Q&A 자료집」에서 '한국사 영역은 2009 개정 교육과정(교육과학기술부 고시 제2012-14호)의 내용과 수준에 맞추어 한국사 기본 지식의 이해 정도와 역사적 사고력을 종합적으로 측정할 수 있도록 출제'되며 '특정 단원이나 시대에 편중되지 않게 교육과정에 제시된 한국사의 핵심 내용을 중심으로 평이하게 출제'된다고 하였다. 또 2022학년도 수능 시험 직후 교육부에서 밝힌 한국사 출제 방향에서 '고등학교 졸업자로서 갖추어야 할 한국사 기본 지식의 이해 정도와 역사적 사고력을 종합적으로 평가하는 문항을 출제'하되 '핵심적이고 중요한 내용을 중심으로 평이하게 출제'하고 '단원·시대별로 편중되지 않고 고르게 교육과정의 핵심 내용 위주로 출제하여 학교 수업을 통해 교육과정을 충실히 이수한 학생이라면 높은 등급을 받을 수 있도록 출제'

하였다고 밝힌 것으로 확인할 수 있다.

얼핏 보면 절대평가와 출제 방향의 의도가 바람직하다 할 수도 있겠으나 시험 이후 제기된 반응은 비판을 넘어 냉소적이었다. 수능 한국사 필수화에 대한 학교 현장의 인식을 조사한 연구에 의하면, 수능 필수화 이후 한국사 문제가 기본적인 역사 지식의 확인에 그치는 등 지나치게 쉽게 출제된다는 지적이 많다. 이러한 출제 경향은 학생들에게 수능 한국사가 매우 쉬운 영역으로 인식되도록 하면서 한국사 공부의 필요성을 잃게 만든다. 특히 수능 문제가 역사적 사고력을 종합적으로 평가하지 못하는 단순 암기 문항, 혹은 간단하게 정답을 도출할 수 있는 쉬운 문항으로 구성되어 있다는 비판이 많다는 것도 눈여겨볼 지점이다.

2021학년도 수능 시험 한국사 영역에서 배점이 가장 높은 3점짜리 문항 중 하나가 그 예다. 사냥 등에 쓰인 유물을 찾으라는 질문에 보기를 제시한 문제였다.

뗀석기를 찾으라는 문제인데 정답인 주먹도끼를 제외하면 비파형 동검, 덩이쇠, 앙부일구, 상평통보 등이 제시되어 있을 뿐, 다른 석기가 없다. 이 문항은 한국사 지식이 없어도 풀 만큼 쉬운 문제지만 고배점 문항으로 출제되었으며, 시험 직후 가채점 결과 예상 정답률이 98%에 이르기도 했다.

수능 필수 한국사가 치러진 지 7년이 지난 지금 수능 한국사에 대해 '암기를 조장하는 평가'라거나 '부끄러울 정도로 쉬운 수준의 문항' '초등학생도 풀 수 있는 수준'이어서 '교사로서 허탈감이 든다'는 비판과 자조가 나온다. 역사 교육 강화와 사교육비 부담 경감이라는 목적을 동시에 추구하기 위해 역사적 사고력을 기르는 평가와 거리가 먼 저난도 평가를 선택한 지금의 방식은 악화가 양화를 구축하는 꼴인 것이다. 오죽하면 문제가 너무 쉬운 나머지 어떤 수능 응시생은 '문제를 풀다가 웃음이 나왔다'고 하고 한 고등학교 한국사 교사는 '역사 자체를 조롱하는 느낌'이라며 불쾌함을 토로했을까.

수능 문항의 난이도가 낮기 때문에 수능 대비와 내신 지필 평가 대비를 따로 하게 되는 학습 이원화가 발생하기도 한다. 결과적으로 수능 한국사가 초저난도의 단순 암기 과목이라는 인식이 강해지면서 학생들은 열심히 공부할 필요가 없다고 느끼고, 깊이 공부하지 않으므로 문제 난이도가 조금만 올라가도 등급이 확 떨어지는 쏠림 현상이 심해졌다는 것이 현장의 평가이다.

교재 아닌 교재, 교과서

그럼에도 수능 한국사 필수화로 기본적인 지식은 습득한다는 면에서, 또 기본만 알면 되므로 학습 부담이 적어졌다는 면에서 긍정적으로 평가할 부분이 있을 수 있다. 그렇다면 학교 현장에서는 어떤 내용을 '기본 지식'이라고 인식할까?

어느 해인가 수능 성적 전국 1등 학생이 "교과서로만 공부했어요"라고 인터뷰한 것처럼, 교과서 수록 내용을 완벽히 소화하는 것은 입시 준비의 정석처럼 여겨진다. 그러나 한국사는 상황이 조금 다른 듯하다. 가르쳐야 할 교육과정을 구조화한 교과서는 단어나 문장이 어려운 것은 물론, 내용이 과다하여 6단위의 시수 내에 진도를 끝내기 어렵다는 지적이다.

한 권의 교과서에 전근대사와 근현대사를 모두 수록하면서, 선사~조선후기, 근대, 일제강점기, 현대사의 네 부분으로 구성된 체계를 갖게 되었다. 목차만 일람하더라도 내용은 과다하고 시대 분배가 고르지 못하다는 인상이다. 앞서 어떤 고등학교의 1학기 중간고사 범위가 선사부터 양란까지였다는 것은 이러한 교과서 체제하에서 이루어진 상황일 것이다.

수능 한국사가 절대평가화되고 난이도가 낮아져 기본적인 지식만 습득하면 된다고 한들, 과다한 내용과 적은 시수 때문에 새로운 수업 방식을 시도할 여지는 매우 적다. 주어진 시간 안에 진도를 마치기도 버겁기 때문에 교과서 대신 교사가 따로 준비한 학습지를 사용하거나, 수능 연계 교재인 『EBS 수능특강』으로 진도를 나가는 경우도 있다고 한다.

이상의 상황을 고려했을 때 한국사를 수능 필수 과목화한 결과로 대학 신입생들에게 기대할 수 있는 역사 교육 성과는 저난도의 단순 암기 지식 정도라고 할 수 있을 것이다. 대학에 들어온 학생들이 우리나라 전근대 왕조의 흐름에 대한 개념조차 제대로 갖고 있지 않던 기존에 비한다면 두세 명이라도 대답하는 지금이 그나마 나으니, 한국사 교육의 강화라는 정책 목적에 부합하게 된 것이라고 보아야 할까.

역사학, 파편화된 지식의 맥락 있는 연결

대학에 입학한 후 이루어지는 각종 교양과 전공 공부는 대입 이전의 교육 및 학습과는 궤를 달리한다. 기본적인 지식만 외우면 통과하는 선다형 입시 문제 풀이와는 다른 공부 방식이 필요하다. 즉, 기초적 개념은 암기하되 이를 토대로 고차원적 이해와 사고 능력을 동원해야 하는 경우가 대부분이다.

요즘 대학생들은 학점에 매우 민감하다. 그러나 쉬운 수능 한국사에 맞춰진 학생들은 대학에 와서 역사 인식을 확장하는 데 많은 어려움을 겪는다. 역사 관련 과목들의 경우 시험이나 과제가 모두 문장으로 서술해야 하는 논술 형태로 부여되는데, 이를 마치 입시용 참고서처럼 키워드 암기식으로 작성하여 제출한다면 좋은 학점을 얻기 힘든 것이다. 논리적 사고를 바탕으로 자신의 논지를 정합적으로 개진해가는 글쓰기는 하루아침에 완성되는 것이 아니다. 고학번 수강생이 섞인 강좌에서 낮은 점수 그룹에 일학년 새내기들이 많은 까닭이기도 하다. 간혹 좋은 점수를 받지 못한 학생들이 수업 내용을 충실히 암기하여 시험에 임했고 보고서도 기한에 맞추어 제출하였는데 점수가 왜 그토록 낮냐며 항의하기도 한다. 어떤 역사적 사건에 대해 두 가지 해석이 있다고 알려주면 그래서 어느 쪽이 맞냐고, 시험에 나오면 무엇을 써야 하냐고 묻는 학생도 있다. 이런 경우를 마주하면 한국사 교육이 대체 어디서부터 잘못된 것인가를 생각하지 않을 수 없다.

수능 문항에 익숙한 학생들이 한국사 이해에 대해 종종 오해하는 것 중 하나는 단순 암기가 학습의 완성이라고 여긴다는 점이다. 역사를 이해한다는 것은 수업과 참고자료 등에서 접하는 파편화된 정보들을 낱낱이 기억하는 단순 암기가 아니다. 역사적 배경과 인과관계의 맥락 위에서 정보들을 연결하고 나름의 의미를 부여하는 사고 과정이 필수적이다. 다른 사람의 역사 해석을 읽는다 하더라도 위와 같은 사고를 수반하지 않는다면 제대로 된 이해란 요원하다.

또한 현재의 입장에서 흑백논리로 도덕적 판단을 내리려 하는 경우도 잦다. 역사적 해석은 도덕적 옳고 그름을 판단하는 것이 목적이 아니다. 역사적 사건이나 인물을 역사적 사고를 통해 읽어낸다는 것은 도덕적 평가를 넘어 당대의 사회·정치·경제적 구조와 맥락을 비판적으로 바라보며 자신의 관점을 형성하는 과정에 초점이 있는 것이다.

단순 암기가 아닌 이해와 통찰의 역사학

우리나라의 유명 대학 출신이면서 그 대학의 역사학 교수를 역임한 A 선생님께 들은 이야기다. 그분은 학계에서 꼼꼼하고 빈틈없는 논증과 글쓰기로 정평이 나 있었는데, 일 때문에 고향에 갔다가 모교를 방문했다고 한다. 지방 고등학교 출신이면서 유명 대학에 진학하고 심지어 그 학교 교수가 된 선배가 방문하자 학교에서 크게 반겼음은 물론이다. 방문일이 마침 중간고사 기간이었는데 한국사를 보는 날이었다고 한다. 이에 모교 방문을 기념하자는 은사님들과 후배들의 반 장난, 반 권유로 A선생님은 학생들과 함께 한국사 시험을 치르게 되었다. 결과가 어땠을까? 당연히 백 점 혹은 고득점을 받을 거라는 사람들의 기대와 달리, 50점도 얻지 못했단다. 얼마나 민망하던지 그런 망신이 없었다는데, 그보다 더 당황스러운 것은 시험이 너무나도 어렵더란다. 아무리 전공 시대가 아니라지만 그래도 자신이 한국사 연구자인데, 시험 내용이 어찌나 세세한지 풀지 못해 곤혹스러웠다고 한다.

웃자고 한 이야기인데 실상 위 A선생님을 능력 없는 학자라고 비웃을 수 있는 사람은 아무도 없다. 그분은 논문과 저서로 깊이 있는 통찰과 식견을 보여주는 학자이기 때문이다. 더구나 손에 든 스마트폰으로 몇 자만 두드리면 정확한 지식정보를 알아낼 수 있는 시대에 연대와 역사 용어와 인명, 지명, 서명 등 파편화된 잡다한 지식의 단순 암기는 큰 의미를 갖기 어려울 터이다. 인터넷 검색창에서 찾아볼 수 있는 단편적인 정보는 역사적 사고에 있어 도움이 되기는 하나 결정적인 요소라고 하기 어렵다. 어떤 역사적 사건을 이해하려 할 때 그것을 당대의 맥락에서 바라볼 수 있는가, 해당 사회 구조 위에서 사고할 수 있는가, 주어진 정보를 비판적으로 해석할 수 있는가가 훨씬 중요하다.

바람직한 한국사 교육을 위하여

현재와 같은 대학 입시제도 아래 학교 현장에서 한국사 교육을 통해 무엇을 도모할 수 있을 것인가. 사교육비 경감을 위해 초등학생도 풀 수 있을 정도로 수능 한국사를 쉽게 출제하는 것이 '수학능력'을 측정하는 시험에 적합한 방식인지 의문이다. 그렇다면 사교육비 부담의 주범인 국어나 수학, 한국사처럼 절대평가인 영어는 왜 더욱 쉽게 출제하지 않는가? 애초에 초저난이도 문항 출제가 바람직한 방향이 아님을 이미 다 알고 있는 것이다.

입시 실패가 인생의 실패로 여겨지는 비틀어진 사회 구조 아래 한두 가지를 바꾼다고 현실이 바뀌지는 않을 것이다. 그러나 본말이 전도되는 상황을 개선하려는 노력은 필요하다. 학교 교육과 입시가 밀접하게 연결된 상태에서 역사적 사고력과 깊은 통찰력을 기를 수 있도록 다양한 수업 방식을 시도하며 한국사를 교육하는 것은 교사 혼자 개인기로 돌파할 수 있는 문제가 아니다. 그렇다고 섣불리 한국사를 선택 과목으로 회귀시키거나 수능 문제 난이도를 상향시키거나 하는 단순한 방법으로 해결할 수도 없다. 비판이 일면 다음 해 입시정책을 조정하는 식의 미봉책으로 언제까지 파행의 교육을 이어갈 것인가.

짧은 시간 안에 깊은 지식을 얻으려는 것은 가능하지도 않지만, 날강도 심보이다. 교육도 마찬가지다. 역사적 사고력 신장과 다양한 인간 사회의 현상에 대한 통찰력을 획득한다는 한국사 교육의 본질적 목적과 기능을 충분히 달성하기 위해서는 교재와 수업 방식, 평가 방식이 다양하게 고려되어야 한다. 입시 자체가 한국사 교육의 목적이 되어서는 안 되고 중고등학교 교육의 결과로 입시가 가능한 방식이어야 한다. 이를 위해 학계에서는 역사 교육에 대해 다양하고 상세한 연구와 조사에 착수해야 하며 이에 대한 현장의 피드백을 충실히 수용하는 과정을 밟아야 한다.

지난하고 오래 걸리는 방법인가? 입시를 넘어 한 세대의 사고와 통찰을 심화하는 바람직한 교육 방식을 연구하는 시간을 지난하다고 평가한다면 이미 날강도 심보다. 한국사가 수능 필수화되어 치러진 지난 7년 동안 무엇인가 도모했다면 벌써 결과가 나와 시행 중일 것이다. 수능 한국사 고배점 문제가 지나치게 쉬워 인터넷 유머 게시판에 오르는 나라에서 학생들에게 심도 있는 역사적 사고력을 기대하는 것이 어불성설이다. 대입 방식이 학교 수업 방식에 지대한 영향을 주는 만큼 역사학계의 비판이나 역사 교육학계의 내적 성찰의 목소리에 진지하게 귀 기울여야 한다.

참고자료

「2021학년도 대학수학능력시험 한국사 영역 문제지」, 교육부

「2022학년도 대학수학능력시험 영역별 출제 방향」, 2022학년도 대학수학능력시험 출제본부, 교육부, 2021.11.18

「2017학년도 수능 한국사 필수화에 따른 교사 연수자료」, 한국교육과정평가원, 2014

「2022학년도 대학수학능력시험 Q&A 자료집」, 한국교육과정평가원, 2021

「AI시대 역사학, 컴퓨터 역사학」, 김기봉, 『사림』 76, 수선사학회, 2021

「대학수학능력평가 한국사 시험의 문제점과 개선방안」, 김보림, 『역사교육논집』 82, 역사교육학회, 2023

「대학 교양 "한국사"의 역사와 현실-시기별 담론 분석을 중심으로」, 김지형, 『교양교육연구』 9(4), 한국교양교육학회, 2015

「대학 신입생의 수능 필수 "한국사" 경험과 "사고와 표현" 교육의 상관성」, 김지형, 『사고와 표현』 11-3(통권25), 한국사고와표현학회, 2018

「학생들의 역사 이해를 이해하기 : 국외에서의 경험 연구와 역사교육에의 함의」, 김진아, 『역사와 현실』 125, 한국역사연구회, 2022

「한국 대학의 한국사 교양교육과 역사학」, 윤해동, 『교양교육연구』 16(1), 한국교양교육학회, 2022

「대학수학능력시험 〈한국사〉 필수화에 대한 역사교사의 인식과 교수·학습의 변화」, 정은경·박현숙, 『교사교육연구』 58(2), 부산대학교 과학교육연구소, 2019

AI 시대,
대학이 원하는 인재

심창용 경인교육대학교 영어교육과 교수

한국 대학의 인재상은 무엇인가

대학의 생존과 발전은 학생에 달려 있다. 대학의 존재 가치는 학생들이 대학에서 공부한 것을 바탕으로 사회에서 자신의 역량을 발휘함으로써 증명된다. 또한 '시대가 바뀌면 인재상도 변한다'는 말은 시대의 변화에 따라 인재상도 계속해서 변화한다는 것을 의미한다. 그럼에도 학령인구 감소 등 다양한 이유로 인해 대학이 추구하는 인재상을 특정하기란 쉽지 않다. 역설적으로 사회가 항상 추구하고 요구하던 인재상을 고려한다면 어느 정도의 기준을 정할 수 있다. 이에 우리나라 대학들이 원하는 인재상과 해외 대학이 원하는 인재상, 그리고 우리 사회가 원하는 인재상을 살펴보고 그 시사점을 찾고자 한다.

우선 한국 대학들이 원하는 인재상은 시대의 변화에 따라 지속적으로 변하고 있다. 성실하고 우수한 인재를 모집하고자 하는 것은 모든 대학의 공통적인 목표이다. 이를 기본으로 시대적인 요구에 부합하는, 혹은 각 대학의 설립 목적이나 지향에 적합한 인재상을 설정하고 있다. 글로벌 시대에 적합한 글로벌 인재, 다양한 문제를 다각도의 관점에서 바라보고 해결해나가는 융합 인재, 기존의 체제에 안주하지 않는 혁신 인재, 소통과 협력 역량과 리더십을 갖춘 인재 등이 그것이다. 서울대, 연세대, 고려대의 인재상을 살펴보면 이를 쉽게 이해할 수 있다.

서울대는 '미래를 개척하고 인류 사회에 공헌할 수 있는 글로벌 융합인재'를 인재상으로 하고 있고, 삶의 핵심적 주제에 대한 학제적 탐구, 비판적이고 창의적인 사고와 심층적 토론을 통한 협력적 실천 능력 배양을 기르고자 한다. 동시에 지성과 품성을 겸비한 리더, '더불어 삶'을 실천하는 전인적 미래형 인재, 리더십과 포용력을 갖춘 인재를 양성하고자 한다고 밝혔다.

연세대는 '도전과 선도, 창의와 혁신, 공존과 헌신의 덕목을 갖춘 공동체 정신을 지닌 혁신적 리더'를 인재상으로 하고 한다. 여기에 창조적 상상력, 도전적 지식 탐구, 융합적 사고력, 소통과 협업, 섬김과 기여, 시민 참여의식을 핵심 역량으로 설정했다.

고려대는 '사람 중심의 창의 인재'를 상위 인재상으로, '공유가치를 만드는 공감형 인재' '기본에 충실한 창의융합형 인재' '세계와 소통하는 도전형 인재'를 하위 범주로 하고 있다. 그에 따라 지덕체를 겸비한 인격, 비판적 탐구와 창의적 실천 능력, 봉사하고 책임지는 민주시민 의식, 공선사후의 애국애족적 지도력, 국제적 이해와 교류 능력을 인재상으로 삼는다.

대학별 인재상이 서로 비슷한 듯하면서도 다르다 보니 단순하게 비교해보기는 쉽지 않으나 인재상 키워드 분석을 통해 어느 정도 윤곽을 그려볼 수 있다. 〈한국대학신문〉이 조사한 결과에 따르면 국내 171개 대학에서 가장 많이 사용한 인재상 키워드는 창의, 전문, 글로벌, 융합·통섭·융복합, 인성으로 나타났다. 많은 대학이 공통적으로 추구하는 인재의 요소에 해당한다. 이 외에 인재상에 나타난 기타 키워드는 아래 표와 같다.

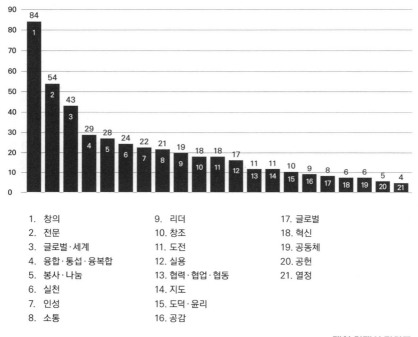

1. 창의
2. 전문
3. 글로벌·세계
4. 융합·통섭·융복합
5. 봉사·나눔
6. 실천
7. 인성
8. 소통
9. 리더
10. 창조
11. 도전
12. 실용
13. 협력·협업·협동
14. 지도
15. 도덕·윤리
16. 공감
17. 글로벌
18. 혁신
19. 공동체
20. 공헌
21. 열정

대학 인재상 키워드

여기에서 중요한 것은 대학이 원하는 인재상은 학생 선발 기준이 아니라 각 대학이 학생을 교육시키는 목표라는 것이다. 다시 말해 대학은 이러한 역량을 갖춘 학생을 선발하는 것이 아니라 갖출 수 있는 학생을 선발하고자 한다.

미국 아이비리그 대학이 원하는 인재

아이비리그 대학은 인재상을 명시하지는 않는다. 다만 학생 선발 기준이나 대학 홈페이지 등에 나타난 인재상을 살펴보면 소통과 협업, 봉사, 논리적 사고력, 창의력, 문제 해결력, 시간 관리 능력 등을 중시하는 것으로 보인다. 이러한 능력을 확인할 방법으로 서류 전형과 면접, 현장 실사 등을 활용한다.

아이비리그 대학에서 학생 선발시 요구하는 자료는 일반적으로 우수한 GPA와 SAT 성적이 기본이다. 그러나 핵심은 아니다. 핵심이라고 할 수 있는 것은 추천서, 자기소개서, 비교과 활동이다. 추천서는 일반적으로 추천인과 학생의 관계, 학내외의 학업 수행 정도와 학습 동기, 교우 관계, 성격, 대학수학능력 등에 대한 정보를 입학사정관에게 제공한다. 추천서 내용은 학생이 볼 수 없기 때문에 학생에 대한 추천인의 솔직한 평가가 담긴다. 따라서 평상시 교사나 비교과 활동 지도자, 친구들과의 관계가 중요하다.

자기소개서는 자신에게 의미 있는 주제를 선택하여 성찰적이면서도 사려 깊은 내용을 담아내야 한다. 특별한 상 등을 받았다는 것은 중요하지 않으며, 어떠한 활동을 계획하고 준비하는 과정, 진행하는 과정, 활동을 마무리하는 과정, 후속 활동과 자기 성찰 등에 대한 진솔한 내용이 담기면 된다. 비교과 활동이란 교과 수업 이외의 모든 활동을 통칭하며 전공에 따라 어떠한 활동을 하였는가를 볼 수도 있으나, 수행한 비교과 활동에 대한 학생의 열정과 진정성, 헌신 정도를 중요한 판단 기준으로 한다.

이러한 자료를 통해서 분석적 사고력, 창의성, 실질적인 문제 해결 능력, 새로운 아이디어 창출 능력, 다양한 시각, 협동심, 봉사심, 배려심과 조직적·체계적 작업 역량 등을 파악하고, 면접과 현장 실사 등을 통해 확인한 후 선발한다.

기업이 원하는 인재상은 무엇인가

대학의 인재상은 학생을 육성할 목표를 설정하는 것이라 할 수 있다. 이와 달리 기업은 선발할 인재를 규정한다는 점에서 차이가 있다.

우리나라 기업이 원하는 인재상도 시대에 따라 변화한다. 대한상공회의소가 조사한 '100대 기업이 원하는 인재상'(2023)에 따르면 기업들은 책임의식(67%), 도전정신(66%), 소통과 협력(64%)을 갖춘 인재를 선호하고 있다. 이어 창의성(54%), 원칙·신뢰(53%), 전문성(45%), 열정(44%), 글로벌 역량(26%), 실행력(23%), 사회공헌(14%) 순이었다. 조사 시기별 변화로 보면 책임의식은 2008년 8위에서 1위로 부상했고 소통과 협력은 2008년 5위에서 2023년 3위로 올라섰다. 그리고 도전정신은 꾸준하게 5위권 이상을 점유하고 있다. 반면 창의성은 2008년 1위에서 2023년 4위로 낮아졌고, 전문성은 2008년 2위에서 2023년 6위로 낮아졌다. 열정, 글로벌 역량과 실행력은 하위권을 차지하고 있고, 사회공헌은 2023년 처음 등장했다.

기업의 인재상 범주 10개에 속하는 키워드는 다음과 같다.

범주	키워드
책임의식	책임감, 성실성, 사명감, 고객 중심, 고객 만족 등
도전정신	개척, 모험, 과감한 시도, 위험 감수, 변화 선도 등
소통·협력	동료애, 공동체 의식, 팀워크, 대인관계, 시너지, 협업, 배려 등
창의성	상상, 인식 전환, 독창성, 가치 창출, 혁신, 창조적 사고 등
원칙·신뢰	인간미, 도덕성, 정직, 무결점, 공정, 기본, 존중, 정도 등
전문성	최고, 자기계발, 전문가, 현장 지식, 프로, 실력, 탁월, 경쟁력 등
열정	승부 근성, 체력, 건강, 자신감, 진취 등
글로벌 역량	열린 사고, 국제적 소양, 어학 능력, 미래, 유연한 사고 등
실행력	신속한 의사 결정, 리더십, 추진력, 실천, 성과 등
사회공헌	사회적 책임, 사회 발전, 사회적 가치, 사회적 신뢰, 봉사, 상생, 사회적 역할 등

기업의 인재상 범주

기업은 인재상이 변화한 이유에 대해 '새로운 세대 유입 등으로 인재의 특징이 변해서'(64.9%, 복수 응답) '급변하는 경영 환경 변화에 대응하기 위해서'(32.9%) '인재 채용 트렌드가 바뀌고 있어서'(27.7%) '인재 운영 전략이 바뀌어서'(13.9%) '신사업 등 경영 전략이 변해서'(11.3%) 등으로 응답한 것으로 나타났다. 또한 인재상 변화 결과에 대해 "기업은 인력의 핵심으로 떠오르는 Z세대 요구에 맞게 수평적 조직, 공정한 보상, 불합리한 관행 제거 등 노력을 하는 한편, Z세대에도 그에 상응하는 조직과 업무에 대한 책임의식을 요구하는 것" "직무중심 채용과 수시채용 확산으로 대졸 취업자들의 직무 관련 경험과 지식이 상향 평준화됐고, 이들이 일정 수준 이상 전문성을 갖추고 지원해 인재상으로 강조할 필요성이 낮아진 것"이라고 해석하고 있다.

여기에서 유의해야 할 것은 상위권 범주는 중요하고 하위권 범주는 덜 중요한 게 아니라는 점이다. 상위권 범주는 부족하다고 판단하기 때문에 그 필요성을 강조한 것이고, 하위권 범주는 지원자 모두가 갖추고 있는 역량이라고 짐작하여 이를 강조할 필요성이 없기 때문에 순위가 낮은 것이다.

나는 무엇을 해야 할까?

우리나라 대학의 인재상과 선발 기준, 아이비리그 대학의 선발 기준, 기업의 인재상(선발 기준)을 보면 유사하면서도 서로 차이가 있다. 대학의 학생 선발 기준은 학교 성적으로 판단되는 성실성과 학업 능력, 학교생활기록부에 나타난 자기주도성과 발전 가능성, 비교과 활동을 중심으로 한 다양한 경험과 배려심, 공동체 의식 등이다. 우리나라 대학과 아이비리그 대학은 본질적으로 선발하고자 하는 학생에 대한 판단 기준이 동일하다. 다만 대학 입시에서 자기소개서 사용이 금지되면서 학교생활기록부를 중심으로 판단하느냐 아니면 자기소개서, 추천서 등을 중심으로 판단하느냐의 차이로 이해할 수 있다.

대학의 인재상이나 기업의 인재상에 대한 키워드 범주는 유사하다. 다만 우선순위가 다를 뿐이고, 우선순위가 낮은 것은 이미 갖추고 있다고 판단하는 것이다. 대학의 인재상은 창의, 전문, 글로벌, 융합·통성·융복합, 인성 등을 키워드로 하고 있고, 기업은 책임의식, 도전정신, 소통·협력, 창의성, 원칙·신뢰, 전문성, 열정, 글로벌 역량 등을 키워드로 한다. 각각 교육 목표와 선발 기준이라는 점에서 차이가 생기며, 교육 목표에서 중요한 요소는 기업 지원자들이 대부분 갖추고 있다는 점에서 상대적 중요성이 낮은 경향을 보인다.

지금까지의 논의는 '나를 중심으로 한 글'과 '상대방을 중심으로 한 글'의 차이와 유사하다. 나를 중심으로 한 글은 내가 무엇을 얼마나 알고 있는지를 논리적으로 전달하는 글이고, 상대방 중심의 글은 상대방이 알고 싶은 것이 무엇인지를 파악하고 자신의 의견이 상대방에게 어떻게 도움이 되는지, 얼마나 도움이 되는지를 설득하는 글이다. 논문이나 대학 논술고사가 나 중심의 글이라면, 환경 문제 해결에 대한 발표문은 상대방 중심의 글이다. 글의 목적이 다르면 그 내용과 전개 방식도 달라야 한다. 과도하게 일반화한다면 '나를 중심으로 한 글'은 대학용(입시)이고 '상대방을 중심으로 한 글'은 기업용(입사)이다.

이 상황에서 당연하게 떠오르는 질문은 '그럼 난 뭘 해야 하지?'일 것이다. 대학 진학 혹은 취업을 목표로 하는 경우 무엇을 해야 할 것인가? 선발 기준 혹은 인재상의 요소들을 언제 다 갖출 것인가? 어떻게 해야 갖출 수 있을 것인가? 이에 대한 답변은 상투적이고 진부할 수밖에 없다.

자기 자신을 이해하고, 장단점을 파악하여 장점은 극대화하고 단점은 보완해야 한다. 특히 자신이 어떠한 삶을 살아갈 것인가, 어떠한 직업을 가지고 살아갈 것인가에 대한 목표 의식이 있어야 한다. 교과 공부와 비교과 활동 등은 이 목표에 다가가기 위한 과정의 일부일 뿐이다. 목표 의식이 결여된 맹목적인 공부로는 창의성이나 개성 등을 갖출 수 없다. 남에게 잘 보이려 하기보다 진정 자신이 원하는 것을 추구하는 학생, 어떤 사안을 무조건적으로 수용하기보다는 전체를 통찰하고 단점을 개선하기 위해 노력하는 학생, 열정을 가지고 자신만의 시각과 방식으로 연구하고 노력하는 학생, 주변 사람과 원만하게 소통하며 남을 배려하고 도와주는 학생, 모둠활동에 적극 참여하고 공동의 목표를 달성하기 위해 협동하는 학생 등 이미 우리에게 잘 알려져 있는 가치를 가진 학생을 대학은 원한다.

대학원생들에게 반드시 하는 질문이 있다. "정말 하고자 하는 것이 무엇인가?" 대학원생으로서가 아닌 교사로서 하고 싶은 것이 무엇인지를 묻는 것이고, 자신이 하고 싶은 것을 하고 그 결과를 정리한 것이 진정 의미 있는 논문이다. 남에게 보여주기 위해서가 아니라 자신이 하고 싶은 것을 위해서 노력한다면 스스로에게도 보람 있고 유익한 경험이 될 뿐만 아니라 원하는 결과를 얻게 될 것이다.

참고자료

「일 잘하는 사람은 단순하게 합니다」, 박소연, 더퀘스트, 2019

「100대 기업이 원하는 인재상」, 대한상공회의소, 2023

"[데이터로 본 대학] 대학가 인재상 키워드는 창의·글로벌·융합", 〈한국대학신문〉, 2019.4.22

특별
기고

현장 교사로부터의 Bottom-Up 교육정책 제안

현장교사정책연구회(전 현장 교사 정책 TF팀)

2023년 7월, 서이초 사건을 계기로 교육 현장의 참담한 실태를 개선하기 위해 한 교사가 '학교 현장을 바꾸기 위한 정책 TF팀을 모집합니다'라는 글을 초등교사 커뮤니티 인디스쿨 게시판에 올렸다. 이틀 만에 약 80명의 교사들이 자발적으로 모여 '현장 교사 정책 태스크포스(이하 현장 교사 정책 TF)'를 구성했다. 4개의 정책 TF분과팀(아동학대, 문제행동 매뉴얼, 민원 처리, 학교폭력)은 2차례에 걸쳐 3만 8,000여 명을 대상으로 설문조사한 결과를 토대로 300페이지에 달하는 연구 보고서를 작성하였다. 이를 교육부 장관에 직접 전달함은 물론, 국회, 전국 교육청, 일선 학교 등에 전달했다.

대한민국 공교육 역사상 현직 교사들이 자발적으로 TF팀을 구성하고 교육부에 제안할 구체적인 교육정책과 해결안을 고안하고, 해결안의 타당성, 유용성, 만족도까지 검사하여 연구 보고서를 제작한 것은 현장 교사 정책 TF가 최초라고 할 수 있다.

현장 교사 정책 TF는 "4개의 팀에서 제안하는 정책은 상호보완적이 므로 하나도 빠짐없이 반영해야 한다"라고 당부하였다. 약 3주 동안 밤새 화상 회의와 오픈 채팅을 활용하여 교육 현장의 문제점에 대한 해결 방 안을 모색한 현장 교사 정책 TF는 이 보고서를 시작으로 아래로부터의 (Bottom-Up) 교육 개혁이 시작되기를 간절히 바라고 있다.

아동학대 TF

실태 분석

17개 시도교육청의 현행 제도는 교원의 경험 및 고충을 체계적으로 연구하여 보완해야 한다. 현재 여러 교원단체는 아동학대 관련 법률 개정, 아동학대 신고 사안 판단의 명확한 기준 마련 및 교육청의 적극 적인 대응과 지원을 요구하고 있다.

1차 설문 결과 분석

설문 참여 교사의 99.2%가 아동학대 관련법으로 인해 교육활동이 위축받고 있고, 99.1%가 아동학대 관련법이 개정되어야 한다고 응답 했다. 개정 방향으로 '법령과 학칙에 따라 교원의 교육 행위를 아동 복지법에서 분리하는 것'이라는 응답이 84.4%로 가장 높았다. 또한 89.2%가 무분별한 아동학대 신고를 막기 위해서 현장 교사 등 교육 전문가가 아동학대 판단에 대한 정보를 제공해야 한다고 응답했으며, 교육부 및 교육청에 시급히 요구할 아동학대 신고 대응 방안으로 '무 혐의 종결 시 교육감 명의로 민형사상 고발(34.2%)'과 '원스톱 아동학대 전담팀 개설(31%)'을 최우선으로 꼽았다.

2차 설문 결과 분석

1차 설문을 바탕으로 제시한 '아동학대 신고 현장 대응 매뉴얼'에 대해 교사들은 아동학대 대응 전담팀 신설 시, 법률 지원(92.0%) 및 행정 지원(80.3%)을 기대하였으며, 학교의 특수성을 반영한 아동학대 신고 체크리스트가 필요하다(66.6%)고 답했다. 또한 아동학대 공소시효까지 학생 관찰 기록을 보관 및 열람할 수 있는 시스템이 필요하다(78.4%)고 응답했다. 아동복지법 중 정서적 학대 개정 방안으로 '교실환경과 가정환경을 구분하여 정서적 학대의 범위를 명시'하는 것이 가장 높은 지지를 받았으며, 많은 교원들이 아동학대는 구체적인 증거에 기반한 합리적 의심이 없다면, 신고 의무가 없음을 명시해야 한다고 응답했다.

최종 현장 해결 방안

먼저 법률 관련 쟁점 및 방향 제안으로서, 아동복지법상 금지 행위의 구성 요건을 더욱 구체적이고 명확하게 제시하여 교육활동과 정서적 학대 행위를 구분할 수 있도록 해야 한다. 또 아동복지법 제17조 제3호부터 제6호까지를 전면 재검토하는 방안을 고려하여 교원의 생활지도권을 보장할 필요가 있다. 아울러 교원을 대상으로 한 무고성 아동학대 신고에 대한 법적 책임을 명시하여 악성민원이 아동학대 신고로 무분별하게 이어지는 과정을 차단해야 한다. 다음으로 교육부 단위의 정책 방향을 제안하고자 한다.

첫째, 현재 17개 시도교육청에서 시행 중인 아동학대 신고 대응 절차를 표준화하기 위한 교육부 차원의 대책이 필요하다. 둘째, 생활지도 관련 고시와 매뉴얼 작성 시 아동학대 관련법을 명확하게 적용하기 위해 교원의 생활지도 내용과 범위를 명시적이고 구체적으로 서술해야 한다. 셋째, 아동학대 신고 시 신고 판단의 주체는 신고의무자 자신의 합리적 의심에 근거함을 명시하여, 악성민원이 아동학대 신고로 이어지는 일을 막아야 한다. 넷째, 학교 교육 환경의 특수성을 반영한 객관적인 체크리스트를 조속히 개발해야 한다. 다섯째, 현행 나이스 (NEIS) 누가기록 시스템에 교사가 문제 상황을 즉시 기록, 열람 및 장기 보관할 수 있도록 개선해야 한다.

마지막으로 교육청 단위의 정책 방향을 제안한다. 첫째, 아동학대 신고 현장 대응팀 및 법무팀을 즉각적으로 구성하여 신고 시점부터 사안 종결에 이르기까지 행정적, 법적 절차를 책임지고 교사를 지원해야 한다. 둘째, 교육청 내 법무팀 변호사 제도를 개편하여, 교원이 교육청 변호사를 통해 법률적으로 보호받을 수 있도록 해야 한다. 셋째, 무고성 아동학대 신고인에 대한 민형사상 소송 필요성에 대한 검토 및 실제적 대응이 필요하다. 넷째, 아동학대 신고 현장 대응팀이 아동학대 신고인의 민원을 직접 대응하여 사안 처리의 효율성과 정당성을 높여야 한다.

방향 제안

① 아동복지법 제17조의 전면 재검토 및 개정을 통해 교원의 교육 행위와 아동학대를 구분할 수 있는 명시적 기준이 마련되어야 한다. ② 법률적 지원을 위한 아동학대 신고 현장 대응팀의 표준화, 교육청 변호사의 조기 대응 및 무고성 아동학대 신고자에 대한 법적 제재방안이

필요하다. ③ 교육 현장의 특수성을 반영한 아동학대 체크리스트 신규 제작, 나이스 누가기록의 입력, 열람, 보관 시스템 개선을 요구한다.

문제행동 매뉴얼 TF

실태 분석

현재 교원의 생활지도와 관련된 제도가 매우 미비하다. 현행 생활교육 위원회, 교권보호위원회는 학생 징계 조치를 효과적으로 수행하지 못한다. 교육 당국의 매뉴얼은 전문적, 체계적 접근이 부족하고 현장성이 낮은 내용이라 실질적으로 활용하기 어렵다.

1차 설문 결과 분석

'최근 3년간 교육 현장에서 문제행동이 매주 1회 이상 일어난다'는 응답이 전체의 84.7%로 교직 경력에 관계없이 많은 교사가 문제행동을 일상적으로 겪음을 알 수 있다. 학교 현장에 도움이 되는 매뉴얼을 제작하기 위해서 응답자의 97.5%가 '매뉴얼 작성 및 배포 과정, 개정 과정에 현직 교사들이 지속적으로 참여해야 한다'고 답했다. 교권침해 문제행동에 대한 효과적 대처 방안으로는 '해당 학생 격리'가 83%로 가장 많았다. 지속적이고 심각한 문제행동 지도 과정에서 필요한 관리자의 역할로는 '즉시 분리가 필요한 학생을 교실에서 분리 및 지도'(84.5%), 문제행동 발생 예방을 위해 필요한 조치로는 '학교 조치 이행 동의 보호자 서명'(87.2%), '입학 전 종합심리검사 실시 및 검사 결과에 따른 치료'(47.5%)라고 응답했다.

2차 설문 결과 분석

현장 교사들을 대상으로 문제행동 단계 체크리스트, 문제행동 대처 흐름도, 문제행동 지도 가이드의 타당성, 유용성, 만족도를 조사한 결과 모두 90% 이상 달성된 것으로 나타났다. 심각한 문제행동으로 분리 조치된 학생의 학습권 보장 방안 1순위는 '가정 내 책임 교육'(73.3%)이었다. 즉시 분리 및 출석 정지 학생에 대한 가장 효과적인 치료 방안은 '치료 관련 조치 불이행 시 학교장 이름으로 아동학대 신고'(63%), '교육청 전문치료지원단 파견 관찰 및 치료'(55.7%) 순으로 응답했다.

최종 현장 해결 방안

문제행동의 범주와 대처 방안을 3단계로 규정하였다.

1단계 경미한 문제행동(학생이 학습 분위기를 저해하지만 교육활동을 중단할 정도는 아닌 문제행동)의 경우 교육적 회복을 위하여 긍정훈육법, 회복적 생활교육, 긍정행동지원 등의 생활지도 이론을 바탕으로 타임아웃, 성찰문, 면담 등의 생활지도를 실시할 수 있다.

2단계 심각한 문제행동(학습 분위기를 상습적으로 저해하거나 교육활동을 불가하게 하는 수준의 문제행동)의 경우, 초기에는 해당 학생에게 엄중 경고와 함께 행동 시정을 요구한다. 학교 관리자는 해당 학생과 면담하고 학생은 심각한 문제행동에 대한 서면 사과문을 작성하며 성찰의 기회를 갖는다. 이후 문제행동이 지속되면 관리자는 보호자와 면담하며 의료기관 진단 및 치료 또는 심리 상담을 권고한다. 교사는 교육적 분리를 요구할 수 있으며 필요시 관리자의 판단하에 해당 학생을 보호자에게 인계 및 귀가 조치한다. 이같은 조치로도 개선되지 않는 경우, 학교 관리자가 해당 학생에게 출석 정지를 명할 수 있다.

3단계 매우 심각한 문제행동(본인 및 타인에게 위해를 가하는 등 즉시 분리가 필요한 수준의 문제행동)의 경우, 1회 발생만으로도 해당 학생의 교육적 분리 및 출석 정지 조치를 할 수 있다. 해당 학생은 학교 연계 의료기관의 진단 및 치료를 받을 의무가 있다. 학생의 폭력적 행위로부터 학교 구성원 보호를 위해 학교장은 필요시 경찰에 신고할 수 있다. 학생은 출석 정지 기간 동안 문제행동 개선을 목적으로 한 특별교육을 이수해야 한다. 이러한 조치에도 불구하고 매우 심각한 문제행동이 지속되면 관리자는 위탁교육을 의뢰하거나 해당 학생의 전학 또는 퇴학 처분을 내릴 수 있다. 동시에 사회의 지속적인 모니터링 시스템과 교육, 학생과 학부모의 의료기관 진단 및 치료 의무화가 이행되어야 한다.

방향 제안

① 지자체, 국가 차원의 적절한 정서 복지 제도를 활용한 문제행동 학생에 대한 치료 등 후속 조치가 필요하다. ② 특수교육 대상자의 문제행동은 특수교원 및 통합학급 교사와 논의하여 매뉴얼을 적용한다. ③ 문제행동으로 인한 피해 학생 및 교사의 심신 회복 및 일상 복귀를 위한 공동 대응 체계 마련이 필요하다. ④ 현장성 있고 지속가능한 상향식(Bottom-up) 매뉴얼 개발이 필요하다. ⑤ 현장 교사들의 요구가 반영된 실현 가능한 매뉴얼이 제작되어야 하며, 해당 매뉴얼이 현장에서 실행될 수 있도록 법적·제도적 보호 장치가 필요하다.

민원 처리 TF

실태 분석

학교 현장의 특수성을 반영한 독자적인 민원 시스템 및 민원 응대 매뉴얼이 전무한 실정이다. 또한 교육활동 및 교사의 인권을 침해하는 민원에 대한 제재 및 대처 방안이 없다. 이에 정상적인 교육을 방해하는 민원은 계속해서 늘어나고, 교사는 학교나 교육청 등의 기관을 통한 제도적 지원 없이 개인이 민원창구 그 자체가 되어 홀로 민원을 감당하고 있다. 또한 1년 이상 마주쳐야 하는 교사와 학생의 보호자라는 관계의 특성상 악성민원이 접수되어도 신고하지 못하며, 아동학대 신고 등으로 보복할 가능성이 있기에 교육활동을 저해하는 부당한 민원들조차도 거부하지 못하는 실정이다.

1차 설문 결과 분석

설문 참여 교사의 과반수 이상인 61%가 최근 3년간 악성민원에 노출되고 있었으며, 이로 인해 병원 진료나 상담, 의원면직을 고려 중인 교사는 전체 응답자 중 49%로 나타났다. 특히 민원 대응 시 교육권 침해(70.1%)와 학교 밖 사안 처리 요구(65.8%)로 인한 어려움이 큰 것으로 나타났다. 민원 감소를 위해 필요한 조치로 법적 조치 안내(85.7%)가 가장 많았고, 출결 관리 시스템(84.5%)이 뒤를 이었다. 해결 방안으로는 설문 참여 교사의 96.5%가 민원의 단계적 처리가 필요하다고 응답했다. 처리 단계를 묻는 설문에 1차는 ARS 또는 챗봇(94.3%), 2차는 나이스 서면 민원(67.7%), 3차는 학교 대표 이메일(68.5%), 4차는 전화·방문 상담(93.4%)을 꼽았다. 민원 책임 관리 주체로 학교 관리자(62%)가 가장 많았으며 교육청(35%)이 뒤를 이어, 기관 차원의 민원 대응이 필요함을 알렸다. 온라인 출결 시스템 도입(94%), 전화 연결 시 안내 멘트 송출(96%), 학교 출장폰(81%), 사전상담 허가제(85%), 교육청 법무팀을 통한 법적 지원(95%), 전문가 동석을 통한 치료 연계(94%) 등의 방안에 대해서도 과반수 이상이 긍정적으로 평가했다.

2차 설문 결과 분석

설문 참여 교사의 85.7%가 교육부의 악성민원 방지 '민원대응팀' 방침에 반대하는 것으로 나타난 반면, 1차 설문을 바탕으로 제시한 자동 출결 시스템, 챗봇을 통한 자동 정보 제공, 서면 민원 접수를 합한 '민원 처리 시스템'에 대해서는 97.4%가 도움이 될 것이라 응답했다. 효율적인 1차 서면 민원 접수 창구로 87.2%가 '나이스 학부모 시스템'을 꼽았고, 학교 홈페이지 활용에는 64.9%가 반대했다. 온라인 출결 시스템의 가장 중요한 구현 사항으로 '나이스와 즉각적인 연동(60.7%)'을 1순위로 응답했다.

최종 현장 해결 방안

먼저 단계별 민원 처리 시스템을 통해 악성민원의 양을 줄이고 교사의 역량을 교육적 상담에 집중할 수 있는 환경을 조성해야 한다.
1단계 챗봇 및 ARS 접수를 통해 단순 질의와 긴급 연락을 1차적으로 처리하고, 내용에 따라 담당자를 연결하여 효율적인 민원 처리를 가능하게 한다.
2단계 나이스 온라인 서면 민원 접수를 기반으로 하여, 교육청 내 민원센터에서 민원을 분류하여 교육청에서 처리할 것과 학교에서 처리

할 것을 분류해야 한다. 또한 악성민원은 곧바로 교육청 법무팀으로 신고할 수 있도록 하여, 교사는 교육적 상담에 집중하도록 해야 한다. 3단계 전화 및 방문 상담에선 앞서 2단계에서 미해결된 부분을 중심으로 상담하되, 사전에 상담 일정을 조율하고 상담을 준비할 시간을 확보하여 교사와 보호자 모두가 유익한 교육적 상담이 이루어져야 한다. 교권침해 민원은 거부할 수 있도록 환경을 조성하며 관리자가 동석할 수 있어야 한다. 단계별 민원 처리 시 악성민원에 대해 교육청 법무팀으로 넘어가 법적 절차를 검토할 수 있게 한다. 또한 나이스 자동 연동 출결 처리 시스템을 구축하여 교사가 학생들의 출결을 확인하고, 보호자와 관련 내용으로 연락을 주고받느라 다른 학생들의 학습권을 침해하지 않도록 교육 환경 조성이 필요하다.

방향 제안

① 교사는 절대 홀로 수많은 민원을 응대하지 않아야 하고, 학교와 교육청 등 기관 차원에서 민원에 응대한다. ② 학교 민원의 특이성을 고려한 민원 응대 매뉴얼을 구축하여 학교 악성민원을 명확히 규정하고 법적으로 제재할 수 있는 수단(과태료 등)을 만들어야 한다. ③ 나이스를 기반으로 한 서면 민원 접수 시스템을 구축하여 정보를 저장하고, 교육청-학교-교사가 긴밀히 협력하여 민원에 응대할 수 있어야 한다.

학교폭력 TF

실태 분석

각 교육지원청에 '학교폭력대책심의위원회'를 설치해 심의기구를 상향 이관(2019)하고, 4.12학교폭력(이하 학폭) 근절 종합대책을 발표(2023)하며 학폭 사안 처리 과정을 개정했다. 그럼에도 '책임 교사의 업무·책임 과중' '교육청의 실질적 지원 부족' 등 한계점이 남아 있다.

1차 설문 결과 분석

95% 이상이 학폭 업무로 인해 수업권을 침해받고 있으며 학폭 예방교육 외 모든 절차에서 어려움이 있다고 응답했다. 이는 책임교사와 담임교사가 공통적으로 호소한다. 여기서 현재의 학폭 처리 시스템 개선의 필요성이 드러나는데 이를 위해 학폭법 개정이 선행되어야 한다. 89.7%가 '학폭 범위는 '일과 시간 중' 혹은 '학교 운영 시간'이 적절하다'고 응답한 점에서 법 개정의 필요성을 다시 확인할 수 있다. 또한 각각 76% 이상의 '현행 사안 처리 제도의 실효성 부족' '과다한 서류' 라고 응답한 점에서 사안 처리 제도 개정의 필요성을, 90% 이상 '교육청의 실질적 지원 요구'를 바랐다는 점에서 교육지원청의 적극적 지원이 필요함을 확인할 수 있다.

2차 설문 결과 분석

1차 설문의 '현장에서 어려움을 느낀다'는 조치 이행, 사안 조사, 전담 기구 심의, 사안 접수에 대한 교육청의 협조·지원 요구가 2차 설문에서도 동일하게 나타났다. 또 학폭 업무의 구체적 개선 방향으로 '조치 이행 책임 이관(교육청, 학부모)' '사안 처리 주체 변경(교육청, SPO)' '사안 처리 절차 이관(교육청, 경찰 등)' '사안 접수 방식 변경(신고자가 직접 교육청에 접수)'에 많은 교원이 동의를 표했다. 더불어 95% 이상의 교원이 조치의 교육적 기능 강화에 동의했다. 본 TF가 제시한 매뉴얼의 타당성, 유용성, 만족도가 높은 수치를 보이고, 특히 주요 정책의 높은 중요도와 낮은 실행도에서 정책 개선의 시급성이 드러난다. 즉, 학교의 교육적 기능 회복을 위해 '학폭 업무 이관'이 조속히 이루어져야 한다는 의미다.

최종 현장 해결 방안

0단계에서 보호자는 AI 챗봇을 통해 사안 처리 절차 및 필요 서류를 숙지하고, 관련 연수를 이수한다. 그 후 직접 교육청에 서면으로 중재 프로그램을 신청하고 교육청은 신청 내용 확인 후 학교 측에 즉시 분리(최대 2일) 여부를 전달한다. 또 교육청 직할의 전문가로 구성된 '갈등중재단'을 파견하여 사안 처리 전반을 초기부터 주관하도록 한다. 중재 성공 시 사안은 종결되나, 실패 시 1단계로 넘어가 심층 조사를 실시한다. 이때 즉시 분리 연장(최대 5일)이 가능하며 학교는 전달받은 심층 조사서를 토대로 피해 관련 학생의 회복을 돕는다. 심층 조사 후 2단계 학교폭력심의위원회가 개최된다. 이후 3단계 조치 이행 단계에서 가해 학생 보호자가 조치 이행 후 교육청에 결과를 직접 보고하는 방식으로 보호자의 책임을 강화한다. 또한 1개월 이내에 고의적 조치 미이행 보호자에 대해 교육감이 과태료 부과, 아동학대 방임으로 신고할 의무를 부여한다. 더불어 조치의 실효성 강화를 위해 1호(서면 사과 및 자기 성찰문 작성), 3호(가해 학생의 일시 분리), 7호(학급 교체 폐지) 조치의 개선을 제안하였다.

방향 제안

교권을 보호하고 학생들이 건강한 갈등 해결 과정을 학습할 수 있도록 다음 사항들의 이행이 시급하다. ① 학교폭력 관련법 전반 개정이 필요하다. ② 사안 처리 주체 이관(교육청, 경찰 등)이 필요하다. ③ 학교폭력의 교육적 해결을 위해 조치 실효성 및 강제성을 개선해야 한다. ④ 이 모든 과정에 교육 당국은 현장의 목소리를 반영해야 한다.

http://naver.me/xuiYrSZW

현장교사정책연구회(전,TF)는 보고서를 바탕으로 대통령 간담회, 전국 시도교육감 협의회, 국회 공청회, 아동학대 수사지침 개정을 위한 대검 간담회, 교육부 고시 해설서 개정 협의회, 보건복지부 간담회, 교육대학교 교육과정 개선을 위한 총장 협의회 등 현실 교육 정책 변화를 위해 노력하고 있습니다.